新文科建设教材 创意管理系列

新媒体
内容创意与营销

冯兆 陈睿 黄玉洁 蔡悦 编著

清华大学出版社
北京

内 容 简 介

在众声喧哗的新媒体时代，似乎人人都成了内容生产者，所有想在内容行业立足生存的人，都需要更优质的创意与营销手段来突出重围。本书围绕如何依托新媒体内容进行创意营销，从基础理论、核心概念、实践手段、行业生态与前景等方面展开论述，力图为新媒体内容行业的从业者展示一幅全面、系统的新媒体行业现实图景。本书可作为高校网络与新媒体、文化产业等相关专业的课程教材，也可供相关行业从业人员阅读参考。

本书封面贴有清华大学出版社防伪标签，无标签者不得销售。
版权所有，侵权必究。举报：010-62782989，beiqinquan@tup.tsinghua.edu.cn。

图书在版编目（CIP）数据

新媒体内容创意与营销/冯兆等编著. —北京：清华大学出版社，2022.7 (2025.3重印)
新文科建设教材·创意管理系列
ISBN 978-7-302-61122-6

Ⅰ.①新… Ⅱ.①冯… Ⅲ.①媒体—网络营销—教材 Ⅳ.①G206.2

中国版本图书馆 CIP 数据核字(2022)第 111975 号

责任编辑：陆浥晨
封面设计：常雪影
责任校对：宋玉莲
责任印制：沈　露

出版发行：清华大学出版社
网　　址：https://www.tup.com.cn, https://www.wqxuetang.com
地　　址：北京清华大学学研大厦A座　　邮　编：100084
社 总 机：010-83470000　　邮　购：010-62786544
投稿与读者服务：010-62776969, c-service@tup.tsinghua.edu.cn
质 量 反 馈：010-62772015, zhiliang@tup.tsinghua.edu.cn
课 件 下 载：https://www.tup.com.cn, 010-83470332

印 装 者：涿州市般润文化传播有限公司
经　　销：全国新华书店
开　　本：185mm×260mm　　印 张：14　　字 数：326千字
版　　次：2022年9月第1版　　印 次：2025年3月第4次印刷
定　　价：49.00元

产品编号：089208-01

编 委 会

顾　问：熊澄宇　雷家骕　陆蓉之　阳　丹

总主编：杨永忠

编　委：（以姓氏拼音为序）

陈玉和　杜传忠　方竹兰　傅兆勤　高长春
葛宝山　韩春佳　解学芳　李伯一　李康化
廖民生　刘洪伟　刘志迎　卢　晓　苏　勇
孙永龙　王立新　魏　建　吴承忠　向　勇
谢明宏　解学芳　许燎源　杨洪涛　臧志彭
张庭庭　张耀辉　赵红川　赵　力

序　　一

创意管理在中国是一个比较新的学科。我们以前谈得更多的是文化产业管理，文化产业管理和创意管理有相同之处，也有不同之处。我做文化产业管理研究二十多年，今天我们谈谈创意管理和现在正在推动的新文科建设。这两个话题之间，可以找到一个关联度。

"创意""管理"这两个词在一定程度上是对立的。创意更多的是在思想层面，是在出主意，讲究的是个性，是创造性、唯一性，做前人没有做过的事情。管理，研究的是共性，寻找现象背后的共同规律。或者说管理就是决策，无论是计划、组织，还是领导、控制，都是面对一个群体而言，讲究的是统一性和规则。所以，创意与管理这两个概念，在一定程度上是对立的。我们现在把它们放在一起，就是要寻找这种对立的统一，实现个性与共性的融合。

在最近的学科讨论中，大家对文化创意产业在教育部的学科目录里隶属于工商管理学科有些不同的想法。从教育部学科目录的变化来看，它实际上是从2004年的公共管理学科转到了2012年的工商管理学科。但在工商管理学科下面，标注允许在两个学位里选择，可以授管理学学位，也可以授艺术学学位。从现在的实践来看，创意管理放在工商管理学科下面，84%的学校授予的是管理学学位，16%的学校授予的是艺术学学位，反映出学科融合过程中的成长与发展。

教育部现在组织讨论新文科建设。我们知道世界范围内的学科体系大体分三大领域，一是人文科学，二是社会科学，三是自然科学。所谓新文科，主要涉及人文科学与社会科学两大门类。人文科学按照中国目前的划分方法，大概有四个领域，即文学、历史、哲学、艺术。社会科学也有四个领域，即经济、法学、管理、教育。这两个大的门类放在一起，就是现在提出来的学科交叉与整合。而创意管理学，一定程度上正好是在新文科的两大门类的交叉基础上发展而来。

比如说，创意跟文史哲艺术之间有着密切的关系，没有文史哲和艺术的基础，很难说创意管理有深厚的学术积淀。而作为一种文化过程，创意管理如果没有经济学、法学基础，也很难说是一个完整的管理。所以，今天我们谈论的创意管理，反映了新文科的交叉关系。

在厘清创意管理概念的基础上，我们进一步探讨创意管理的模式。以我自己亲身考察、交流总结的经验来看，目前的创意管理有三种不同的模式。

第一种是百老汇的演艺模式。所有的剧目都是原创且拥有知识产权，所有的演职人员都需要签合同，既保证了整个演出的完整性，也保证了演员自身的权利。当然更重要的，它是一种市场行为，有着一整套完整的制度和体系。

第二种是迪士尼主题园区的创意管理模式。首先它有一个价值观，强调的是亲情友爱，惩恶扬善。这种价值观可以跨地域、跨民族、跨文化。其次，它是一个完整的产业链，从开始的剧本、演出、主题乐园，到衍生产品，构成一个完整的产业链和生产过程。最后，也是更重要的，它构成了一个完整的社会生态，即不分年龄、种族都可以接受迪士尼的文化。

第三种是好莱坞模式。以好莱坞的狮门影业公司为例。这个1998年在加拿大注册的公司，现在已经在美国八大电影集团中排名第四。虽然是电影公司，但公司董事没有一个做电影，主要做资本管理。我和公司董事会成员及其高管30多人开了十几场座谈会，讨论下来，发现他们的主要特点是资本驱动、市场驱动、科技驱动。董事会由搞资本的人主导，买了一万多部电影的版权，然后做市场、做新媒体、做网络。

从创意管理的概念到创意管理的模式，再进一步讨论创意管理学科。通常一个学科是由史、论、方法、应用四个方面构成。

第一个是史，历史是学科发展的基础。要找到学科的来源，需要从两个主要门类去梳理这个学科的构成历史。目前创意管理学学科本身的历史并不长，但是与它相关的学科历史很长，需要进一步梳理。

第二个是论。现在我们这个领域里面有一些著作，但是还没有构成完整的学科体系。杨永忠教授所写的《创意管理学导论》是目前国内为数不多的创意管理著作之一，具有开创性。创意管理学就理论而言，从概念到体系还需要进一步深化，需要在这方面积极创造。

第三个是方法。在目前社会科学领域，许多方法创意管理学都可以拿来使用，但是更重要的，还是要找到人文科学和社会科学交叉以后的方法，能够有助于这一新兴学科的分析发展。

当然，更重要的，学科建构需要进入社会评估，这种评估就是学科在实践中的应用。我们经常说理论走在前面，但实际上现在很多理论是走在后面的。理论是在实践的基础上梳理、总结、提炼出来的。所以，创意管理学这一学科的构成，还需要我们从方方面面努力，不管是学者、企业家，还是管理者，需要共同推动。

从四个不同的方面，不管是创意，还是管理，都有拓展的空间，每个研究者都可以从自己的角度找到一个切入点。

习近平总书记对文化有一个很好的解读，在联合国教科文组织总部会议上，他提出了多元、平等、包容、互鉴的观点。所谓多元，强调的是差异，大自然是多彩的，人类社会是多元的，呈现形态可以是不同的。平等，意味着不管是东方文化、西方文化，还是哪种模式，都可以在并存的基础上发展。包容也很重要，没有包容就不能并存。最重要的还是互鉴。互相借鉴、并存互补、融合创新，应该是创意管理学的可行的发展道路。

今天，我们看到了人文科学和社会科学的融合，也就是我们现在说的创意和管理。我们还希望人文科学、社会科学和自然科学融合，同时希望所有的学科融合完成以后，还要和社会发展的实践融合，这就是我们这个学科的发展方向。我们不仅要做案头研究、理论研究、战略研究，还要落实到应用层面。希望通过我们的研究、我们的探讨，能够推动创意管理在全世界范围内、在实践层面上帮助人类社会向前发展，为人类和平发展做出贡献。

我愿意和大家一起参与创意管理教材的出版，也愿意见证创意管理的进步和成功。

熊澄宇

欧洲科学、艺术和人文学院院士

序　二

中国当前的产业技术创新面临着突破，期待着创意的活跃。

创意决定创新的独特性

创新管理学家库珀在 20 世纪 80 年代即提出了"前端活动在相当程度上决定着新产品研制能否成功"的观点。他发现，产品研制的模糊前端产生的 3000 多个创意中，只有 14 个能够进入开发阶段；最终能够商业化并取得市场成功的创意仅有 1 个。也就是说，从创意产生到产品开发成功的概率只有 0.47%，从产品开发到商业化成功的概率仅为 7.14%。可见产品创新的成功率是非常低的。而导致产品开发失败的主要原因在于从创意产生到产品开发这一阶段。这正如一些学者所讲的：绝大多数产品研制在"起点"就注定将会失败，这个起点就是"创意"。

模糊前端是创意产生和筛选的阶段，也是产品创新过程中最不明确的阶段。此阶段最重要的特征就是模糊性，这个模糊性充满不确定性。模糊前端的模糊性分为环境和资源两大维度：环境维度包括需求模糊性及竞争模糊性；资源维度则包括技术、管理及资金需求的不确定性。创意对于产品创新的重要性，既表现在决定产品创新的成功率上，还表现在决定产品的独特性上。市场中，某个企业的产品与其他企业的同类产品能不能形成差异化优势，就是由独特性决定的。

技术创新越来越期待活跃的创意

改革开放 40 多年来，我国的技术创新范式经历了四个阶段的演变。1978 年前我们的经济是"短缺经济"。那时经济学界都在读匈牙利经济学家科尔内的名著《短缺经济学》，不少人感觉这本书好像写的就是中国。故 1978 年到 1988 年，我国技术创新的基本范式是"学习+引进+补短"，补市场供给之"短"，补创新能力之"短"。两种"短""补"到一定程度后，从 1988 年到 1998 年，我国技术创新的基本范式转变为"引进+模仿+提升"。

1998 年前后，随着对"以市场换技术"政策的"利弊得失"的讨论，国家提出了"自主创新"的大思路。由此，从 1998 年到 2008 年，我国技术创新的基本范式转变为"整合式自主创新"，即将国内外相关先进技术整合到一起，形成具有部分自主知识产权的新产品。2008 年后到现在，随着自主创新能力的提升，我国技术创新的基本范式更多地转变为"迭代式自主创新"。企业对同一产品持续进行技术迭代，经过几轮迭代，即将同一产品提升为具有完全自主知识产权的新产品。

这四个阶段的技术创新范式中，创新者的创意起了很大作用。因为若无创意，创新者就不会想到应该这样做。创意是关于产品功能、实物造型、工艺方法、制造流程、实用发明、商业活动、文化及艺术作品的构思。创意有三大特征：一是创新的想法；二是有商业价值或社会价值；三是有科技、文化、艺术的内涵。

现在我国正在实施"创新驱动发展、科技创新引领发展"的战略，业界要把创新做得更有特点、内涵、质量，形成更为强大的经济社会发展的新动能，全社会的创意首先要活跃起来。更有创意的意识、思维和能力，才会有在人类发展历史层面的创新。

加强创意管理教育乃当下之急

随着创意的专业化程度的提升，现在的"创意活动"也逐渐成为一类"产业"。联合国于2008年和2013年皆发布了创意经济报告，认为创意经济不仅在世界经济中增长最为迅速，而且在创造收入、创造就业机会和出口收入等方面极具变革意义。联合国2019年发布的《创意经济展望：创意产业国际贸易趋势》报告显示，全球创意产品贸易增长迅速，中国在其中占据了主导地位。创意产业越来越成为国家经济发展的新引擎，在驱动创新发展方面的作用越来越重要。

创意从源于个体头脑中的灵感衍变为消费者可以体验的创意商品，经历了初始创意源产生、创意方案形成、创意产品化等多个阶段。在这个过程中，创意以不同形式在创意主体间扩散，从而产生经济效益和社会价值。由此，创意管理及创意管理研究的重要性日益显现，进而要求教育界积极发展创意管理学科。创意管理是管理学的一个新兴领域，也是管理学术研究的"金矿"，有待于我们精心挖掘。

两年前，杨永忠教授找到我，提出出版创意管理教材，厘清创新的模糊前端，打开创意管理的"黑箱"，形成完整的创意、创新、创业体系，我非常赞同。如今，十分高兴看到国内首套创意管理前沿教材的如期出版，希望通过这些教材的出版，加强创意管理的教育，加快创意管理思想的普及，加速国内创意管理学科的长足发展，促进中国的大国发展战略。愿与同行共勉，期待创意管理更美好的明天！

雷家骕

清华大学教授

序　三

从文化到创意，从产业管理到创意管理，透视着文化创意产业的发展变迁。到今天，学界和业界越来越形成共识：文化创意产业的灵魂是创意，文化创意产业的关键是管理，由此滋生的创意管理也就成为文化创意产业发展的新兴领域和核心命题。

然而，仅仅十年前，创意管理这一概念是多么陌生，以创意管理命名的组织、机构凤毛麟角。犹记得，在成都首届创意设计周论坛上，我以四川大学创意管理研究所所长的身份，与台湾苏荷创意管理公司的总经理张庭庭相逢，交换名片的瞬间，彼此间欣喜并惺惺相惜。我们研究所是她所知道的两岸第一个以创意管理命名的研究机构，而他们公司也是我所知的首家注册创意管理的实践组织。因为这一领域的鲜见，随后由我发起并联合张庭庭推进的系列创意管理普及性活动，如"创意成都夜话""文化企业家讲坛"，在媒体的报道里，有创意管理"东张西杨"之说。

2012年3月我从澳大利亚公派访学回来，基于对文化资本这一新兴资本的创造性力量的洞察，以起于青蘋之末的第二次文艺复兴为社会变迁背景，我将创意管理定位为一个新兴的工商管理学科分支领域与交叉学科，开始着手创意管理的持续推动。在四川大学社科处和商学院的支持下，出版了中国第一套创意管理前沿研究系列丛书，在工商管理学科增设了第一个创意管理博士培养点（方向），创立了《创意管理评论》学术集刊，发起首届中国创意管理论坛。一系列成果和一系列活动，产生了广泛的社会影响。2016年在教育部新世纪优秀人才项目结题评审中，中国人民大学金元浦教授认为，四川大学创意管理研究所在国内创意管理领域所展开的前沿性探索，体现了理论演进的国际转化路径。到今天，我们欣喜地看到，有关创意管理的研究和活动已经风起云涌。这些研究也越来越广泛，涉及文化创意的价值管理、创意实施的跨层次传导、网络众包模式下用户创意质量、数字创意产品多业态联动开发、创新模糊前端创意扩散、创业团队创意方案知识寻求等诸多领域。据统计，最近8年，国家社科基金管理学科有关创意的立项有8项，最近3年国家自然科学基金管理学部有关创意的立项达到10项。

有了相关的研究基础，创意管理的教学按照学术创业的思路开始启动。学术创业不仅包括学术创新、学术的商业转化，也包括学术的教学转化，而教学转化常常被忽略。我们从2012年开始在四川大学商学院开始"创意与创新管理"的本科教学，采用自编的讲义。2014年起开始，对MBA学员开设"文化创意产品开发"选修课程。2018年，《创意管理学导论》正式出版，终于解决了国内教材空白的问题。犹记得，2018年我非常忐忑地邀请熊澄宇教授参加我们的第二届中国创意管理论坛。熊教授放弃了江西的一个重要活动，欣然而至，并要我在《创意管理学导论》上签名留念，说"你这是中国的第一本"，"所以我要来支持"。大家风范、期盼之情，感怀于心。时至今日，我们在教学上也取得了一系列的成果。其中最具代表性的是 2020 年"创意与创新管理"荣获首批国家级社会实践一流课程，同时被列为四川大学商学院重要成果并荣获国家级教学成果二等奖。

十年来，通过教学的辛勤耕耘，我们发现，创意对人的成长，对组织的发展，何其重要。没有创意，哪有创新呢？没有卓越的创意，哪有划时代的创造呢？创意是一个人成长的开启。从"钱学森之问"，我们发现，中国之所以缺乏伟大的创新，很大原因是缺乏创意。创意需要激发，创意需要转化，创意需要管理。但创意怎么管，管的边界、管的思维、管的方法、管的技术、管的规律，需要通过教学普及，需要通过教学深化。但国内乃至国际，有关创意管理的教材却少之又少，更缺乏系列。面向高校的专业教材，面向产业人士的培训教材，面向政府部门的管理教材，甚至面向中小学生的启蒙教材，都是空白。

清华大学出版社远见卓识，比较早就了解到我从事文化产业和创意管理方面的研究，陆浥晨编辑到成都与我做过交流。2019 年在东华大学召开第三届中国创意管理论坛之际，她从北京到杭州开会又专程绕到上海，与我见面。感动之下，初步达成了出版创意管理系列教材的意向。这一想法，很快得到清华大学经济管理学院雷家骕教授的赞赏与支持。雷教授掷地有声："我们有创新、创业，就缺乏创意；有了你的创意管理，三创就打通了。"水到渠成，2019 年 12 月 28 日，在中国技术经济学会指导下，我们在清华大学成立了国际创意管理专委会，雷家骕教授、熊澄宇教授、葛宝山教授等担任顾问，我担任专委会主任。专委会的第一个成果，就是与清华大学出版社达成战略合作，我与出版社刘志彬主任共同签署了"创意管理系列教材"出版协议。在专委会的组织、专委会委员的参与下，《人文品牌创意管理》《文化遗产的创意管理》《乡村旅游创意管理》《区块链创意管理》《新媒体内容创意与营销》《创意消费市场调研》《品牌创意传播策划》《现代文化经济学》等教材陆续立项，开启了中国创意管理教材系列建设的序幕。

我们希望，通过不懈努力，这套教材的出版能够实现三个方面的心愿。

第一，开启创意。作为文化的后端裂变，作为创新的模糊前端，创意关乎国家的未来，关乎组织的发展，关乎每一个人的成长空间。因此，启迪心灵，激发创意，提升民族的创意素养，是我们的初心。毋庸置疑，我们为自己身处这样一个充满可能的伟大时代而自豪。

第二，推动教学。创意如何激发，创意如何共创，创意如何运营，创意如何营销，创意如何评估，我们希望探寻其中的管理之道，并进行系统化的总结与呈现，为创意管理从理论研究到教学转化，提供有力支撑。

第三，共同发展。中华文化博大精深、源远流长，构建起了创意的坚实基础。这些灿烂的文化，如果能够通过创意有效地活化，无疑将极大提升民族的自豪感和竞争力。所以，教材建设本身，也是在努力探索中华文化创造性转化的机制和模式，并为全球文化的可持续发展做出中国贡献。

杨永忠
四川大学教授

前　言

这本教材名为《新媒体内容创意与营销》，书名包含的词语及词语的组合，如新媒体、新媒体创意、新媒体内容、新媒体营销等都是当下的热点。市面上由以上词语作为标题的文章、书籍不在少数，质量参差，标准不一，似乎借着这些词汇的东风，就多多少少能够吸引一些目光。因此，当我们着手编写本教材时，我们最想要做到，但也发现最不容易做到的，是以下两个方面如何权衡的问题。面对这样一个热门的，又相对比较新的领域时，一方面要避免沉溺于严肃的理论说教而磨灭了属于新媒体的新鲜与活力，另一方面要避免过于追逐眼花缭乱的互联网素材而影响了思考的深度。

我们的教材一共分为八章，前两章作为本书的"地基"，主要介绍了一些基本概念和基本理论（第一章），接着对受众话语（第二章）开始探讨；在这些基础但核心的概念明晰之后，我们再进一步进入更贴近"实战"手段的探讨，包括新媒体内容创意之吸引力策略（第三章）和新媒体内容创意之文案创意策略（第四章），以及新媒体营销之传播策略（第五章）和新媒体营销之变现策略（第六章）。总的来说，前六章的内容围绕着新媒体内容的创意与营销"是什么"以及"怎么做"展开。有了以上知识的铺垫，我们就可以更好地对这个领域从业者进行职业身份画像（第七章），从而为从业者应该如何在这个方兴未艾、充满无数可能与希望，但也存在困境与挑战的行业里突出重围、避免"弯路"和"踩雷"构建出更为清晰的图景（第八章）。

总之，我们希望能够通过由浅入深、由基础理论到行业实践的系统梳理，呈现出关于新媒体内容创意与营销"从哪里来""现在该怎么办""以后要到哪里去"这三个核心问题的基本面貌。由于能力和篇幅有限，本书只探索了冰山一角，但也希望能够为行业的发展贡献绵薄之力。

在理论方面，我们带着创新意识，对一些关键的概念进行了较为创新性的探讨，比如，对新媒体内容生态、从业者以及受众的再定义；对新媒体视域下的内容营销概念的重新界定等。同时参考了数十本相关专著、百余篇专业论文、行业报告等，文献资料搜集的范围横跨传媒、信息技术、心理学、社会学、广告学等诸多领域，试图尽可能地借助前人的研究和积累，明晰思路、探明问题，将新媒体视域下一直在不断发展变化着的、纷繁复杂的新媒体内容该如何创意、如何营销、如何生存这一系列复杂问题讲清楚、讲明白。

在"干货"方面，我们搜集了上百个互联网平台的前沿案例，并将案例尽可能地与最新、最恰当的理论进行结合分析，以展示新媒体内容创意与营销的本质与实践逻辑。除了案例之外，我们对于互联网上的观点也采取了更为开放的态度，甚至吸纳了一些来自非权威机构的自媒体观点。当然，本着严谨的原则，我们仅将这些观点视作为案例探讨的一部分。"草根"的东西能不能进入教材，可能会有不同的声音，但我们的理念是——既然将新媒体作为我们探讨问题的背景和语境，那么新媒体环境下的众声喧哗、百家争鸣就不应该被无视和回避，否则就会失去更为多元的视角，影响我们看问题的广度。

在大学从事网络与新媒体专业教学工作的这几年，我深刻地感受到，我国新媒体相关的学历教育可以说还处于起步阶段，优质教材储备不足也会给教学工作带来困难。因此，我们希望尽一点力，让本教材能够为高校相关课程的本科教学起到些许的支撑效果，同时也希望能够对所有对新媒体视域下的内容生产、创意、营销感兴趣的人有所启发。

本教材的完成，离不开每一位编著者的辛勤付出，也离不开专家、同行的支持。四川大学创意管理研究所所长、博士生导师杨永忠教授作为"新文科建设教材·创意管理系列"主编，在教材的总体思路、方向性和系统性上给予了我们非常宝贵的指导意见，在此向杨教授表示衷心的感谢。

最后，西华大学文学与新闻传播学院的郭欣雅同学、叶任豪同学（现已毕业），电子科技大学邹泉林同学，成都银杏酒店管理学院的段玉、陈燕、廖译鸿同学，在教材编写的初始阶段，也做了非常扎实的工作，包括资料的搜集和整理，以及代表年轻一代，对他们所关注的新媒体领域给出了极具参考性的意见和想法，感谢同学们的积极参与与付出。

编者

目 录

第一章　基础认知 ... 1
  第一节　新媒体概念与特征 ... 1
  第二节　新媒体内容：概念与特征 ... 12
  第三节　新媒体营销：关键概念、发展历程、现状与趋势 ... 18
  第四节　新媒体内容行业概述 ... 25
  本章总结 ... 31
  课后思考与练习 ... 32

第二章　新媒体内容的受众 ... 33
  第一节　受众概念的变迁 ... 33
  第二节　新媒体时代关于受众的一些重要思维 ... 39
  第三节　新媒体受众消费心理分析 ... 42
  本章总结 ... 50
  课后思考与练习 ... 51

第三章　新媒体内容创意之吸引力提升策略 ... 52
  第一节　标题的重要性 ... 52
  第二节　"自我为中心"的内容消费者 ... 60
  第三节　出奇制胜 ... 64
  第四节　情绪的刺激 ... 71
  第五节　代入感的创造 ... 76
  第六节　权威感的塑造 ... 79
  第七节　对话感的重要作用 ... 83
  本章总结 ... 87
  课后思考与练习 ... 88

第四章　新媒体内容创意之文案创意策略 ... 89
  第一节　寻找故事里的"开关" ... 89
  第二节　传播友好型内容 ... 108
  第三节　易反感型内容 ... 110
  第四节　时空限定内容 ... 112
  本章总结 ... 114

课后思考与练习 114

第五章　新媒体营销之传播策略 115

第一节　分众的力量 115
第二节　内容包装 122
第三节　分享的力量 126
第四节　涨粉 133
第五节　算法推荐与内容 136
本章总结 141
课后思考与练习 142

第六章　新媒体营销之变现策略 143

第一节　粉丝运营与 MCN 运营 143
第二节　新媒体时代的广告模式 152
第三节　内容付费模式 156
第四节　自营电商模式 159
本章总结 162
课后思考与练习 163

第七章　新媒体内容行业的专业"玩家" 164

第一节　专业生产内容的概念及特点 164
第二节　专业内容市场发展趋势 166
第三节　新媒体背景下内容从业者的机遇 168
第四节　新媒体背景下内容生产从业人员的职业素养 169
本章总结 177
课后思考与练习 178

第八章　斩棘前行的新媒体内容创意与营销 179

第一节　信息过载与内容休克 179
第二节　信息茧房 183
第三节　内容市场乱象 191
第四节　内容传播的"可持续发展"策略 198
本章总结 200
课后思考与练习 201

参考文献 202

第一章 基础认知

什么是新媒体？这是一个基础但并不简单的问题。对于内容创意与营销者来说，新媒体可以是技术、是环境、是市场、是渠道，是生产的视域和背景，也是随时需要保持警惕的变革与机遇。因此，我们必须先弄清楚新媒体的概念和基本特征，以便在正确认知的基础上讨论内容的相关实践工作。

第一节 新媒体概念与特征

我们先把"新媒体"这个词汇做一个拆分：新媒体 = 新 + 媒体。去掉了"新"这个前缀，媒体是我们比较熟悉的概念，尤其放在内容传播的语境里，它是指在一定的技术支撑下，用来传递和获取内容信息的一切载体和渠道。

那么加上形容词，什么才是"新"的媒体呢？如何解释这个语境中的"新"字，成了我们理解新媒体的关键因素。为了便于理解，我们可以选取一些传播技术发展过程中，可以用来表征新媒体的对象，来帮助我们认知新媒体的发展给内容生产和传播带来的影响。

一、关于新媒体的概念

在口语传播时代，人们依附于口头的表达，比如古希腊时期广场上的演讲者、游吟四方的诗人等，虽然传播的速度、规模受到限制，但语言就可以视作当时的传播媒介。文字出现以后的初期，信息开始依靠一些相对便携的工具进行较大规模的传播，比如古罗马时期的蜡板和莎草纸，就是当时的新兴媒体的代表。基于古登堡发明的手动印刷机的技术原理，弗里德里希·柯尼希与安得利亚斯·鲍尔共同研制了新型蒸汽驱动双滚筒印刷机，这将印刷速度从手动印刷机的 240 张/小时提升到了 1100 张/小时，也使得《泰晤士报》横空出世，成为传播史上里程碑式的事件。在很长一段时间里，报纸都作为新媒体的典型代表，掀开了大众传播的新篇章。1967 年，美国哥伦比亚广播电视网技术研究所所长 P. 高尔德马克（P. Goldmark）发表了一份关于开发电子录像的商品计划书，将"电子录像"称为"新媒体"（New Media），"新媒体"一词首次出现。随后，美国传播政策总统特别委员会主席 E. 罗斯托（E. Rostow）在向当时的美国总统尼克松提交的报告中多次提到"New Media"，"新媒体"一词逐渐在美国流行，20 世纪 70 年代扩展到全世界，以电视为代表的电子媒介，取代报纸成了新媒体的典型代表。1969 年，计算机在美国出现，起初它只用于军事领域，后来的因特网将加州大学洛杉矶分校、斯坦福大学研究学院、加利福尼亚大学和犹他州大学的四台计算机进行联结，再到现在，网络成了使得全球互联互通、形成"地球村"的关键技术，联合国教科文组织将当时的新媒体定义为网络媒体。1998 年，联合国新闻委员会（Committee on Information）在其报告中提到了"第四媒介"，是指除了印刷媒介、广播、电视这三种媒介之外，还能够用于新闻发布的媒介是因特网，因此称之为第四媒介，第四媒介因此成了一些人用来定义新媒体的词。在这一阶段，因特网及其技术支撑下的电脑成了新媒体的代表。2000年之后，移动互联网技术蓬勃发展，接下来的历史我们都非常熟悉——在移动互联网技术的支撑下，以智能手机为代表的智能手机终端，掀起了一场移动、小屏的信息革命。新媒体从未如此多触角地渗透到我们生活的方方面面，我们的衣食住行、学习娱乐、社交关系，全方面、多维度地向移动端迁徙。这一次，新媒体的概念又发生了变化，美国《连线》（Online）杂志将其定义为"所有人对所有人的传播"，而清华大学新媒体研究中心主任彭兰把新媒体的定义表述为：主要基于数字技术、网络技术及其他现代技术或通信技术的、具有互动性、融合性的媒介形态和平台。随着历史的车轮滚滚前行，新媒体的概念也在不断演进和革新（如图1-1所示）。

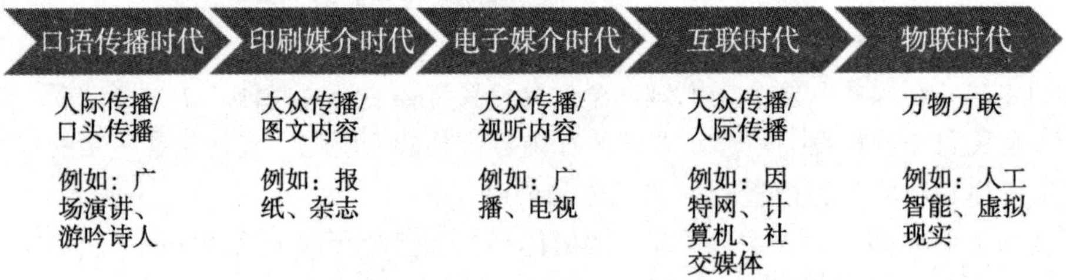

口语传播时代	印刷媒介时代	电子媒介时代	互联时代	物联时代
人际传播/口头传播	大众传播/图文内容	大众传播/视听内容	大众传播/人际传播	万物万联
例如：广场演讲、游吟诗人	例如：报纸、杂志	例如：广播、电视	例如：因特网、计算机、社交媒体	例如：人工智能、虚拟现实

图1-1　新媒体的内涵随着媒介技术的发展而不断革新

正如马歇尔·麦克卢汉那句著名的"媒介即讯息"（The medium is the message.）所表达的那样，媒体传播技术在人类社会发展中的地位和意义，远超于它所传播的信息本身。新的媒体出现，总是一次又一次地改变着，甚至颠覆着我们与世界发生联系的方式。媒体形态并非是简单的传输载体，其各种进化形态都会对社会结构产生重大影响，甚至其本身就是一种社会环境。例如，印刷术支撑下的报刊书籍，将观念和意识变为物质化的传播形态，推动了知识流通性的革命性提升和文明进程；电子媒介打破了时空边界对人类信息交流的束缚，推动全球化传播的进程；新的技术在不断的迭代，而且迭代的周期在不断缩短——广播取代报纸成为新媒体用了三百多年的时间，而电视、电脑取代传统媒体都只用了十几年的时间。因此，全世界范围内新媒体都没有一个统一的、标准化的定义，因为它本身就不是一个标准化的概念和名词。就如同汤姆·斯丹迪奇在其《从莎草纸到互联网——社交媒体简史》一书中对社交媒体的概念阐释一样：人们对于媒体的使用需求和基本模式一直以来都存在，只是会随着信息技术的发展而不断演变出新的形态，社交媒体并非互联网时代的特有产物，而是存在于历史的不同阶段，并且一定还会随着技术的发展演变出我们难以想象的形态。以此类推，新媒体也是如此，它也是一个只能给予阶段性概念阐释的对象，立足于我们对于目前传播技术的认知，作为内容的生产者与营销者，对新媒体这一概念的解读方式，将会影响着我们的内容生产和传播逻辑、手段、环境、背景、视阈、机遇与挑战等，因此，准确地解读新媒体，将是我们开展实践工作的基石。

综上所述，新媒体是一个具有时间性的、线性变化发展的、相对的概念，基于现阶段的技术认知，我们可以将数字技术、网络技术、移动通信技术等作为解读新媒体的关键词和标签，我们将探讨这一语境下的内容创意与营销特征与路径。但是，作为内容的从业者，我们必须对新媒体的变革保持敏锐之心，时刻准备好拥抱技术变革带来的新的市场格局，才能保持旺盛而长久的生命力。

二、新媒体的特征

每一次信息技术的突破性发展都会对社会产生多方面的影响，拥抱新技术的同时，我们不妨也带着批判性的眼光来看待技术的变革，尤其是站在内容生产和营销的角度，我们更是要清醒而审慎地看待新媒体的特征，才能够真正地使技术为我们所用，还要尽可能地规避技术带来的弊端和困境。

（一）海量性特征

1. 积极面

随着个人电脑、智能手机等设备的不断普及，互联网的访问量在持续攀升。试想一下，在新媒体时代，一个普通人的一天将会在互联网上留下多少痕迹？早上睁开睡眼惺忪的眼睛，你也许会习惯性地拿起手机，看一看社交媒体软件上又有哪些新的信息；上午，你在办公室处理工作上的电子邮件，一个同事跑过来向你炫耀她网购的漂亮的新外套，你问她要了链接，利用工作间隙在购物网站上下了单；中午，你和同事一起在网上点了外卖；下午，你使用地图软件和打车软件出门办事；晚上，你在搜索引擎上查找资料完成加班工作后，打开了视频网站决定放松一下；睡觉前，你在社交媒体平台上点赞、评论、转发你认为有趣的内容，直至进入了梦乡，才终于离开互联网的世界。

你在这一天的每一次网络行为都在源源不断地生产着可供储存、交换、分析、使用的数据，刚刚我们只概括了数据生产的一部分，实际上，全球人类所产生的数据量大到了不可思议的状态，根据国际权威机构 Statista 的统计，全球数据量在 2019 年约达到 41ZB[①]，这大概有多少呢？如果把地球上所有海滩上的沙粒加到一起，估计会有 70005 亿亿颗，那么 41ZB 就相当于地球上所有海滩的沙粒数量的 58 倍。

而随着人工智能、云计算等技术的不断发展，全球数据还在无限扩张中，根据国际数据公司的预测，全球数据量将在 2025 年达到 163ZB，这个数字是 2016 年 16.1ZB 的整整 10 倍，这也标志着我们进入了大数据时代。

在大数据的"4V"特征中，信息的海量性是首当其冲被强调的，即数据体量（volume）大这一特征；数据类型（variety）繁多则说明了数据除了规模庞大以外，还具备多样化的特征，比如有文本、网络日志、视频、图片、声音以及地理位置等各种数据类型；大数据的处理速度（velocity）快及"价值"（value）密度低的特征说明：高效的数据处理技术是面对和利用海量而纷繁复杂的数据海洋的重要保障，而只有对粗糙且原始的数据海洋进行正确的处理和分析后，才能为我们带来较高的价值回报。

在技术支撑下，数据和信息的海量性如果能被合理运用，将可以广泛地服务于各行各业，产生巨大的经济效益、社会效益。比如洛杉矶警察局就利用大数据预测犯罪的发生以降低城市的犯罪率；谷歌公司研发出了利用大数据和关键词搜索预测禽流感的技术；麻省理工学院利用手机定位数据和交通数据建立城市规划；梅西百货根据大数据系统对多达

[①] 1 ZB 等于 10 万亿亿字。

7300万种货品进行实时价格调整，极大地提升了销售额；统计学家也不止一次利用大数据预测了美国总统大选的结果。海量的数据信息运用就像人类的"千里眼"和"顺风耳"，可以帮助我们"看"得更广、"听"得更全，可以为引领经济的转型升级、提高政府管理能力、服务社会民生发挥极其重要的作用。

在内容领域，信息的海量化也为内容的生产和传播提供了强有力的支撑。任何传统媒体如报纸、广播、电视等，信息容量都会受到版面、播出时段的限制。普通报纸每增加一个版面，印刷、排版、发行成本就相应增加；电视节目的播出内容需要精确到以分钟、甚至秒为单位；广播电台全天24小时播音，假定每分钟播报200字（中央电视台播音员每分钟播报180字），一天也只能播出28.8万字。而在数字化的信息技术支撑下，我们几乎可以无限量地储存和传播信息并进行高效信息管理，原因如下。

①在新媒体技术支撑下，媒介文本是"去物质化的"，在这个意义上，它们已与其物理形式，如影印、书、胶卷等完全分离。

②数据可被压缩在极小的空间中，利于内容的储存和传播。

③可以实现数据规模化的储存、访问和操作[①]。

尼古拉斯·尼葛洛庞帝在《数字化生存》中指出，未来是"比特的时代"，数字技术将在未来社会占据主导地位。"比特"（BIT，binary digit）是信息量的度量单位，代表着一种信息的处理方式。这种处理方式可以把所有类型的信息，例如文字、声音、图形、图像等模拟信息转换成0和1的计算机可读信息，让计算机可以像处理数值一样处理所有形式的信息。这就彻底改变了数据和信息的生产、获取、处理、传输和储存的方式，大大提高了信息处理和传输的效率。这也是我们在新媒体时代，处理海量信息的基本保障。

大家可以想象一下这本书的生产过程。在古代，需要每个篆刻好的字排版好之后进行活字印刷；再往后，欧洲的打字机出现后，需要一个字一个字地锤击，一旦一个字不小心出错，这一页就需要重新输入。而现在，我们在电脑等的文字处理软件中敲打的每一个字，都会立即呈现为不同的数值，即使是不同操作者的所有排版、编辑、校对工作，都可以在这样的"数字化"领域里轻松地一站式解决。

2. 消极面

新媒体技术对海量数据信息的吞吐消化能力非常强，给我们带来内容繁荣的同时也带来了一个明显的负面效应，就是信息过载。这是一个新媒体时代老生常谈的话题。打个比方，"旧"媒体时代的内容市场，就好像你家楼下的小超市，货架少，商品种类数量不多，整个商店在卖什么一目了然，对于老板来说，他不用费心引导顾客的购物行为；对于顾客来说，不会眼花缭乱，但自然也没有太多的选择。新媒体时代，小超市变成了一个巨大无比的卖场，商品多如牛毛，让你晕头转向，你本来只是想买一支牙膏，但走进卖场后，周围琳琅满目的商品让你眼花缭乱、目不暇接，好像什么都可以买，你的消费欲望被空前地激发，本来在小超市里面十分钟就可以完成的购物行为，你花了一天的时间还没有走完这个卖场，你感到有些筋疲力尽。信息过载已成为新媒体时代内容市场的一个严重问题，研究者们发现，我们的信息消费似乎已经在逼近我们的生理极限。

---

① 马丁·李斯特，等. 复旦新闻传播学译库：新媒体批判导论[M]. 2版. 吴炜华，付晓光，译. 上海：复旦大学出版社，2016：20.

信息过载不仅让内容市场的消费者疲于应付，对于内容生产者和营销者来说更是难题。在众声喧哗的今天，我们如何让自己的内容被注意到，在茫茫的信息海洋中脱颖而出，实在不是一个简单的事。这再也不是一个"酒香不怕巷子深"的时代，内容的创意、生产、营销的各个环节，都要思考如何形成差异化的竞争优势，被注意、被看到、被喜欢、被分享；还要充分考虑受众逼近极限的内容消费精力和时间成本，让他们以最便捷、最方便的方式获取想要的内容，以提升其选择的或然率（美国传播学者施拉姆在20世纪50年代提出的或然率公式：选择的或然率＝报偿的保证/费力的程度，这也是本书在后面的章节中会着重讨论的问题）。

（二）互动性特征

1. 积极面

1967年，美国学者J. A. 巴隆在其发表的论文《接近媒介——一项新的第一修正案权利》中首次提出了"传媒接近权"的概念。巴隆认为，宪法中既有的"出版自由"保护的是所有社会成员的权利，而不仅仅是少数传媒企业，但是由于资本主义的垄断性，大众传播的权利越来越集中到少数人手中，广大受众被排斥在大众传播媒介之外，此后，西方开始掀起一股为普罗大众寻求传媒接近权的风潮。传媒接近权，可以被解释为："一般社会成员利用传播媒介阐述主张、发表言论及开展各种社会和文化活动的权利，同时，这项权利也赋予了传媒应该向受众开放的义务和责任。"[①]

随着新媒体时代的到来，普通人被赋予传播的权利，传播过程中去中心化的特征被不断强化，普通公民的传媒接近权日益凸显。20世纪90年代，"公民记者"诞生，老百姓开始借助互联网和各种新媒体技术，向社会发布第一手的新闻信息。有学者认为："公民新闻的诞生，从根本上改变了受众群体在传播中的被动地位，传播者和受众可以处于平等的地位，受众也可以成为传播者，实现传播主体的位移。建立在双向传播基础上的公民新闻促进了民间话语体系的崛起，颠覆了'舆论一律'的传播格局，是一种民主化的报道形式。"[②]

近年来，社交媒体的崛起，为大众参与内容生产提供了更强有力的保障，我们进入了一个"人人都是传播者"的时代，对于内容从业人员来说，受众信息参与度的不断提升，也意味着受众信息的透明度不断加强——这是一个从不吝啬分享的时代。有学者指出，未来互联网的主要人群是被称为"千禧一代"的数字原住民，这个人群比他们的父辈更愿意在社交媒体上分享个人信息，这对内容生产和营销者完善用户画像来说，绝对是一个利好的消息。随着人们分享的信息越来越多，我们可以更了解他们对于内容的偏好，以便精准地将合适的内容"投喂"给合适的人群，降低营销成本，提升效率。

另外，社交媒体时代受众传媒接近权的实现，也意味着我们的内容是有可能借助受众之间的分享，完成低成本、大规模的传播，这也是病毒式营销"让大家告诉大家"的核心思维理念。在以往，我们必须以高额的费用购买大众媒体的时段或者版面，以争取大规模受众的注意力。而现在，我们的内容如果可以顺利"引爆"社交媒体，便可以借助"让大

---

① 郭庆光. 传播学教程[M]. 北京：中国人民大学出版社，1999：11.
② 同①。

家告诉大家"的力量,让内容成为畅销品。耶鲁大学教授米尔格伦在其六度分隔理论中早已阐述了这种力量对于传播的可观作用。六度分隔理论指出,我们和地球上任何一个陌生人之间要建立联系,最多需要六个人(包括你和这个陌生人在内)。用一种数学的方式解释这种力量:假设每个人平均认识260个人(这种认识包括泛熟人关系,比如跟你打过一次交道的房产中介),那么按照六度分隔理论的逻辑计算就是$260^6=1\ 188\ 137\ 600\ 000$。消除一些节点重复,那也几乎覆盖了整个地球人口若干多倍。所以,新媒体时代,受众已经参与到传播中来,并且成为一种强大的、可以借助的力量。

2. 消极面

正如前文所说,我们处在一个受众信息参与主动性空前高涨的时代。一方面,我们每一次内容消费,都会被动地在互联网上留下各种各样的使用痕迹,这些痕迹可以让内容生产者或者平台精准了解我们是什么样的人,以便给我们推荐正确的内容,提升我们的消费体验;另一方面,我们主动地将数据交给各种各样的平台,以获得服务,比如将位置信息交给打车软件,将家庭住址交给各种外卖、快递平台等。我们本人和我们的生活被分裂成不同的数据,交到各种需要这些数据的对象手中,我们的形象在互联网上逐渐完成构建,甚至可以说,互联网会比你自己更了解你自己。

从这个案例可见,我们在享受新媒体时代便利的同时,也为我们的隐私安全埋下隐患。2017年,《南方都市报》公布了国内1000家新媒体平台和网站的隐私政策水平的测评结果,评测标准包括个人信息保护政策的规范性、履行必要的告知和警示义务、用户选择和同意权、向第三方披露用户个人信息、特殊情形下个人信息的处理原则等。遗憾的是,这1000家平台能够达到隐私策透明度"高"级别的为零,达到隐私政策透明度"较高"级别占比8.4%,而达到"较低""低"级别占比超过80%。

2018年,社交媒体巨头脸书(Face Book)就因其5000万个用户数据泄露一事而陷入泥沼。事件源于剑桥大学一位心理学教授在脸书上开发的一款应用程序,以"测性格、领奖金"的方式获取了27万个脸书用户及其好友的相关资料,这一数额最终裂变为5000万个,等于北美地区活跃用户的1/3,后有媒体报道称,这些数据被英国政治咨询公司Cambridge Analytica不当获取,并用于2016年的美国大选以操控选票。事件曝光后,全球网民开始了抵制脸书的活动,即使脸书通过各种渠道发表了公开道歉,但依然不能阻止该事件为公司带来的负面影响——事件爆发后,脸书的市值流失超过700亿美元;"卸载脸书"也成为盛极一时的口号;一项在线调查表示,只有41%的美国人相信脸书会遵守个人信息保护法,远低于亚马逊的66%,谷歌的62%,微软的60%;除了民意的倒戈外,美国联邦贸易委员会还对其做出50亿美元的罚款。

在国内,互联网隐私安全的问题也在不断被强调。虽然我国相关法律还存在细节解释不够、保护与发展协调不够等问题,但国家也在不断加快立法进程,2019年,中央网信办对四项关于数据安全的管理办法相继发布征求意见稿,其中《儿童个人信息网络保护规定》已正式公布并实施。一系列行政法规的制定,也使得数据安全和隐私保护越来越受重视。因此,作为新媒体时代的内容生产者和营销者,在享受海量数据带来的便利时,也需要对数据安全保持清醒的认知,必须要充分重视受众信息安全和隐私的保护,否则将如同脸书一样,受到舆论和法律的双重责罚,造成难以估量的损失。

(三)部落化特征

1948年,美国政治学家、传播学四大奠基人之一的哈罗德·拉斯韦尔在其文章《社会传播的结构与功能》中,提出了著名的"5W"传播模式,即传播的五个基本要素:谁(who)、说了什么(what)、通过什么渠道(in which channel)、对谁说(to whom)、有什么效果(with what effect),该模型清晰解释了大众传播的基本过程,五个基本要素成为后世学者在"控制分析""内容分析""媒介分析""受众分析""效果分析"等几大方面研究的基石,奠定了传播学研究的基础,为人们理解传播过程的基本结构和特征提供了战略性的主攻方向,对传播学的研究发展起到了不可忽视的深远影响。但必须承认的是,早期的研究必然具有时代背景下认知的局限性,"5W"传播模式的其中一个局限就在于,忽略了传播过程中的反馈因素,把传播看作是一个单向的、线性的流通过程,未能揭示传播的双向性互动特征。

在数字技术、网络技术飞速发展的今天,线性的传播模式已很难概括如今的传播环境和现状,随着受众作为传播参与个体的身份被不断强调,受众个性化的信息需求日益凸显,互联网的去中心化的传播特点,使得传播呈现出网格状,每个人都是传播网络上的一个节点,信息在网格中多向流动,传播的线路呈现出非线性化的特征(如图1-2所示)。

图1-2 网格状传播

简单来说,线性化的关系,指的就是两者之间存在一次方函数关系,在空间和时间上代表一种规则的直线运动,而非线性关系则相反,代表着不规则的运动和突变。由于篇幅有限和避免偏题,我们在此并不对线性的概念作深入的阐释,我们只需要知道,非线性才是我们这个世界复杂的特质,与线性相比,非线性更加接近客观事物的本身。传播的非线性意味着传播格局去中心化,可以是一点对多点的传播,也可以是多点对一点、多点对多点的传播,即所有人对所有人的传播。同时,传播的非线性也意味着对时间和空间边界的消解,在互联网信息的支撑下,信息的传播实现了时间和空间语义下的互联互通,而这种传播格局的演变,正是如马歇尔·麦克卢汉所言:我们已经进入了一个"重归部落化"的时代。

麦克卢汉按照传播媒介的发展,把人类社会分为了部落化、非(去)部落化、重归部落化三大阶段,其中部落化阶段是以口语传播为主导的历史阶段,在口语传播时代,人们的交流主要依赖口口相传,这使信息传播只能在小范围内进行。古希腊的亚里士多德认为城市的人口不得多到演讲人讲话时无法使全体公民听到的程度——可见传播规模的局限性；另外，口语化传播还具有互动性强的特征，苏格拉底就曾经为了维护口语传播的互动性而对文字传播"不能对疑问作出解答"的缺陷表示反感。因此，在口语传播时代，信息呈现在小部落中流通的状态。麦克卢汉认为，印刷媒介和文字的出现，打破了信息流通的互动性特征，信息呈现出一种线性的、阶层化的流通特征，借由印刷技术，知识的去中心化特征开始出现，人类社会进入了非（去）部落化阶段；而以互联网为代表的电子媒介时代，是去中心化的，人们借由互联网极大提升了信息传播的主动性、参与性、交互性，互联网对时间、空间边界的消解，使得"地球村"的预言在信息传播的语境下基本得以实现，人类社会又迈入了重归部落化阶段（如表1-1所示）。

表1-1 重归部落化的三个阶段及其相关特征

	部落化阶段	非（去）部落化阶段	重归部落化阶段
代表媒介	口语	报刊、电视	互联网
传播规模	小	中	大
互动性	强	弱	强

对于新媒体的内容创意者和营销者来说，重归部落化的信息流通方式改变了业态特征及市场环境，使得我们必须重新审视和修订在内容市场的实践方式。这一部分我们就放弃简单的"消极"和"积极"的分类，综合讨论新媒体内容的从业者们应该如何去适应重归部落化和运用它的信息流通方式。

1. 趣缘共同体

互联网视域下的部落化，人们的聚集、族群的凝聚和交往以不同的形式展现出来，口语时代的部落聚集大多是以地缘、血缘因素为主，即受到地理因素与亲缘关系的影响较大。但网络消解了人类社会地域的边界，人们在互联网上构建起以"想象共同体"的部落，对某种互联网文化的共同消费、共同兴趣等，会成为互联网时代部落聚集的主要因素。比如以知识共享为主导的得到App，汽车发烧友共同聚集的汽车之家，以及相对文艺的豆瓣平台等，都是新媒体时代的部落。部落和部落之间不是隔阂的，而是互联互通的，部落人群可以在部落之间任意流动，这种流动也使信息的流通形成了一个节点众多的巨大网络，信息在这张网络上纵横交错，扩大着意义共享的空间。

不少学者对互联网所带来的这个有机的、不可分割的、消解时空边界的空间感到欣慰，认为这是一个丰富的、富有创造性的混合体，可以让人们发挥富有创造力的多样性。这种重归部落化的特征，将处在大都市中、相互陌生的社会人群聚集起来，形成一个又一个的网络社群，人们在网络社群中变成想象的共同体，强化了彼此之间的身份认同，形成了现代社会一股独特的凝聚力。

2. 社群营销

对于新媒体内容的生产者和营销者来说，借助社群的力量进行传播是一种非常有效的手段。有学者指出，要想成就理想的传播效果，你还需要创建出优质的专属社群，将忠诚的、优质的受众凝聚起来，成为你内容的追随者。谷歌的研究表示，这些核心的忠诚受众群体对内容传播和分享的意愿远远高于一般的受众群体。我们发现，目前许多在自媒体从事内容生产的博主、"大V"都开始致力于建立自己的核心粉丝群体，他们最常用的手段是建立粉丝微信群。这些内容生产者会亲自参与到微信群的日常交流中去，将自己作为核心社群成员的一份子，这就将原本受众之间零散的、相对脆弱的社交联系转化为强社交关系网络，以形成更强大的凝聚力，而内容生产者作为该社群的核心人物或意见领袖，其内容的号召力也在社群的建设中进一步提升。

内容营销专家马克·舍费尔以自己的亲身经历证实了这种建立在忠诚社群上的号召力。他曾经为一个慈善项目募捐，通过一篇博文向社交媒体请求受众进行捐款，让他吃惊的是，善款在极短的时间内就筹集成功。马克感叹道："要不是我多年努力培养了一个忠实的、全情投入的粉丝群，这一切根本不可能发生。"[①]据统计，在马克当时的70000个粉丝中，只有0.02%的人采取了实质性的捐款行动，这个转化率极低，但同时也意味着，忠诚的粉丝群体才会真正地采取行动。

销售力量公司副总裁杰弗里·罗尔斯曾这样阐述建立专属粉丝部落的重要性："培养粉丝是内容营销的重要组成部分，光把1%的努力放在这上面是远远不够的，在进行内容创作时，你的心里必须想着粉丝和你要做的事。"

因此，借助互联网部落，或者亲自构建和参与部落，是内容制胜的法宝，这是我们从内容创意初始阶段就必须记在脑海中的关键。对于内容的营销来说，部落的规模大小并不重要，甚至有专家提出，我们反而要使得部落规模尽可能的"小"。这个"小"实际上是指受众挖掘的精准程度，也就是真正热爱你的内容的那一部分人。要构建一个忠诚的部落，作为部落组织者和部落首领的内容生产者，必须要与成员平等交流，不要试图凌驾于受众群体，而是成为这个共同体的一份子，这会成为内容营销的最佳手段，你的忠诚受众会为你的大部分内容积极地买单并且再传播。事实上，很多内容生产者甚至在创意阶段就有效利用了受众群体的反馈，例如，一些微信公众号的博主会在内容的评论区询问读者想要看什么样的主题，并且会根据对相关意见的点赞数量高低来决定下一篇内容的创意起点。

（四）高科性特征

新媒体技术实现了信息在生产、传播、呈现、解读等方面的突破性发展，比如信息技术对时间空间边界的消解；超链接技术拓展出无限延展的信息空间；容易检索与储存；更多维的呈现方式；信息传播的高速性和即时性。最新的5G网络技术将为信息传播提供100Mbps的传输速率，是4G网络的4倍；同时，5G网络的延时性极低，响应用户命令的速度将非常快（理论上使用5G网络可以在6秒下载完一部3D电影），使信息传播及时性特征更加凸显。新媒体技术的涵盖面很广，我们不可能逐一进行讨论，本书关注的并非技术的原理本身，而是要探讨技术环境对新媒体内容实践所带来的影响。因此，我们选择了虚拟现实技术（virtual reality，VR），一种对内容呈现方式、受众信息解读方式、信息的认知方式、从业者的实践方式等都会带来改变的新媒体技术作为代表，以阐述科技发展为内容生产和消费带来的影响。

VR，中文译作虚拟现实技术，也译作灵境技术或人工环境，是一种可以创建和体验虚拟世界的计算机仿真系统。它利用计算机生成一种模拟环境，是一种多源信息融合的、

---

① 马克·舍费尔. 热点——引爆内容营销的6个密码[M]. 曲秋晨，译. 北京：中国人民大学出版社，2017：90.

交互式的三维动态视景和实体行为的系统仿真，能使用户沉浸到该环境中。简单来说，以往受众和媒体内容是有一定距离的，无论是观看电视、阅读书籍或者使用手机，受众都只是信息的"旁观者"。但 VR 就是一种通过特殊设备，可以让受众对内容进行沉浸式体验的全新技术，受众可以和内容实现在虚拟空间里融为一体，当你在观看《侏罗纪公园》的电影时，VR 可以让你在感官上进入到那个世界，看到恐龙在你周围奔跑。

对于内容市场来说，VR 应用极具潜力。2016 年就有研究者提出，中国 VR 的潜在用户已达 2.86 亿，其中已经存在的浅度用户数为 1700 万人，重度用户数为 96 万人[①]。中国的 VR 产业也在技术、资本、渠道、用户、内容、开发、硬件等力量的支撑下，逐渐形成成熟的生态圈。随着 VR 市场的日趋成熟，相信用户规模还会不断扩大，VR 也将成为新媒体内容的一种重要载体。

1. 积极面

（1）专业内容从业者的市场机遇

从 VR 目前的发展水平来看，其依然是一种内容生产成本高昂、需要一定专业技术支撑的工具。这就意味着，VR 支撑下的内容生产，是一个以专业内容生产为主的市场格局，由于生产成本、技术门槛等方面的限制，内容生产的参与者规模，尤其是用户生产内容（user generated content，UGC）规模受到了极大的限制，众声喧哗、竞争激烈的局面在 VR 内容领域暂时不会出现，给专业内容生产者留下了更多的市场空间与机会。这也是新媒体内容市场的一个总体趋势——这个看似热闹纷繁的多元化内容生产参与者的"游戏场"，最终剩下的"领跑者"终究还是专业选手。

（2）内容感染力的提升

VR 的"3I"特征，即沉浸（immersion）、交互（interaction）、想象（imagination），它们给予了内容呈现最新颖的方式，尤其对于一些需要视觉冲击力支撑的内容，VR 有着其他内容呈现手段所没有的优势。央视网新闻频道的 VR 频道的 VR 大事件栏目，曾推出武汉大学樱花大赏的 VR 新闻，如果配以 VR 眼镜，受众可以如同亲临武汉大学一样观赏到如往常一样的绚烂樱花绽放。这条新闻以"樱花盛开、春天到来"的画面，展示了从疫情阴霾中逐渐苏醒和恢复活力的武汉，沉浸式的内容体验可以让受众对这一主题的感受更加深刻。对于 VR 在新闻领域的作用，《纽约时报》VR 编辑 Pirog 在评论 VR 新闻带来的感官体验时说："这时候观众会有很强的身临其境的感觉，他们就像是其中的一员，被吓到，然后又因为平安无事感到放松，这种时候是不需要语言的。"这种新闻内容的真实体验，对于增强受众的同理心具有很好的效果，尤其是对一些以灾难、战争为主题的新闻内容。比如《纽约时报》就曾经采用 VR 手段拍摄了一部新闻纪录片《流离失所》（The Displace），讲述了三个叙利亚小孩子因为战争卷入世界难民危机而流离失所的故事，取得了不俗的效果。电影制作人、LightShed 创始人 Gabo Arora 曾这样描述联合国通过 VR 电影做公益筹款的效果："在观看公益 VR 影像之后，每 6 个人当中就有 1 人捐款，不仅是捐款率提高了，而且平均捐款额也提高了 10%。"因此，VR 对于增强内容的感染力和说服力确实具有特殊效果。

---

① 暴风魔镜，国家广告研究院，知萌咨询机构. 中国 VR 用户行为研究报告[EB/OL]. 2020-04-22. http://www.199it.com/archives/458293.html.

2. 消极面

（1）把关人角色受到挑战

VR 在对内容多维的、身临其境的客观呈现，增强视觉冲击力和真实体验感的同时，也会让内容容易成为不经加工的新闻发生现场的高度还原，对媒介拟态环境的创造和议程的设置有所冲击，对内容监管机制提出了更高的要求。普通的新闻内容，受众是作为新闻内容的旁观者，观看的画面经过后期编辑和处理后，对事物的理解容易受到编辑思维的影响，将媒介真实误认为客观真实。但是对于 VR 新闻来说，受众角色向新闻现场的目击者转变，受众对新闻客体的解读更加自由而多元，专业把关人的角色受到挑战。

（2）内容的适用性有限

VR 的制作和阅读成本都较高，并且不是所有信息和内容均适合 VR，比如一般的城市新闻、时政动态、社会新闻等，人们只关心"发生了什么事"而不会过度追求感官体验，时效性比呈现模式重要得多。这种科技在内容领域也并非万能，作为新媒体的内容从业者，面对日新月异的信息科技，千万不要为了增加高科技的噱头而盲目将内容和技术手段强行嫁接，效果往往会适得其反。

（3）技术对内容的越俎

优质的内容始终是赢得市场竞争的核心，内容生产者要避免过度追求内容呈现方式的炫技而出现泛娱乐化、重技术而轻内容的本末倒置现象。人们获取信息、进行内容消费的目的多种多样，技术只是一种锦上添花的工具，像 VR 这种技术可能会让内容从业者过度追求感官上的冲击，将技术的呈现作为一种噱头，忽略了优质内容本身。

通过对 VR 的分析我们可以认识到，新媒体技术的发展，对于内容从业者来说，从来都是一把"双刃剑"。它能为内容创意找到更多的技术支点，可以借由技术创造出更多元化、更优质的内容消费体验；但同时，让人心动的技术背后也可能隐藏挑战甚至陷阱，比如受众体验优化的同时发生内容传播者对受众失去控制；比如盲目地将新技术作为内容消费的噱头，反而折损了内容本身应有的辨识度和消费价值。当受众对技术的新鲜感逐渐消退之后，盲目依附于技术的内容也终将被市场淘汰。

延伸阅读

1996 年，美国的《哈波斯》杂志发表了一篇文章，名叫《她要她的电视！他要他的书！》，记录了纽约大学传播技术教授波斯曼和费城艺术学院女教授帕格利亚关于印刷媒体和电子媒体的对话，这场对话的双方具有不同立场。

纽约大学的波斯曼教授出生于印刷媒介作为主导的时代，他对电子媒介的出现表示拒绝，因为他笃定，印刷媒介主导的受众思维方式，是一种偏线性的思维方式。"从本质上来说，阅读教授我们推理，电视以其随机的不连续的图像与线性传统作对，打破了逻辑和思维的习惯"，比如，在阅读书籍的时候，读者专注的是，"读书给了我一种分析的、延迟的反应，这对于追求科学或是工程学很有好处。"他认为，电子媒介的出现打破了这种思维模式，让信息的呈现表现出一种非线性的、混乱无章的方式，失去了知识和情感上的"连续性和可预测性"。"我的年轻的学生看到电视上播音员说有 5000 名智利人死于地震，然后他说：'我们在联合航空公司的广告之后马上回来'，我希望我的学生说：'嘿，等一下，它怎么能让我们如此迅速地转变情绪?'"

但费城艺术学院的教授帕格利亚对这种担忧表示没有必要,她认为,新的技术催生了人们对信息的新的消费方式,而我们总能够适应这种方式,转变是必然的,但并非消极的。"他们无法理解我们这些生在二战以后的人如何能在读书的同时,还能看电视。但是我们能。我写书的时候,我戴着耳机,摇滚乐或是普契尼或勃拉姆斯在耳边狂响。关闭了声音的肥皂剧在电视屏幕上闪烁。同时我可以还在电话上与别人聊天。新生代具有多层面、多轨道应对世界的能力。"而对于非线性的信息呈现使得知识甚至情感都无法连续而显得混乱的这一说法,帕格利亚回答说:"它就应该是这样的。我们无法延伸我们对5000名死难者的同情。通过将这些刺激的图像编辑在一起,电视创造了真实的生活写照。我们不得不像农民那样审视死亡——常有的事,没什么大不了。自然可以让地球裂开千万次,而后,依旧阳光灿烂,小鸟儿歌唱。这就像是从坠机事件忽然转到痔疮广告。在电视里,和自然中一样,每件事情都重要。"①

波斯曼和帕格利亚的对话,展示了新旧媒体对人类认知世界方式的改变。实际上,随着传播技术的发展,人类社会一直对存在这样针对新媒体影响的交锋,就像忠诚于述而不作的古希腊文明对文字这种新的信息载体是否会成为懒人的拐杖,使得人们不再依赖记忆力、信息失去互动性等方面的质疑,以及就像我们当代对于互联网、社交媒体信息传播,到底是带来了认知世界能力的飞跃,还是认知的盈余造成理解世界能力和文化的衰退。

不过必须承认的是,任何技术都不是完美的,对于人类社会来说都像是一把"双刃剑",最重要的是我们如何去利用它。而对于如今的新媒体来说,其对内容创意与传播带来的优越性和负面性的讨论也一直没有终止,我们必须在实践过程中反复审视这个问题,才能够真正辩证地看待新的技术、新的传播环境、新的信息模式、新的社会构架,这些审视和讨论的过程让我们不至于堕入一味的技术狂欢中,变成附庸科技的人,而真正成为技术和科技的主人。

*对于波斯曼与帕格利亚的对话,你还有什么看法?还受到了哪些启发?是否还有不同的理解?

第二节 新媒体内容:概念与特征

一、新媒体内容

新媒体内容是一个可以很宽泛的概念,从内容行业发展状况来看,人们对"内容"一词的解读方式都在发生变化。以往大家认为内容仅仅是媒介的附属品,是依附媒介进行传播的。但当内容与新的信息技术、新的市场需求结合以后,其外延会不断扩大,甚至可以说,如今的"内容"已经融入各行各业之中,可以以各种各样的形态出现,此时的新媒体内容就可以泛指互联网这个庞大躯体中,一切被传播、被体验、被消费的对象。在互联网视域下,内容不仅仅意味着阅读、观看,还包含体验和服务,比如你在淘宝的一次购物、在某网站预览的一次机票信息、和线上客服的一次对话,都是具有不同意义的内容;在内

---

① 陈力丹. 谈谈印刷和电子数字媒体冲突引发的人文危机[J]. 新闻大学,2002(3).

容生产和营销的视域下，内容可以被理解为运营者利用互联网技术和渠道，用各种表现形式（如文字、图片、视频等）传递给受众，并希望激发受众互动、分享的对象。总体来说，新媒体内容形式多样且纷繁复杂，而且随着技术的更新，新媒体内容也会不断演变出更多、更新的内涵。新媒体的内容分类并没有统一的标准，本章将主要从技术维度和市场维度对新媒体内容进行分类讨论。为了在有限的篇幅内进一步精简我们的讨论，对技术维度的分类将建立在接收新媒体内容的终端上，而市场维度的分类则建立在内容是否获利的基础上。

二、新媒体内容分类及特征

（一）按照消费终端的分类及特征

新媒体内容形式多样，适用的技术也在不断发展，按照不同的媒介技术和适用的终端来分类，可以分为以计算机为终端、以手机等便携型电子设备为终端和以数字化电视为终端的三大主要类型新媒体内容。

1. 以计算机为终端的内容

计算机终端，即 PC（personal computer）端，PC 即个人计算机或个人电脑，基于 PC 端的消费内容，就是指主要基于电脑界面体系的新媒体内容消费。

基于 PC 端的内容特征的描述，我们可以通过曾经的互联网内容生产"大户"——我国几大门户网站的"成长史"来一窥究竟。

作为互联网的早期终端形态，PC 端曾经催生过如新闻门户等网站的崛起。1997 年，丁磊大胆地使用 163 这样一个数字来进行域名注册，成了后来的"网易"；同年，留学归来的张朝阳将其创办的爱特信网站中分类搜索"爱信特指南针"更名为"搜乎"，后又再次更名为"搜狐"；1998 年，王志冬与四通利方在国内创办的 SRSNET 网站在法国世界杯期间 24 小时报道世界杯新闻，创造了当时日点击率 310 万条的中文访问量之最的记录，看到了契机的四通利方很快在国内首推"中文门户"的概念，并在年底与华渊资讯合并，创立了新浪网；2003 年，成功诞生了 OICQ 这一即时通信软件的马化腾创办了腾讯网，推出新闻、教育、娱乐、时尚等资讯频道，并成为 2004 年中国商业网站 100 强的第一名。

这些起步阶段的门户网站，借助新闻和社区的概念起家，将网络上各种庞杂的信息资源加以整合、分类，提供目录服务或搜索引擎服务。

传统的综合性门户网站的内容主要是以新闻或娱乐资讯为主，但随着信息技术的不断发展，曾经风光无限的综合性门户网站也日渐式微，成了"传统"的网络媒体代表。门户网站开始逐渐垂直化发展，出现了针对某特定领域、特定人群或特定需求提供专业化的信息服务的网站，如专门提供商务差旅服务的携程旅行网、专业提供职业咨询的前程无忧网等。

发源于 PC 端的综合性门户网站的内容，就像是超级市场，类目繁多、种类繁杂，内容被分门别类地置放在标签清楚的"货架"上，消费者要自己按照分类标识寻找自己需要的"商品"。但随着互联网技术的不断发展，我们进入了一个内容井喷式发展的时代，依靠"分类"的内容营销方式显然已经不能够承载海量的内容分发和消费需求，门户网站也纷纷进行从依靠人工分类到依靠机器算法精准分发的技术转型。网易、搜狐、新浪、腾讯也纷纷把业务重心从 PC 端转移到移动端，PC 端的内容模式面临着转型和融合。

那么，随着移动互联网的发展，PC 端的内容市场会日渐消亡么？业内专家的看法并不是绝对的悲观，根据艾瑞数据 2018 年的监测报告①，我们可以总结出目前 PC 端内容市场的总体趋势。

①总体来看，PC 端网站覆盖人数日渐式微、整体下滑，移动互联网对 PC 端内容消费的冲击比较明显。

②数据表明，现阶段 PC 端的内容中，以"搜索服务""在线视频""新闻资讯"受众覆盖人数最多。

③虽然面临着移动互联网的冲击，但就此断言 PC 端已成为"明日黄花"还太过偏激。互联网兴起于 PC 端，各网站的 PC 端积累了庞大的用户基数，基于 PC 端的内容生产依然是有利可图的。根据艾瑞数据显示，在一些细分领域，PC 端的人口覆盖数量甚至出现小幅上涨，比如旅游服务类，该类别的产品消费决策周期较长，消费者会利用 PC 端和移动端的结合来完成消费。另外还有游戏类的产品的用户覆盖率也依然表现优秀。

④PC 端和移动端的消费高峰时段交替出现，呈现出互补状态。PC 端用户活跃时段高峰集中在白天工作时间，可能和上班时间主要会使用电脑处理工作相关，而手机这样的移动端在工作场合的频繁使用对于很多用人单位来说是不适宜的；而移动端的活跃时间集中在中午和晚间的休息时间，即 12~15 点及 18 点以后。

因此，PC 端不是淘汰品，用户对 PC 端和移动端的应用行为呈现交互趋势，内容生产者在进行内容消费终端的判断时，不应忽略 PC 端的市场可能性，而要根据 PC 端所适用的与移动端不同的用户内容消费场景，来考虑内容创意和营销的差异化策略。

2. 以手机等便携型电子设备为终端的内容及特征

随着以 5G 为代表的信息技术的高速发展，以智能手机、平板电脑为代表的移动互联网终端的内容消费群体在不断扩大，根据中国移动互联网大数据公司发布的《中国移动互联网 2019 春季报告》显示，截至 2019 年第一季度，中国移动互联网月活用户规模达 11.38 亿；虽然用户规模的增速放缓，但消费时长的红利依然明显，截至 2019 年第一季度，中国移动互联网用户的消费时长为 349.6 分钟，其中腾讯系、字节跳动系、阿里巴巴系、百度系四家相关 App 占据全网用户约 70%的市场。

基于移动互联网技术的内容呈现出如下特征。

①内容生产者与消费者边界模糊。以智能手机为代表的移动终端技术，既让内容消费变得更加灵活便捷，同时也降低了内容生产的门槛，媒体和内容都不像以往那样具有清晰的边界和明确的专属性。内容的内涵与外延日益丰富、扩展，用户在不同场景生产、消费的图文影像，都具有内容性质。

②移动互联网的发展使得"个体"愈发清晰，个性化和垂直化成为内容市场的发展趋势，小众的内容有了更多的生存机会，长尾效应进一步凸显。

③"优质"和"匹配"一起，成为移动互联网时代内容的关键词，高质量的服务和精准的分发结合才能够真正赢得市场。

④移动互联网使得内容消费呈现出场景化、随机化的特征，即消费环境多种多样，消

---

① 艾瑞咨询. 2018 年中国互联网流量年度数据报告[EB/OL]. 2020-02-14 https://www.iresearch.com.cn/report.shtml.

费者所处的时间、地点、空间、情绪状态、社交关系等多种要素的集合将对内容营销产生重要影响，因此，内容在移动互联网时代的传播，必须要利用大数据的算法服务，让内容契合消费者当下所处的消费场景。

⑤内容变现变得直接化、即时化。传统媒体时代的内容变现被称为"二次售卖理论"，即售卖内容给受众，吸引受众注意力，再将受众注意力售卖给广告商。但随着移动支付功能的普及化，消费者可以非常便捷地通过移动终端进行内容付费，使得内容变现直接化、即时化的特征进一步加强。

3. 以电视机等数字化产品为终端的内容及特征

这里的电视机并不同于以往的"彩电"或者"有线电视"，而是在新媒体出现后的"数字电视"，很多甚至是在21世纪后才登上历史舞台的，如"车载电视""楼宇电视""商场电视""互联网电视"等。

类型众多的半传统电视通过与数字技术、网络技术、多媒体技术等技术的嫁接，发展出了丰富多彩的新形态。IPTV、移动电视、楼宇电视等电视新媒体，集数字化、互动性为一体，颠覆了传统电视媒体的单向信息传播模式，它们依靠提供专业化的、个性化的信息服务，拓展了广播电视的传播范围，为用户带来了全新的视听体验。

IPTV（internet protocol TV），即交互式网络电视，是利用宽带网的基础设施，以家用电视机（或计算机）作为主要终端设备，集互联网、多媒体、通信等多种技术于一体，通过互联网络协议（IP）向家庭用户提供包括数字电视在内的多种交互式数字媒体服务的一种崭新技术。IPTV最大的特点是具有交互功能，因此也被称为交互式网络电视。

IPTV使观众既可以看到传统的有着固定编排顺序的电视节目，也能够灵活地进行节目预约和视频点播，还可以非常方便地享用互联网的各项内容服务，包括可视IP电话、上网服务、电子邮件服务、电子商务、网络游戏以及其他的在线信息咨询和娱乐等服务。

（二）按照经营性质的分类及特征

将新媒体内容按照其传播主体的经营性质来划分，主要可以分为以盈利为主的商业内容和不以盈利为目的内容两大类。

1. 营利性新媒体内容

营利性新媒体可以分为以信息传播和提供娱乐为主的媒体网站和提供具体产品的商业主体。

信息提供类新媒体内容的盈利模式，以信息被消费（点击、观看、阅读）的数量为基准进行收费，或者将受众的注意力吸引到广告上，按照广告的点击量向广告主收取广告费。娱乐服务类媒体向用户提供可供下载或在线欣赏的娱乐音像制品以及可供用户参与的游戏，借此按照点击量、下载量收取费用，并从游戏附加产品（如游戏道具、游戏币等）中获取附加值。和传统媒体时代不同的是，内容的提供者不一定是专业的媒介组织，有可能是其他用户，即自媒体。但总体来说，从目前市场现状的研究和分析看来，纯粹草根化的自媒体变现能力非常有限，大多数草根媒体都要在被专业的机构或资本收编之后，才能真正拥有持续的变现能力，其产出才能够真正被称为营利性新媒体内容。

电子商务是互联网上兴起的通过提供交易双方在线选择、谈判、签订合同、支付、赔偿等商业行为的平台，收取交易双方的佣金作为回报，由于其便捷、低成本等优势，目前已得到广泛应用。"在线交易＋线下物流"成为目前十分受欢迎的消费方式，这主要包括企业间进行交易的 B2B 电子商务网站，商家与消费者之间交易的 B2C 销售网站，如亚马逊、当当网等，个人用户间交易的 C2C 平台，如淘宝网、阿里巴巴等。

但在新媒体时代，内容与电子商务之间的结合非常紧密，随之产生了"内容电商"这一概念。内容电商从 2016 年开始进入了一个火热的阶段，根据 2016 年 9 月新榜发布的《内容电商研究报告》，在近三个月新榜指数 800 分以上的 5269 个微信公众号中，有 718 个在做电子商务，即差不多每 7 个大号中就有一个在试水内容电商。

内容电商成功的核心理念，是将内容生产者作为某个垂直领域的意见领袖，用自己的内容品牌给产品价值背书，内容与商品变现的紧密度非常强。比如一个专门做时尚类内容的微信公众号博主，就通过淘宝、微信小程序等渠道进行相关时尚品牌的售卖，比如在公众号的内容中讲了这一季的流行趋势是紫色的连衣裙，那么就会在内容的末尾附上自己的电商购买渠道，其内容的电商转化率就和这个博主在该领域的号召力、内容的吸引力成正相关关系。

2. 非营利性新媒体内容

狭义上的非营利性新媒体内容的范畴包括非营利性网站，如各级政府开设的网站、电子政务平台、公益类网站，即主要是依托各级慈善机构以及各种非政府组织而成立的新媒体平台所产出的内容。但广义上，只要不以变现为目的的内容，都可以叫做非营利性新媒体内容。但随着移动互联网时代的发展，内容变现方式和渠道的便捷化、多元化，一个内容是否是真正的非营利性质，其边界不再那么清晰，营利和非营利的转化变得灵活和随机。比如一个微信公众号的内容，一开始纯粹以博主本人的兴趣和爱好为出发点，没有任何营利的动机，但随着内容影响力的扩大，粉丝规模吸引了一些广告商的注意，该博主变成了"网红"，进行了一些广告拍摄，尝到了成为网红的甜头后，开始更加卖力地进行内容输出，以维持稳固的粉丝群体，保持自己的商业吸引力。即使这个博主的公众号的内容依然不添加任何广告，但其内容已经变成其商业价值转化的工具，那么，这些内容到底属于营利性，还是非营利性呢？

最后值得一提的是，公益慈善组织从新媒体内容中发掘出了非凡的潜力，依托微博、电子商务等诸多平台，发展出了多种多样适合新媒体平台的内容形式，吸引人们参与慈善。例如善淘网通过鼓励人们捐出闲置衣物，组织残障人士进行回收分类，在网站上以低廉价格拍卖，将产生的价值投入慈善活动中；又如"一个鸡蛋的暴走"公益活动组织人们参加"暴走"公益活动，获取朋友的捐赠支持，互动性、参与性极强的内容形式，大大丰富了慈善的内涵。

（三）其他分类方式

除了上述分类方式以外，新媒体内容还可以按照媒体呈现方式或者载体分类，分为视频类、音频类、图文类、纯文字类、人机交互类（如虚拟现实等）、平面类等。按照内容的消费属性分类，目前内容市场上的内容主要分为资讯类和泛娱乐类两大类别，其中，资讯类的内容泛指给受众提供的反映客观世界现状及发展变化的内容，比如新闻报道、时事评论等；资讯类的内容价值一般建立在时效性上，在信息来源多元化、竞争激烈的新媒体时代，资讯类的内容想要获得市场，必须拥有以下的核心竞争力。

1. 可靠的内容渠道来源

在鱼龙混杂的新媒体内容市场，信息的真实性往往很难辨别，新闻"反转"现象时有发生，受众对可靠信源的需求变得迫切，因此，内容生产者是否掌握独特而且可靠的信息来源，对于其受众的忠诚度是影响非常大的，内容生产者背后的品牌信誉，也是维持其市场地位的关键因素。许多传统的媒体品牌或传统媒体行业出来的"专业选手"在这个时候就凸显出了其品牌优势，受众对其多年依赖媒体品牌的认知和信任，使它们在自媒体市场拥有先天的群众基础。

2. 独特的内容渠道来源

在人人都是传播者的时代，热门的话题固然是吸引受众关注的利器，但围绕热门话题所进行的内容生产，也会让受众产生视觉疲劳，打破内容同质化，是赢得市场竞争的关键。那么，拥有独特的内容渠道来源，就是一种快速实现差异化竞争的方式。比如，在人人都在关注"日本留学的女大学生江歌案"时，王志安的团队就促成了本案舆情的关键人物——受害者江歌的母亲、江歌的室友两人之间的见面及对话，并将这次见面的视频切割成多个短视频发布于其微信公众号平台，迅速引发了受众关注及讨论。王志安多年的央视专业媒体人的从业身份，也为其取得受访者信任，挖掘独特的内容渠道起到不可忽视的作用。通常这样独特的内容渠道来源都掌握在拥有一定资历和品牌影响力的内容生产者手中，对于没有资源的内容从业者来说，要想内容实现差异化，还可以从内容生产的维度去挖掘其差异化的市场竞争力。例如，如果人人都在讨论苹果的口感，那么突然有人讨论苹果的营养价值，就会带给受众耳目一新的感觉。

3. 完善的内容生产机制带来的迅速反应

对于目前的新媒体内容市场来说，团队化的、专业化的运营，完善的内容生产机制的建构，是内容能够实现时效性、可看性、生产持续性有效统一的保障。就像我们在本书中不断强调的那样，在一个用户生产内容井喷式出现的时代，专业生产内容在长远看来，依然有其不可替代的竞争优势。

泛娱乐类内容主要的功能在于为用户消耗时间、放松娱乐提供消费对象。相对于资讯类内容，泛娱乐化内容对于生产效率和渠道的要求较低，重在其娱乐价值。娱乐价值在新媒体时代最大的难点在于受众的审美疲劳，因此，泛娱乐化的内容核心是创意，而其核心的竞争力来源于团队创意迭代的能力，以及优质的 IP（intellectual property）。

优质的 IP 是泛娱乐化内容制胜的法宝。"intellectual property"的英文释义为知识财产所有权或是智力成果权，但在互联网语境下，它可以泛指所有众所周知的、可识别的符号或形象。近年来，IP 成为内容产业的热门词汇，其实它的定义并不明确和刻板，范围比较宽泛。明星、网红是 IP，动漫形象也可以是 IP，一个图形、一个品牌也可以成为 IP，IP 具备"时间"（能够被市场所验证、形成长期消费行为及消费期待）、"情感"（凝聚并沉淀用户情感和文化价值，并非因不良商业炒作等引起关注）以及"跨媒介"三个特征，和"用户参与度""口碑评价""开发度""跨文化拓展能力"四个评价维度。总而言之，IP 最大的利用价值就是其对流量的持续吸引和开发能力，以及无限的商业潜能，因此无论是利用已经成熟的 IP，还是自己打造一个 IP，都可以为内容的营销带来事半功倍的力量。

第三节 新媒体营销：关键概念、发展历程、现状与趋势

一、新媒体视域下"内容＋营销"概念的重新界定

必须强调的是，本书中的"内容营销"与传统的营销在范围和定义上都有所区别。在传统意义上的内容营销的界定中，企业作为唯一被服务者，主体地位被一再强调。而新媒体视域下的市场，与传统市场本身就存在极大的区别，例如，新媒体可以实现几乎零成本的"物品"储存、生产和销售，其营销的主体也因此变得更加自由而多元，甚至不一定和企业的营利活动相关。因此，基于新媒体的内容营销，不应再被局限性地视作是企业的一种手段，更该视作是一种市场化的新媒体内容生产范式。它适用于新媒体视域下的各种生产和实践活动，内容本身既是营销的手段、载体。基于新媒体的内容营销也可以被视作营销所生存的一种融合性的生态环境，包含了受众的、市场的、渠道的、技术的、文化背景的多种维度的解读方式。新媒体内容营销可以服务于更多元化的主体，既可以是组织和机构，也可以是个人。

在社交媒体时代，内容的生产者可以是任何人，内容的外延也在不断地扩大，因此，有时候我们很难为建立在对话与互动体验上的内容是否属于营销的范畴给出肯定的判断。比如，一个母婴类微信公众号的博主笔耕不辍地进行着内容生产，以维持稳定的粉丝规模与活跃度；同时，这个博主也拥有自己的母婴产品淘宝店铺，除了在产品上新之时利用其公众号吆喝几声做宣传以外，绝大部分内容与其淘宝店铺全无关系，只是在兢兢业业地做着育儿方面的科普性内容生产。那么，这个不属于任何机构、组织的自媒体博主每一天的内容生产，到底该不该划归为营销？如果答案是肯定的，但在其绝大多数内容中，又确实找不出商业化的痕迹，甚至这个博主一开始的内容生产，也完全因为其作为全职妈妈，对育儿方面颇有心得，出于分享和打发时间的目的开设了公众号，至于后来受众规模扩大、淘宝店的"顺势"开张，也属于无心插柳的行为；如果答案是否定的，那么其淘宝店铺的产品销量，又确实与其所生产的内容带来的粉丝黏度与转化率有着不可分割的关系。

对于这个博主来说，其内容到底是已经演变为一种营销手段，还是应该说营销行为仅仅是其内容的衍生品，这是一个值得探讨的问题。由此可见，单纯的内容生产与以盈利为目的的内容营销的边界在逐渐模糊。在自媒体时代，总是可以随性地开启一段"对话"，至于这段"对话"是否会在日后被赋予营销的使命，我们不得而知。因此，本书的主要内容，将不再纠结于传统定义中的"营销"，而是告诉内容生产者如何将内容变得符合新媒体市场的品味和需求，只要有足够的能力生产出受欢迎的内容，那么如何利用内容进行"营销"的问题也就自然迎刃而解了。

二、新媒体视域下的"创意＋营销"

这是一个人人都可以成为营销者，万物都可以"＋营销"的热闹时代。偶像营销、话题营销、某某平台营销——"××＋营销"的公式似乎可以造出很多让人耳目一新的词汇，甚至有人戏称，要提出"电线杆营销"的概念，以"致敬"最传统、最常见、最熟悉的一种"营销模式"。上文所探讨的"内容＋营销"，当然是目前最让众人不敢忽视、趋之若

鸯的概念，甚至有人认为企业近几年都会为它持续增加预算。现在提到营销，很多人会想到另外一个热词——创意营销。虽然某种意义上"创意+营销"并不能算是新媒体时代的新生概念，但从营销产生以来，创意的重要性就不断被提及，在"眼球经济"大踏步发展、受众注意力比钻石还昂贵的新媒体时代，创意在营销中的地位也就变得不一样了。创意营销顾名思义，就是将创意作为营销的核心驱动力，将其贯穿于从产品到受众的每一个环节。以往我们对于创意的概念认知较为模糊和抽象，甚至一度将其局限在创新的范畴中，但事实上"创意本身就是资源的富矿，是基本的引爆点，是新经济的推进器，是老产业的催化剂"①。而新媒体视域下的创意营销与传统营销理念最大的区别在于，创意不再是营销中某一个环节的助力手段，而是成为营销的支撑框架和原始动力，统领着研发、生产、销售、推广、受众到达、反馈等所有环节的展开。而在传统的定义中，创意仅仅在需要"吆喝叫卖"的阶段出现，是不服务于研发、生产这些环节的。

2018年，山东章丘的铁锅突然火遍全国，其中以一个叫王玉海师傅锻打的铁锅最为火爆，短短三天时间，他的订单就排到了三年后。那么，这个章丘铁锅到底做了怎样惊人的广告投入才达到这样的效果呢？其实并没有。它火爆的原因，是《舌尖上的中国3》中提到了章丘铁锅，并且着重强调了像王师傅这样的"匠人"如何利用"12道工序，18遍火候，1000度高温冶炼，36000次捶打"锻造出质量上乘的铁锅。那么，关键点在于文案吗？像这样描述产品的广告文案我们起码能找出成千上万个相似的。那关键是央视这个平台的高影响力或者是《舌尖上的中国3》的高收视率吗？但并非每一个资本雄厚的品牌都能够轻易依靠知名频道或者在知名节目中植入广告，就能实现这样的惊人销售业绩。那么答案是什么呢？两个字：情怀。《舌尖上的中国3》讲述了一个关于匠人情怀的故事，它深深地打动了受众，受众的情感共鸣驱动了其消费欲望，即便可能节目的目的与营销无关，但是却达到了惊人的营销效果。

所以新媒体视域下，营销效果的好坏，有时候未必和文案、平台、形式等产生绝对的关联，而在于你从什么角度，恰好切中了观众的心理"要害"，而打好"情怀"这张牌，已经成为创意营销者们常用的招数，尤其是在一些与人文、乡土等相关联的消费领域。比如在谈到对都市休闲农业的推广时，创意营销的策略中就少不了对人们精神需求的刺激，唤起城市人群对乡土、对自然的"归属感和历史记忆"的深刻情怀，而对这种情怀的激发，将作为核心纲领，贯穿在产品相关实践活动的所有环节，包括最基本的园区设计、项目经营，再到固客手段、消费体验、相关产业链的系统发展等②。如果都市休闲农业在推广时缺失了上述的核心情怀作为其创意营销的核心驱动，将很有可能失去对于城市受众的主要吸引力——就如同消费者如果突然发现王师傅的章丘铁锅已经变为工厂流水线的批量生产一样，其营销效果的持续性必然会受到负面影响。

新媒体视域下的内容营销是一种有机的、参与者多元、可以被多维度界定的活动，可能一开始，就像章丘铁锅一样，内容生产者的某个内容只是"无心插柳柳成荫"地为其商业赋能，但如果不想错过实现更大价值的机会，那么就要敏锐地提炼出最开始创作的内容为什么能够吸引受众的原因。比如章丘铁锅的"匠人情怀"、都市休闲农业的田园牧歌式

---

① 杨永忠. 创意管理学导论[M]. 北京：经济管理出版社，2018：2.
② 段小力，张黎强. 都市休闲农业创意营销的策略研究[J]. 中国农学通报，2012（9）：307-311.

的"乡土情怀"或是一个育儿博主塑造的经验丰富的优秀妈妈人设,然后在接下来的所有营销实践中,将这个原始吸引力一以贯之地注入其中,成为你所有创意的驱动力,激活每一个与营销相关步骤中创意的展开。

三、新媒体营销发展历程简述

新媒体营销是指利用新媒体高效的信息传播及用户参与的特性,将目标用户卷入营销活动中,以有效提升营销效果的新型营销模式。相比传统营销,新媒体营销的优势体现在较低的营销成本和较高的营销效率两个方面。

在互联网出现之前,营销渠道主要以电视、广播和报纸等为主,这种营销方式呈现出内容制作周期长、成本高、信息传播速度较慢等特点。媒介传播方式的局限性决定了传统营销在获得用户数据方面存在着诸多的不确定性,所追求的仅仅是到达率和覆盖率:反映在报纸杂志上就是发行量,在电视广播上就是收视(听)率。

同时,传统媒体相对于新媒体来说,其受众互动性的薄弱对内容的营销效果会产生比较明显的影响。比如,企业在借助传统媒体开展营销活动的时候,广告的投放完全基于未知的受众构成和身份定位,此时,受众是否认同和接受广告商传播的信息,广告是否能影响他们并促成他们购买,企业选择投放广告的时段是否最佳等问题,均无法获得准确答案。为了寻求答案,企业不得不借助第三方(媒介)锁定和接触目标消费者,但无论是企业还是媒介,都没有渠道与消费者建立直接联系,第三方(媒介)只能递交厚厚的媒体覆盖量报告的数字以证明广告可能会被很多人看到,而企业也只能用短期内的销量是否提升来判断广告是否达到了目的。

然而,一次声势浩大的传统营销和短期销量之间究竟有何关系,至今仍没有办法进行量化。如今,一个以新媒体为信息载体的"精准营销"生态圈正在逐渐形成,其核心就是要借助数字化手段直接与消费者建立联系,基于大数据技术创建数据的挖掘、分析、转化能力,洞察消费者的观点、态度和行为,实现差异化的营销活动(即根据不同价值的客户提供差异化的营销、服务活动),从而实现资源的优化配置和利益最大化。

在"渠道解放、内容为王"的当下,企业的每一个营销行为都面临着严峻的选择。在传统媒体时代,传播是一对多的模式,营销活动的竞争多体现在对"头版""黄金播出时段"等曝光可能性的争夺上,但投入高、回报低,价值的传递是单向的,顾客想要表达想法,基本没有通路,营销只能广撒网;在新媒体时代,企业的新媒体营销方案同时肩负着塑造良好的品牌形象和影响受众的消费决策的双重任务,任何单一媒体渠道都无法达成对目标人群的有效覆盖。

在互联网快速发展的巨大压力之下,营销策略的转型之难并非来自营销渠道的变更,更非缺失"互联网思维",而是接受并适应全新的消费环境,伴随消费环境改变的还有消费者决策方法、技术和消费者主权思维。众所周知,衡量营销是否取得成功的标准在于品牌价值是否真正深入人心,考验的是企业利用各种媒体渠道抹平一切传播渠道的差异、最终构建一体化内容通路的能力。这不是单纯地将传统媒体渠道的内容迁移到新媒体渠道这么简单,而是一种与互联网生态进行深度融合的变革,它建立在新媒体视域下,对内容创意、生产、传播规律有清醒的认知,这也是本书将主要拓展的内容。

四、新媒体营销现状

随着我国新媒体市场的不断发展和成熟，利用新媒体进行内容或创意营销的成功案例不断增多，有的被征集成册成为出版物，有的在各类营销账号上被反复引用和传播，这些被描述的内容或创意本身，也成了售卖"成功"的一种营销手段。

综合多种资料和案例，我们总结出目前新媒体环境下的营销现状如下。

（一）视频类载体发展迅猛

5G技术的发展成熟，使得短视频在一片赞赏声中高歌猛进，但对于内容营销来说，短视频对内容承载量的局限性成为其短板。如何在短小精悍的有限时空中讲好故事，赢得消费者关注，成为成败的关键。这其中，关键意见领袖（key opinion leader，KOL）的影响力、建立在精准用户画像上的平台的有效推荐与分发机制、内容主题的稀缺性等，都可成为决定短视频内容营销成败的关键。

另外，网络直播营销也是风头正劲。在被称为直播元年的2019年，直播更是成为各大平台竞相采用的内容营销方式。有报告显示：直播电商势头强劲，已经呈现出了城乡无差异的现象，三级以下的地区的转化率甚至更高。2020年，直播行业加入了更多元化的角色——随着锤子科技创始人罗永浩、携程董事会主席梁建章等商业精英纷纷加入直播间，为自己的品牌摇旗呐喊，直播这种内容载体的市场认可度进一步得到印证。

信息技术的发展为受众的消费体验提升提供了保障。网络直播营销的优势在于其极强的时效性与互动性，直播平台的群体聚集的效应更容易使受众产生情感共鸣，从而提升内容的感染力。再者，直播内容需要在特定时间进行消费，整个直播时间一般都很长，实际上是对互联网内容消费的碎片化与"随时随地"概念的颠覆。因此更容易体现出受众的忠诚度，如果不是真正热爱该内容的受众，是不会愿意耗费这种消费成本的。直播可以帮助小众领域的内容生产者聚集更多潜在消费者，从而促进其生产，带来内容产品类别和数量上的进一步繁荣。可以断言，随着5G技术的日趋成熟，直播行业或将迎来新的发展良机。直播在内容展示的全面性、即时性、交互性等方面具有优势，与内容营销的目的更加契合。

事实上，以"知乎Live"为代表的线上直播课程早已在内容领域崛起，直播作为一种创作和传播成本更低、具有更好的时效性和受众互动性强的内容载体，有其不可替代的差异化优势，或成为内容付费领域的一个风口。

（二）内容的去营销化和趣味性将成为发展要点

营销内容的趣味性成为新媒体用户对营销态度接受度提升的关键要素，趣味的内容使受众对营销的心理防御机制降低，变被动接受为主动消费。另外，包装在真实性外壳下的内容营销，将成为攻破消费者心理防线的一大要素，无论是声称"根据真实故事改编"的苹果公司的营销短片《女儿》，还是以"真实现场记录"为噱头的牛仔裤品牌Lee所拍摄的《男生永远不会懂的终极难题》的广告片，在内容中都尽量将品牌痕迹淡化，取得了不错的传播效果。

而以内容去营销化为特征的营销手段，也在近年来颇受欢迎，其主要制胜法宝就是使内容变得更具有可看性，将营销意味降到最低。二更的COO表示，二更的营收来源中，超过70%来自商业视频原生广告定制。

（三）图文形式暂居市场主流

根据艾媒咨询（iiMedia Research）①数据显示，2019 年，视屏类的广告投放占比在新媒体营销的广告中，由 2018 年的 9%升至 16%，发展势头不容小觑。值得一提的是，图文形式的广告目前仍然是新媒体广告营销中的主要形式，但随着 5G 时代来临，视频内容消费规模将进一步扩大，而图文类内容或将受到冲击而式微，其中的一个例证就是图文形式广告虽暂居市场主流，但其占比自 2019 年起，就呈现下降趋势。

（四）大数据算法成为关键

在内容过载的新媒体时代，如何让内容准确地触达目标受众，如何让受众找到适合自己的内容，是市场的一大痛点。但凡有痛点，必有机会。就像是为解决信息查找的痛点而应运而生的搜索引擎一样，以大数据技术为支撑的算法推荐系统乘势而来，成为了解决内容市场消费痛点的最佳工具。目前知名的内容平台，国外的如亚马逊、Youtube（视频网站），国内的如淘宝、抖音等，皆致力于开发最优的推荐系统，为受众提供更好的内容消费体验，新媒体的内容从业者，必须搞懂平台的推荐规则，才能让自己的内容被准确地分发，完成营销使命。

在新媒体营销实践中，数据算法也将扮演着越来越重要的角色，对于营销方而言，数据的采集、监测、分析，可以为其粉丝画像、竞品分析、投放策略分析等提供支撑，是其赢得竞争的重要保障。目前，一些新媒体营销机构也在加快对数据产品的研发。

（五）专业化、资本化成为趋势

对于新媒体内容行业而言，整个业态都进入了一个成熟的产业化阶段。自媒体发展初期，受众对于粗糙一些的内容生产或许还能接受，但如今，随着受众对高质量内容需求的不断提升，单打独斗已经无法赢得竞争，即使是具备一定影响力的自媒体红人，如果不进行机构化、资本化、专业化的改造，内容也难以为继。就如同影视工业一样，新媒体内容生产与营销也进入了精细化运作的阶段，也可以说是全面产品化的阶段，还催生出了如 MCN（multi-chanel network 多频道网络）这样的专业机构，作为服务于专业化、产业化内容生产与营销的中介桥梁。

MCN 是一个起源于美国的概念，进入中国后进行了本土化的衍生和发展，了解 MCN 的运作机制，可以帮助内容生产者更好地理解内容市场的资本运作。目前我国 MCN 已超 5000 家，李子柒这样的"头部网红"，有 90%被 MCN 收入麾下。作为内容生产"链路"的 MCN，成为助推内容生产产业化、专业化，实现商业变现的关键。关于 MCN 与内容营销变现的讨论，我们将在本书的第六章进一步展开。

以生产"古风美食视频"闻名的李子柒为例，本身作为 UGC 代表的李子柒，在经过 MCN 的包装运营之后，成为微博粉丝上亿、淘宝店铺上线 3 天销量过千万的头部网红，李子柒这样的自媒体在 MCN 资本支持下的升级路径可概括为三个阶段。阶段一是 MCN 对有潜力的 UGC 账号进行挖掘；阶段二为 UGC 账号量身定制孵化策略，完成专业内容生产(professional generated content，PGC)模式下的"IP"升级；阶段三是职业生产内容（occupationally-

---

① 艾瑞咨询. 2018 年中国互联网流量年度数据报告[EB/OL]. 2020-02-14. https://www.iresearch.com.cn/report.shtml.

generated content，OGC）阶段，进一步规模化与产业化[①]，变现升级（如图 1-3 所示）。

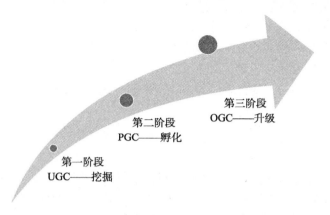

图 1-3　国内 MCN 的"网红"IP 基本孵化路径

（六）中青年是消费主流

根据艾媒咨询数据显示，新媒体用户以中青年群体为主流，年龄在 26～40 岁的用户群体占比超过 7 成。同时，社交、娱乐、资讯获取成为新媒体平台的主要用途，占比分别达到 57.8%、53.1%、51.8%。因此，新媒体营销既要明确主流消费群体的特征与属性，借助主流人群实现传播规模的最大化，同时也要尝试在"非主流"的消费群体中挖掘市场空白、寻找市场缝隙，以形成差异化的竞争优势。

（七）新媒体营销的主要问题及挑战

目前，中国的新媒体营销主要面临着内容创意匮乏、人才短缺、信息安全隐患、存在噪声数据、全球化进程缓慢等几大问题。

①内容创意匮乏主要由于部分营销主体在进行内容生产时，依然没有及时认识到新媒体给内容生态带来的转变，忽略了新旧媒体营销环节的差异，忽略了新媒体时代线上线下消费人群本身的差异性，创意不能符合市场需求和时代发展，导致效果欠佳。

②人才短缺困境的一大原因是高校新媒体营销相关专业的开设数量还十分有限，专业的新媒体营销人才输出不能满足市场需求，人们对于新媒体内容生产与营销的认知水准和重视程度还不够。

③信息安全隐患的问题来源于新媒体时代政府对内容的监管机制还未能跟上内容市场的发展，而导致数据造假、注水刷量、创意被盗等问题一时得不到有效的监督和解决，使好的创意生产和营销的实现产生了一定的困难。

④存在噪声数据也是当前行业的一大乱象。数据、流量是衡量营销效果的核心。然而买粉、买赞、雇"水军"等行为扰乱了营销效果的评估，数据掺水、流量泡沫的存在使得营销价值衡量过程中容易出现误导性偏差。比如，亚马逊网站有一种推荐叫做"购买商品 A 的用户也经常购买其他商品"，它的主要计算方法是统计购买商品 A 的用户购买其他商品的次数，那么，通过注册多个账号同时购买 A 和自己的商品，就可以攻击这个算法的准

---

① 冯兆，倪泰乐. 基于李子柒现象的 MCN 模式下文化输出策略研究[J]. 传媒，2020（4）：94-96.

确性。在一些类似豆瓣这样可以为电影或书籍内容进行评分的平台，也会出现恶意打低分，或者雇用水军打出虚假高分的现象。目前，对于这种问题的解决，除了建立健全相关法律法规和平台政策来打击数据污染行为以外，内容平台也在技术层面通过提升推荐算法的健壮性，不断提升对噪声数据冲击的抵御能力。

⑤全球化进程缓慢的问题则是由于目前国内的许多企业缺乏国际营销的意识，加上专业的全球化营销人才缺乏，使得我国的内容营销的"出海"效果显得相对薄弱[①]。

五、新媒体营销发展趋势

与传统媒体相比，新媒体双向传播的特征使利用新媒体进行营销时，更能够通过互动性建立起传授双方情感的链接，达到维持忠诚消费群体、完成较高市场转化率等目的。同时，营销所达到的效果也更容易评估。新媒体平台潜在的影响力提供了巨大的营销价值，因此可以断言，新媒体营销将成为未来营销的主流模式，其受众规模、资本投入、影响力等都会不断扩大，继续成为营销领域发展最迅猛的角色。接下来我们将根据行业相关报告，[②,③]提出新媒体营销的未来展望。

（一）KOL 为核心的内容营销将持续领跑市场

根据艾瑞咨询于 2020 年 6 月发布的调研数据，在至少未来的一年内，KOL 参与度较高的内容营销，将成为资本最为青睐的新媒体营销预算投入对象，其中，以直播和短视频为载体的内容营销最受资本关注。人们常说，这是一个内容为王的时代，资本的倾向性再次为这个说法"盖章"，虽然在上文对现状的总结中提到了图文暂居市场主流，但做新媒体营销的人必须清醒地认知到——随着移动通信技术的迅猛发展，做好准备投入视频类内容的战场，是通向未来的生存之道。

而 KOL 则是赛道上的"加速器"，它的价值将受到进一步重视，对 KOL 的孵化和打造将不断加速其专业化、产业化的进程。另外，随着内容市场的发展成熟，KOL 在新媒体营销领域，资本已经逐渐凸显出基于用户需求的平台偏好区别：以熟人社交、公众号文章阅读为主打的微信平台，擅长吸引用户进行深度阅读、引发共鸣感的情感类 KOL 是资本偏好的对象。比如以情感为主的"新世相""夜听"，或以时尚女性为主的"黎贝卡的异想世界"都是微信平台高投放率的代表；而在新浪微博平台，"小野妹子学吐槽""微博搞笑排行榜"等娱乐性质较强的 KOL，更能满足该平台用户泛娱乐化的消费需求，也更容易吸引资本入驻。

因此，KOL 与平台生态的进一步融合，进一步实现账号的平台化发展，是可以预见的发展趋势。

（二）新媒体营销服务升级

一个行业的发展必将意味着行业内竞争的升级，行业竞争的升级必将意味着对行业服

[①] 艾瑞咨询. 2019 年中国新媒体价值专题报告[EB/OL]. 2020-06-14. https://www.iimedia.cn/c400/65899.html.

[②] 艾瑞咨询，微梦传媒. 2020 年中国新媒体营销策略白皮书[EB/OL]. 2020-10-14. http://report.iresearch.cn/report/202007/3617.shtml.

[③] 吴晓波频道. 2020 消费品牌增长洞察报告[EB/OL]. 2020-10-14. http://finance.people.com.cn/n1/2020/0922/c1004-31871053.html.

务质量要求的升级。因此，随着新媒体营销行业的不断发展和成熟，将进一步提升对产业链服务方的综合服务能力要求。在未来，新媒体营销服务方想要赢得竞争，就必须提升整合服务能力，以高效满足产业链上、中、下游多方资源的合作与布局要求（比如资本方、策略制定方、数据支持方、内容创作方、新媒体平台方、资源对接方等），这对新媒体营销从业者的综合业务认知水平、沟通协调能力都提出了更高的要求。

（三）数字化升级将推动新媒体营销的精细化进程

随着大数据技术的不断发展成熟，消费行为和偏好相关数据不断沉淀，在数字化升级的驱动下，新媒体营销将完成从粗放型到精细化的转型。数据化的服务将贯彻新媒体营销的每一个细微的实践环节，支撑新媒体营销的每一个决策，覆盖营销活动前、中、后期的所有数据需求。优秀的数据化服务将使新媒体营销可以实现前所未有的高效率、高回报。作为新媒体营销的从业者，光是会运用数据还不够，还要积极投入到数据产品的研发活动中去，因为未来的新媒体营销战场，也会是数据的战场，得数据者得天下，自主研发的数据产品就像是"独门武器"，是赢得"战斗"的有效保障。

（四）多平台整合营销趋势

以微信、新浪微博为代表的社交媒体平台，以哔哩哔哩、抖音为代表的视频内容平台，以小红书为代表的内容社区属性的电商平台，在其受众特征、话题传播覆盖面、内容呈现方式、商业转化方式和转化率上都愈发呈现出不同的特征。因此，对于新媒体营销的发展趋势而言，通过多平台开展整合式营销，综合利用各平台优势强化营销效果，将成为新媒体营销的发展方向。

（五）瞄准Z世代的"钱包"

Z世代，即出生在1995年以后、2009年以前的一批人，他们正在迅速成长为新媒体营销的核心受众群体。根据第一财经商业数据中心（CBNData）数据统计，目前国内Z世代人口总数为1.49亿人，当这一代人逐渐成为社会的中流砥柱时，游戏规则也会因他们的特征而改变。比如，对于新媒体营销来说，Z世代的消费人群具备消费能力强、消费意愿强、以兴趣为主导的消费习惯等特征。根据Kentar数据显示，2018年Z世代每月可支配收入（3501元）超过全国居民平均水平（2352元）；在消费增速上比起其他年龄段的人也是遥遥领先；而二次元领域、ACG文化（动画、漫画、游戏）领域是Z世代的普遍爱好。新媒体营销的从业者们想要赢得未来行业的胜局，就要充分去了解Z世代，学会与他们打交道；如果想要挖掘未来市场上的最大可能性，请务必瞄准他们的"钱包"。

第四节 新媒体内容行业概述

一、新媒体内容行业现状

（一）微信公众号势头不减

根据新榜研究院发布的《2019内容产业半年度报告》[①]（以下简称《报告》）显示，

---

① 新榜研究院. 2019 内容产业半年度报告[EB/OL]. 2020-02-14. https://report.newrank.cn/report_search.html?&bindType=report.

微信公众号依然是内容生产及传播的有效平台，67.5%的网民在微信公众号上所花费的时间保持上升趋势。

微信公众号上的头部账号，依然是最具备变现实力、最吸引广告商注意的"流量担当"，尤其是垂直度高、在细分领域具备号召力的公众号，更是会重复受到市场认可。比如时尚类公众号"黎贝卡的异想世界"、时事解读和点评类公众号"占豪"、针对年轻女性市场的情感类公众号"少女兔"等，都进入了广告复投率最高的榜单序列。

因此，要想在以微信公众号为代表的内容市场中站稳脚跟、获得认可、价值变现，就必须保持自身内容的原创度、优质度、垂直度、辨识度、粉丝黏度、创新度、自我迭代更新的速度，而那些毫无原创内容的搬运号，以及定位模糊的内容生产者，营销价值的认可度将急速下跌，最终会被内容市场淘汰出局。

另外值得注意的是，从微信公众号为代表的内容市场的数据看，除了风光无限的头部账号以外，中尾部的账号暗藏着不容小觑的流量价值。根据《报告》显示：2019年上半年微信公众号中阅读量1万以下、处于中、尾部的内容占比达九成，产生的阅读量占比50.2%，长尾效应已经形成。高性价比的中尾部账号也引起了资本方的关注，第三方平台开始借助各种自助投放工具，帮助广告主与中长尾流量的账号进行批量化、自动化的交易与对接，包括批量的广告投放、精准的账号选择、数据监测、文案审核、自动接单、规范管理、快速的广告费用结算等。因此，作为入门级的内容生产者，一门心思挤进头部账号序列难度较大，但是深耕内容、专注领域、培养粉丝，依然可以在内容市场上拥有一席之地，获得生存机会。

（二）视频内容生态净化、互动升级

《第48次中国互联网发展状况统计报告》显示，截至2021年6月，我国网络视频用户数量达9.44亿，占网民整体的93.4%；其中以短视频内容的发展势头最猛，截至2021年3月，短视频应用的人均单日使用时长为125分钟，较长视频高出27分钟，两者的差距呈现出不断增长的趋势。2020年年初，受新冠肺炎疫情影响，网络视频应用的用户规模，使用时长得到更大规模的提升。随着视频内容消费群体规模的不断扩大，政府也在加大监管力度。2019年3月，国家互联网信息办公室（以下简称"网信办"）指导组织短视频平台试点上线"青少年防沉迷系统"，引导互联网平台提升青少年网络保护力度。截至2019年10月，已有53家网络视频、直播平台上线该模式，从青少年的使用时长、时段、消费内容等着手，净化青少年的网络内容消费环境。2019年11月，以网信办为代表的相关部门联合印发《网络音视频信息服务管理规定》，及时回应当前网络音视频信息服务及相关技术发展面临的问题，全面规定从事网络音视频信息相关方应当遵守的管理要求，为促进行业健康有序发展提供了重要指引。[1]

平台方也在不断完善管理与监督机制，使视频类的内容营销从最初的无序散漫状态到规范有效。以小红书为例，这个原本以用户生产内容为主导力量的平台，开始大幅度提高合作账号的准入门槛，并且针对品牌账号进行社区规范，对存在夸大宣传、误导消费者倾

---

[1] 中国互联网络信息中心. 第46次中国互联网发展状况统计报告[EB/OL]. 2020-09-29. http://www.cac.gov.cn/2020-09/29/c_1602939918747816.htm.

向的内容进行清查处理；对于用户生产的"笔记"规范，也在不断地完善管理和监督制度，对于数据造假的"笔记"进行清理，进一步严格规范用户生产的内容，净化社区环境。

另外，平台也在尝试加速互动视频的发展，包括腾讯视频、哔哩哔哩（简称 B 站）、爱奇艺、优酷等主流视频平台都在互动电视剧、互动综艺、互动电影等领域多点尝试，同时设置专项奖励基金，鼓励互动内容的创作。此外，平台也在利用技术降低互动视频的制作、上传、发布门槛，随着 5G 技术的发展，互动视频领域或会成为内容领域的未来风口，值得关注。[1]

（三）私域流量成为关键

传统的理念里，营销的主体主要依靠公域流量获得曝光量与转换量。公域流量是指在公共范围内相关主体都能够通过付费方式获取流量和曝光，比如电视广告、互联网的展示性广告、线下的营销推广活动等。私域流量，更接近于我们对于社群营销的解读，指的是依靠建立特殊的、独有的渠道，培养出精准化的、忠诚的受众，打造自有的流量池，将受众流量私有化、固定化，达到可以反复利用、低成本、高效率传播的效果。比如某个母婴类的微信公众号博主，建立了一个自己的粉丝微信社群，进行粉丝间的互动或答疑；或者开发了微信小程序作为付费内容平台并实行会员制度等，都可以看作是私域流量的建构。

当然，私域流量的维护也是一项长期而艰巨的工程。首先，优质的内容是留住用户的最优手段。为了盘活私域流量，维持优质而长期的内容供给频率，部分微信公众号还建立了内容生产矩阵，以"一个主账号＋N 个子账号"的方式运营。子账号一般会在主账号的专业领域内，进一步做内容领域的拆分，使得受众的需求得到多维度、精细化、全方位的满足，增强用户对该内容 IP 的忠诚度。还有营销主体采取建立多平台多媒体账号的方式维护私域流量，比如在微信、微博、抖音等多个平台同步开设账号，相互推广、共同维持私域流量的活跃度与忠诚度。

（四）精准营销成为常态

用户画像、分众思维、精准营销在本书内容中会多次被提及，因为要描述新媒体内容市场目前发展状况和特征，就无法回避用户画像的重要性和精准营销的普及度。以公众号平台为例，内容的生产者必须通过后台的用户数据或者结合其他平台用户数据，来完善关于用户性别、地理位置、行业、习惯、喜好、学历、使用设备、年龄等方面的画像，在精准的画像基础上形成针对性的内容创意、生产和运营方案，包括对选题的制定、内容的创意来源、粉丝互动方式、社群维护方案、福利活动的制定、线上线下互动策略制定等。比如，某汽车类公众号就在分析了用户行为形成精准画像的基础上，及时更正了其营销手段和变现方向，获得了很好的效果。

总体来说，不同介质的内容目前已经在巨大流量的裹挟下，融入到了各行各业、方方面面，从一种载体升级为不同的产业形态，内容市场蕴藏着巨大的能量和机遇，也随着信息技术和环境的发展不断演变，接下来我们就从多个角度探讨新媒体内容市场未来的趋势

---

[1] 中国互联网络信息中心. 第 45 次中国互联网发展状况统计报告[EB/OL]. 2020-04-28. http://www.cac.gov.cn/2020-04/27/c_1589535470378587.htm.

和可能性。

二、新媒体内容行业发展趋势

（一）平台生态升级与内容化发展

对于今天的新媒体内容产业来说，平台是一个非常重要的影响因素。平台掌握分发话语权，作为内容分发的阵地，平台的分发规则，直接决定内容的流向与流量。除了分发以外，平台面向多元的内容生产者，比如专业媒体、个人或自媒体，打造更复杂的内容生态。这里我们所说的"平台"不能单纯理解为内容传播的"渠道"，而是一种使内容到达受众的多元化、复合的生态系统。受众对平台有极强的依赖性，会主动适应平台的话语体系，聚集成为一种互联网环境下的文化共同体，这种共同体和话语体系的构建，受平台用户的内容消费实践方式的影响。比如知乎，作为一个以问答为主的网络社区，以"知识""精英文化"等作为其平台标签，其用户生产内容形成了一套极具平台生态特征的话语系统。诸如用户在回答问题时习惯使用的一些体现精英特征的话语（如"谢邀""人在国外，刚下飞机"等）被网友戏称为"知乎体"，虽然这具有一定的戏谑和讽刺意味，但不得不承认的是，知乎已经形成了非常成熟的平台生态，其内容由这种环境孕育而出，不断强化和扩大平台标签的影响力，也会使目标受众对平台形成环境依赖，对于受众黏性的提升有着积极作用。

为了稳固流量，目前各大平台也在培养自己的专业内容生产者。总体来说，优质内容的持续产出成为平台增强用户忠诚度的必要手段。比如，以搜索引擎起家的百度，推出了百度新闻客户端以及内容平台百家号，利用人工智能技术大力扶植优质的原创内容生产者，增强平台"固客率"。除此之外，百度还通过吸引各级政府单位的入驻，为用户提供更为综合性的服务，使百家号在民生服务领域具备竞争优势。一些原来并不以内容生产作为专长的网络平台，也在其优势垂直领域方面开启内容生产业务，比如以交通导航、天气预报起家的新媒体平台（如高德地图、墨迹天气），开始谋划向新闻发布的内容生产延伸触角；比如以电子商务为主业的淘宝，也增添了"有好货""每日好店"等内容频道，不断注入内容因子，推进平台的内容化转型。

《人民日报》的新媒体中心主任丁伟甚至认为，在资本的助力下，我国的新媒体平台将出现"马太效应"。少数巨头瓜分市场，优质内容不一定能成就超级平台，但优秀的平台一定是优质内容持续产出的保障。因此，内容从业者应具备平台化思维，顺应新媒体时代内容平台化的发展趋势。[1]

（二）传统内容生产者必须转型

在内容井喷的时代，内容的海量性对于内容消费市场来说，可能会带来内容质量上的稀释作用。目前我国内容市场日渐发展成熟，内容的消费者对专业、优质内容的需求日益增加，尤其是一些对信息来源、把关水准要求高的内容，比如新闻类，传统内容生产者的资源优势就得以体现。

---

[1] 四川大学新媒体联盟. 新媒体内容生态的八大方向[EB/OL]. 2020-09-14. http://nmu.scu.edu.cn/info/1039/1658.htm.

传统媒体的内容生产者在新媒体视域下的转型，并不是简单地建立新媒体渠道，再将内容照搬到新的渠道里这么简单。真正成功的转型，必须从内容生产的思维方式、生产结构、分发与营销手段等方面完全融入新媒体内容生产思维。

传统内容生产者需要具备的新媒体思维大概可以包括如下几点。

①垂直化的内容生产思维。意味着对特定专业领域的内容深耕、意见领袖的培育，对市场缝隙或空白领域的精准抓取，对目标受众群体的社群化培育与运营等。

②精准分发思维。这部分内容我们将在诸如分众思维的相关章节进行讨论，在此不再赘述。

③社交化思维。在内容中注入社交元素，使内容成为社交货币，激发用户自主分享；使平台成为社交场所，增强用户黏度。

④场景化思维。在大数据与用户画像精准化的基础上，推敲用户的内容消费场景，是目前精准化传播的重要环节。

总之，不管是传统专业媒体的转型与融合，还是草根媒体的专业化重塑，都必须将自己置身于新媒体的生态环境中，才能完成内容的有效生产和营销。

（三）泛社交化的传播生态将继续升级

有人认为，以脸书为代表的社交媒体是 21 世纪最伟大的发明之一。在社交化的时代，所有平台都进入了一场对用户人际关系争夺的战争之中，因为依附于人际关系的传播，才是如今大众传播的长远之计。内容平台的社交化，也是用户留存的重要途径，社交化的互联网改变了整个传播的格局，除了从传播生态方面的改变，最大的改变还在于，内容的实践者在传播形式、语态等方面越来越贴合社交网络的习惯。央视新闻使用"打 call"等网络用语，央视新闻主播康辉在新浪微博上发布的"Vlog"，主播朱广权加入网络直播间"卖货"等，都让人看到社交媒体时代传统媒体对于借助社交平台实现话语变革的决心。但值得注意的是，仅仅从语态上去强行附和新媒体受众喜好是一种生硬的做法，内容生产者必须真正从意识形态上、文化内涵上、结构与内容上与消费者进行共鸣，才能够实现长久的市场生命力。

另外，作为专业的内容生产者，要时刻铭记自己的内容专业度、用语水平与品牌形象，不要一味地为了语态的转换而丢失了自己的格局，最终失去自己在新媒体内容市场上区别于一般内容生产者的差异化优势。

（四）内容生产与消费的不断智能化

大数据技术、人工智能、5G 技术等的出现与迭代，技术已成为新媒体时代内容生产者的基础支撑，业界认为，移动互联网时代已经进入下半场，人工智能已经由概念转为实践。

虽然对机器是否能够全方位替代人工还存在不同的声音，但必须承认的是，技术已经数次推翻了内容生产的底层逻辑，一次又一次地在内容生产领域掀起全新的生态革命。在内容选题、信息采集、加工等各个环节，智能化技术都在进入，比如中国地震台在 2017 年九寨沟地震时利用机器人写作 25 秒出稿、央视的虚拟主播、各大内容平台所依赖的算法推荐系统等，都为我们展示了智能化的可能性和优越性，作为内容生产者，追逐技术似乎成了他们现如今生存的基本技能。

智能技术的引入并非是要把包括新闻在内的内容生产带入一个生硬冰冷的机器时代，而是要将其作为实现内容的工具，优质的内容才是任何时代消费者所渴求的最终要义。作为内容生产者，一方面要迎头赶上势不可挡的智能化趋势，另一方面要警惕和规避技术给内容生产带来的威胁与漏洞，最终实现人机协同下内容消费体验的不断优化。

（五）"垂直化 + 专业化"驱动内容付费或将来临

关于我国是否会进入内容付费时代的话题一直在继续。有观望者认为，影响我国内容付费时代全面来临的重要因素有两个：一个是在于我国网民对于免费的消费习惯很难破除，另一个是值得付费的内容还不够充裕。那么，搞清楚什么样的内容是值得付费的成为一个重要的命题。首先，所有人都会想到的答案是：优质的内容值得付费。这是毋庸置疑的，但光是优质还不够，优质的、专业化的、垂直化的内容才有可能领跑内容付费时代。这里的"垂直"分为两个方向。

1. 领域的垂直

在财经、科技、医疗、传媒等领域，正不断涌现一批专业型新媒体，它们是体制外的，聚焦于某个垂直领域的内容生产，比如"钛媒体"相比纯粹的自媒体，以钛媒体为代表的内容生产者在团队规模、从业经验、业界资源、内容生产成熟度方面都有着极其明显的优势。钛媒体的创始人赵何娟曾是一位传统媒体行业的资深从业者，转型做了新媒体。因此，垂直化、专业化的内容生产能力加上体制外的灵活性，以及以前在体制内获得的特殊资源是这一类内容生产者的共同特征。业内资源加上专业度，使得这些内容生产者在自媒体时代"赢在了起跑线上"。

在一些专业性极强的领域，普通人对专业人士的依赖性比较大，也容易为付费内容打开局面，比如医疗、司法等领域。比如"春雨医生"，在医疗方面的专业 IP 形象塑造，加上资本的加持，使其在新媒体内容领域的商业价值得以实现，甚至有业内人士断言，"垂直化 + 专业化"的内容生产者，将更有机会打开内容付费的局面，在未来成为内容付费领域的"领头羊"。

2. 场景的垂直

除了领域垂直外，基于场景的垂直也是一种极具市场前景的内容生产导向。比如音频内容，就是一种可以依托于各类场景的内容消费方式。私家车交通曾经就是电台内容消费的一个经典场景。如今的各种音频类的内容生产者，更是致力于场景的打造，以赢得内容消费市场的竞争。

比如一些音乐类 App 就会根据用户的不同消费场景进行音乐智能推荐，如运动时适合听的音乐、午间适合听的音乐、入睡前适合听的音乐等。以网易云音乐为代表的音乐平台，更是将社交场景融入内容消费亮点之中，将消费场景的营销从线上延伸到线下。可以预见的是，随着新技术的发展，用户在内容消费中的场景还可以被不断拓展，场景思维的运用以及新的应用场景的不断开发，成为内容生产领域释放市场容量、获得生存可能的一种手段。

(六)原创、优质内容将进一步凸显市场竞争力

近年来,各大平台纷纷制定面向内容生产的激励和支持计划,以鼓励更优质的内容产出。例如腾讯自 2016 年启动的"芒种计划",对于坚持原创、深耕优质内容的生产者,给予数亿元的补贴,补贴额度逐年增加;除此之外文章页面上的广告收入,也将 100%返还给内容生产者。今日头条也从 2015 年开始,推出"千人万元计划",确保至少 100 个头条号创作者,单月至少获得 1 万元保底收入;此后,今日头条持续推出 10 亿补贴的短视频创作者扶持计划、对优质微头条用户冷启动扶持的"千人百万粉计划"等,对原创内容进行资金、流量等各方面的补贴和支持。阿里巴巴旗下的大鱼号,先后投入 20 亿奖金鼓励自媒体内容生产。百度 2017 年累计向内容生产者分成 100 亿元。

这些激励和支持计划表明,平台、市场对优质的原创自媒体内容有强烈需求,优质的原创就像是水源,是"盘活"整个自媒体市场最为核心的保障。而对于原创内容的生产者来说,进入"头部"序列,也成为行业内的至高荣誉和实现商业化、市场化的最有效保障。不过,要进入金字塔顶端,单打独斗是极少能够成功的,目前的自媒体大多都有团队运作,成熟的生产结构加上资本的支撑也成为内容生产者存活、发展的必要条件。

(七)长尾的力量将持续彰显

正如前文提到的那样,虽然"头部"序列的内容生产者拥有令人羡慕的影响力以及平台支持力,但是能够跻身"头部"的自媒体必然是凤毛麟角,大量的"长尾"内容也是支撑内容市场不可忽略的基础性力量。

"长尾"内容不仅可以为市场贡献不容小觑的用户基数,也是促进市场多元化、满足新媒体分众化需求、"头部"吐故纳新的后背力量。目前,各大内容平台都在致力于优化推荐算法,以实现长尾效应。简单来说,就是尽可能地提升内容推荐的覆盖率,最大限度地实现对所有内容的有效分发,使得所有内容都能够找到它的消费群体,避免过去专注于热门内容推荐,而形成"强者愈强、弱者愈弱"的马太效应。目前,像亚马逊、抖音等平台都在采用这种覆盖率较高的推荐算法,这在一定程度上为"尾部"内容的生存和发展提供了更大的可能性。

本 章 总 结

本章首先介绍了新媒体的概念与特征,"新媒体"不是固定不变的某个媒介,而是一个永远处于发展变化中的概念。我们在本书中所讨论的"新媒体+内容影响",也希望能够站在一个更有前瞻性、足以应对媒介技术发展变化的视角去探讨内容的创意与营销。基于不断变化的技术和社会文化,新媒体内容形式多样且纷繁复杂,而且随着技术的更新,新媒体内容也会不断演变出更多、更新的内涵。如何及时更新新媒体知识储备,跟上新媒体发展节奏,也是新媒体从业者面对的重要课题。随着新媒体概念的变迁,意味着人们在信息传播日新月异的基础上,自己认识世界、改造世界的方式也在不断改变,这正如马歇尔·麦克卢汉的著名箴言"媒介即讯息"所示,媒介技术的变迁对人类社会带来的影响和意义,远远超过其所承载的信息本身。那么,对于内容从业者来说,必须具备敏锐的洞察

能力，来应对"新媒体"这一概念的不断变化，因为每一次技术的突破，对于内容行业来说，都可能是一次改朝换代式的颠覆性冲击。新的技术总是一把"双刃剑"，例如数字化信息的海量性既可以带来内容市场的繁荣、传播和储存的便捷，也可能制造众声喧哗之下的信息过载以及内容的休克；新媒体高度的互动性特征，既可以将传统概念里的"受众"转化为内容营销的劳动力，也可能因为传受边界的日益模糊，使参与传播的成本和门槛过低，从而带来诸如数据隐私安全等多方面的问题。因此，作为专业的内容生产者和营销者，必须用批判性的目光，审慎地看待技术变革，才能够长期立足于变化万千的新媒体内容市场，为内容营销注入真正长久的生命力。

另外，本章还围绕新媒体内容的类别、发展历史和发展现状、趋势，新媒体内容行业的现状、趋势等进行了概括和总结，对新媒体视域下的内容营销的概念也进行了重新的界定。我们发现，传统定义中，以企业作为营销服务对象和主体的界定范畴已经太过狭隘；在新媒体市场环境下，内容的生产、营销、流通、变现等逻辑已经全面革新，新媒体内容生产和传播的低成本、低门槛，将内容本身变成了一种包含了受众、市场、技术、渠道等多维度解读方式的复杂载体，尤其在社交媒体时代，面向大众传播的内容外延在不断扩大，让我们很难判断一个内容是否应该属于营销的范畴。因此，在人人都是传播者，内容、市场传播主体无限多元化的时代，单纯的内容和带有营销使命的内容的边界日渐模糊，一个内容到底只是随性展开的一段"对话"，还是带有营销属性的"吆喝"，变得越来越难以分辨。因此，本书将不再拘泥于传统概念中对内容营销的界定，而是着眼于如何将需要实现营销效果的内容变得符合受众和市场的需求。不论你是跨国企业、小作坊，或者仅仅是一个喜欢用手机码字的"草根"，都可能成为打造内容营销"爆款"的主体，而本书的内容，将致力于探讨在如今的市场需求之下，到底什么是优质内容，以及如何生产出优质内容的基础上，尽可能给出如何借助内容实现营销效果的最优答案。

课后思考与练习

1. 综合本章内容，谈谈你对马歇尔·麦克卢汉所提出的"媒介即讯息"的理解。
2. 新媒体的分类标准有哪些？你是否还能提出新的分类方法？
3. 找一个你印象最深刻的新媒体内容营销案例，并谈谈它为何让你记忆犹新。

第二章　新媒体内容的受众

作为专业的新媒体内容从业者，当在讨论新媒体内容应该如何创意或如何营销时，当然不希望内容成为孤芳自赏的对象，而是要为其找到市场中的一席之地，找到消费它的人群，即内容的受众。对受众的研究早已成为内容营销学中的重要部分，尤其是在宣称"受众为王"的新媒体时代。对受众在新媒体语境下的概念、特征的把控，以及在此基础上建立起来的分众这一重要理念和对受众内容消费心理的掌握，将是本章重点讨论的内容。

第一节　受众概念的变迁

20世纪50年代，中国学者开始将西方"大众传播"研究的部分概念零星地引入国内，由此开始了传播学在国内的发展之路。而"受众"一词，也是随着对西方传播学相关概念的介绍而进入汉语体系的一个概念，是对英语"audience"（观众）的翻译。随着媒介技术的变迁，受众的定义也在发生变化。

在印刷文明以前，受众一词的概念与特定场所的地理上的群体聚集相关，比如剧院里面看戏的观众、广场中听演说的百姓、古罗马角斗场里振臂高呼的人群等。随着印刷媒介时代的到来，受众的概念逐渐脱离了地理上的限制，成为"想象的共同体"，但在以报纸、广播为代表的大众传播发展的早期，受众的概念一直被想当然地打上了被动的信息接受者的烙印。1938年万圣节前夕，哥伦比亚广播公司播放了根据科幻小说改编的广播剧《火星人入侵地球》，结果使成千上万的听众误以为是真的火星人正在大举入侵地球，造成了大规模的社会恐慌。这次事件也使一些人更加坚定大众传播如"魔弹论"所述，具有不可抵抗的强大力量，媒介传播的信息对于受众来说就像子弹击中身体，或者药剂注入皮下一样（所以该理论又称"皮下注射理论"），会让受众毫无抵抗力，大众传播可以对受众产生直接的、不可抵抗的、快速的反应。

但正如施拉姆所说，"魔弹论"本身称不上一种理论，是一种记者发明的说法，并且很快因其对受众被动性的偏激认知而被摒弃。[①]而随着媒介技术的发展，受众在传播中的主动性与参与性被越来越多地看到，伴随互联网技术对大众参与传播的进一步赋权，甚至有学者指出，"受众"这一概念在新媒体时代已经不合逻辑，就如同哈罗德·拉斯韦尔5W模式（如图2-1所示）所体现出的局限性一样，将人们仅仅视作信息单向的、直线的传播过程中的"受"者，不能反映出新媒体时代的传播特质，应该以更合适的词汇，比如"用户""听阅者"等来代替"受众"这一称谓。

---

① 施拉姆，波特. 传播学概论[M]. 陈亮，等译. 北京：新华出版社，1984：201.

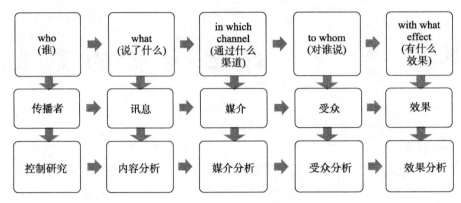

图 2-1　5W 模式

对于本书而言，我们是站在新媒体内容的生产者、营销者一方，来对消费内容的人群进行探讨，因此我们依然使用了"受众"一词。但在本书语境之下的受众话语，就如麦奎尔所言：无论在哪一种语境之下，传播活动总会有信息的接收者。因此，这一概念依然在我们进行与信息相关的探讨时具有存在价值，但是我们不再强调其被动性[①]。可以看出，随着传播技术的发展，对受众的认知也在发生变化，而对于新媒体时代的内容创意与营销来说，对现阶段受众概念、地位、特征的正确解读，是从业者的基本功，基于为新媒体内容生产、创意、营销作参考的角度，我们将强调新媒体视域下的受众的如下特征。

一、传受身份模糊的受众

尼古拉斯·尼葛洛庞帝在《数字化生存》一书中提出，数字化生存天然具有赋权的本质，这一特质将引发积极的社会变迁[②]。新媒体对大众最显著的赋权体现在话语权方面。美国《连线》杂志曾将新媒体定义为"人人都是传播者"。以智能手机为代表的媒介终端，在理论上能够借助终端和互联网为所有人成为大众传播者提供实现渠道。有人将新媒体时代，每个普通人可能实现的传播效果与传统媒体时代的主流媒介做了类比——如果你所传播的信息有 10 万名网友看到，那你的到达率、覆盖率相当于一家都市报；超过 1000 万名，你就是一家电视台；超过 1 亿名，那你就是中央电视台；超过 10 亿名，那只有中央电视台的春节联欢晚会可以与你相提并论了。

上述类比理论上在新媒体传播的技术层面是成立的。不过实际上，在这张传播者众多、信息流通方向错综复杂的信息网络上，普通人作为一般节点，其信息传播的影响力始终是有限的。但是，传受边界的模糊性使新媒体时代的专业内容生产者对受众的概念有了全新的认知，很多时候，人们更愿意用"用户"而非"受众"的称呼来指代内容消费者们，承认其在媒体内容消费中的主动性与高度的参与性。

受众对大众传播活动的高度参与性所带来的传受边界的消解，对于新媒体内容的创意和营销来说，是一把"双刃剑"。一方面，传播门槛降低所带来的内容市场众声喧哗的场面，使得注意力成为稀缺品，这无疑为内容创意与营销手段突破重围的差异化竞争能力提

---

① 丹尼斯·麦奎尔. 受众研究[M]. 北京：中国人民大学出版社，2006：180.
② 尼古拉斯·尼葛洛庞帝. 数字化生存[M]. 3 版. 海口：海南出版社，1997：267-269.

出了更高要求。另一方面，受众对内容传播的参与性和主动性是可以被利用的，这也使病毒性营销（viral marketing）的概念被新媒体内容营销者们视若利器。该概念由贾维逊（Steve Jurvetson）和德雷伯（Tim Draper）在1997年发表的《病毒营销》的文章中提出，病毒式营销的核心是对公众参与传播的积极性和其人际网络的利用，信息通过"让大家告诉大家"的扩散模式，让信息像流行性病毒感染一样，实现群体间的高速的、高覆盖率的、几乎零费用的传播。

病毒式营销字面上理解是一种营销手段，但事实上，它更应该被视作一种新媒体时代的思维方式，贯穿于新媒体内容生产的全过程。如果你想要在内容市场上赢得胜利，那么从初始环节——内容创意萌芽的阶段，就必须向自己提问：内容创意是否能激发目标受众的分享欲？创意上如何激发受众的分享欲？尤其是在社交媒体时代，内容消费者的分享的能动性是内容能否实现病毒式营销效果的至关重要的一环。关于社交媒体与诱发分享的内容，我们将在后面的章节作更多的探讨。

二、"18秒"的受众

根据中国互联网络信息中心发布的《第46次中国互联网络发展状况统计报告》（以下简称《报告》）中也显示，截至2020年6月，我国手机网民经常使用的各类App中，即时通讯类App的使用时间最长；短视频用户规模为8.18亿名，占网民整体的87%。[①] "即时""短"成了新媒体时代内容消费的关键词、关键字，也就是说，对于新媒体时代的受众而言，对信息的碎片化消费习惯，是时常被提到的一大特征。

事实上，每一次信息技术的突破性发展带来的结果，是受众的内容消费时间的明显延长：1920年，伴随着无线电视的发明，受众在内容消费上花费的时间由从前的2小时增加到4小时；2011年，人们对互联网时代的用户内容消费时间进行调查发现，时长已经超过了8小时；而到了移动互联网时代，这个数据变成了10小时。研究者们认为，人们正在逼近自己生理上的内容消费极限，这对于从事新媒体内容行业的人来说是个坏消息——消费时间的延长就像是华而不实的肥皂泡泡，过载的内容消耗着消费者们的能量和耐心，与传统媒体时代相比，人们愿意花费在单条内容上的时间反而在缩短，"碎片化"的内容消费概念开始出现。一家名为Dscount的研究公司针对94组安卓手机用户进行调查后发现：对手机重度依赖的用户，一天触摸手机的次数高达5000次，对手机普通依赖程度的用户，一天触摸手机的次数也会超过2000次。根据这组数据我们可以提出一个粗糙的假设：如果上述普通手机依赖程度的用户每天使用（我们把调查数据中的"触摸"约等于"使用"）2000次手机，按照上文提到的数据，我们将其每天使用手机的时间设为10个小时，那么他每次使用手机的时间是多少呢？答案是18秒钟。

18秒是一个转瞬即逝的时间概念，刚才的量化方式当然算不得严谨，但也可以为我们新媒体时代的内容行业从业者们提供一个参考。你的内容，面对的是受众揉得稀烂的时间，因此我们看到，内容行业模式随之改变，像二更、梨视频之类以生产短小精悍内容为主的平台迅速崛起，梨视频甚至曾经喊出"60秒，看懂全世界"的口号，以赢得"18秒"受

[①] 中国互联网络信息中心. 第46次中国互联网发展状况统计报告[EB/OL]. 2020-09-29. http://www.cac.gov.cn/2020-09/29/c_1602939918747816.htm.

众的青睐。在受众注意力转瞬即逝的内容市场，标题、标签、封面图等任何影响点击率、一次打开率的相关因素的重要性被不断强调，某些平台甚至成立了专门的视频内容标注团队，为的就是以最高的效率精准争取到受众的注意力。碎片化的消费者不断向内容生产者们强调一个道理：在短时间内，一个内容如果无法成功引起受众的兴趣，就会失去机会。曾经屡创"爆款"文章的自媒体人咪蒙曾经说过："不能在一秒钟看明白的标题，不适合传播，不是读者理解不了，而是他只能给咱们一秒钟。"这种碎片化甚至影响着内容市场的商业模式——内容与广告共生的原生广告开始出现，广告商们生怕过去简单粗暴的广告模式打扰受众的内容消费体验，从而失去受众那宝贵的"18秒"。

值得说明的是，上述内容所强调的是新媒体受众注意力的稀缺性，并非是要向大家灌输"只有短内容才能生存"这种偏激的概念。一项研究甚至提出：在研究分析了一亿篇网站文章后发现，长篇内容比短篇内容得到的分享量更高，篇幅在3000～10000字的内容平均分享量最大。《纽约时报》的一项研究也印证了这一事实——在电邮转寄最多的文章里，90%是超过3000字的长文①。

这些研究结论与"18秒"的消费者并不矛盾，对它们的讨论只是想给予新媒体时代的内容从业者们这样的启示。

①在信息过载，注意力稀缺的时代，我们对于内容的评判标准并非要争"长短"，而是取决于内容本身的质量与吸引力，这也是为什么自媒体时代，真正能够突围长存的，大多数还是PGC，而不是粗糙的UGC。

②相较于短内容来说，篇幅较长的内容更加考验创作能力，因此内容市场上短篇内容的数量远超长篇内容，这对于长内容来说算是市场的空白与机遇。就如同20世纪40年代，深度报道的新闻模式被报刊用作应对电子媒体冲击的武器一样，在"人人都是传播者"的时代，长篇的、精良的内容创作，也许也是专业的内容从业者体现差异化竞争优势的武器。但是要记住，对于注意力稍纵即逝的消费者来说，一大篇晦涩难懂的文字无疑是灾难，即使是长篇内容的写作，在篇幅、段落上也要简短易读。

三、感性与个性

（一）感性

根据心理学家理查德·E.派蒂和约翰·T.卡乔鲍所提出的深思的可能性模型（elaboration likelihood model，ELM），将人们对信息的处理方式分为两个极端：中央路径（central route）以及外围路径（peripheral route）。其中，中央路径的信息处理方式依靠理性思维，外围路径则依靠感性思维。当人们对信息的处理具有高度动机和能力时，会需要信息具备有助理性思维的说服力，比如给出可靠的数据和例证等；当人们对信息的处理动机或能力较弱时，则倚重于信息消费情境中的感性因素，比如内容的趣味性，或是对所传播内容的情感化包装等。

IPA数据库对1400个代表性的内容营销案例调查研究后发现，纯感性的内容的传播效果几乎是纯理性内容的两倍之多（31%和16%）。因此，要想内容获得受众的青睐，受众基

---

① 马克·舍费尔. 热点——引爆内容营销的6个密码[M]. 曲秋晨，译. 北京：中国人民大学出版社，2017：67.

于外围路径的信息处理方式应该被重视。在传统的营销思维里,"互惠原则"似乎显得很重要——传统观念认为,给受众一些物质上、经济上的好处是很有作用的。我们在日常生活中,也经常能看到一些品牌公众号为了"涨粉"而给予消费者利益上的回报——比如关注有折扣、关注有礼物等。事实上,基于理性的思考(比如省钱),消费者会愿意进行一次性的参与,但随着优惠的满足和终止,这些平台的内容也就随即进入"休克"状态。前今日头条产品经理、知乎产品总监闫泽华曾为微信公众号"凯叔讲故事"做过三场集赞有礼的活动,只要受众愿意通过社交媒体完成相应的推广内容并集赞,就可获得实物奖励,比如电影票、玩具等,但活动的结果让人大失所望——营销效果不佳,涨粉效果差,且用户获取成本不降反升。活动策划团队开始反思,如果让用户以"唯利"的心态参与营销活动,那么受众的着眼点就在于"获利"而并非平台或内容本身,"唯利"作为出发点,也会使参与者中非精准用户的比例过高,也就是说,参与者中混杂着太多并非对内容本身感兴趣的人,这些人对于平台来说并不具备价值。

做内容很多时候就像讲故事,对于感性的受众而言,是否能从故事中获得实际价值并非关键,能够声情并茂地引发情感共鸣才是。自 2018 年起,苹果公司连续三年在我国市场推出短片《三分钟》《一个桶》《女儿》,三部短片均在春节期间推出,分别讲述了三个关于亲情、团聚的故事。短片在中国社交媒体上反响不错,除了使用当时最新型号的 iPhone 手机拍摄,以及"根据真实故事改编"作为卖点外,能够在我国社会引起共鸣的情感要素的使用也是其达到良好营销效果的关键。2020 年 1 月 11 日,苹果公司 CEO 蒂姆·库克(Tim.Cook)在其新浪微博账号上转发了《女儿》的相关视频,并配上了一段大打感情牌的文字:"没有什么比家庭带来的力量和爱更特别和持久……这个春节提醒我们节日的精神何在。"这条微博内容获得了 1.5 万条转发量以及 3.1 万条的点赞量,微博用户"@张*七"在该条微博下留言称:"从《三分钟》到《女儿》,苹果每年的微电影都能给人温暖,我也越来越喜欢用 iPhone 来记录生活。"该条留言获赞 192 次,进入首屏展示的热门留言行列。可以看出,将内容创意与营销诉诸情感,是一种能够激发受众反馈和分享主观能动性的"燃料",而将这种情感放到合适的时间节点和场景之中,比如在春节期间以"亲情"作为创意的出发点,就是一种讨巧的手段。对于"感性"的受众来说,"每逢佳节倍思亲"的核心内容在营销过程中被不断强调,作用于受众的内容消费场景,实现借"情"发挥营销效果。另外,每年短片的拍摄都由知名导演完成,从 2018 年的陈可辛(《三分钟》)、2019 年的贾樟柯(《一个桶》),以及 2020 年的好莱坞名导西奥多·梅尔菲(《女儿》),名导光环就像是华丽的包装,足够调动受众运用外围路径的方式对内容产生正面情绪。

(二)个性化的感性

基于"情感"的创意与营销,依然需要注意受众心理及情感需求的多样性才能够奏效,这种多样性的区分可以基于很多不同的因素,比如处于不同场景下的情感需求(春节和情人节的内容消费场景,受众的情感需求是不同的),需要不同的创意切入点去打动受众。比如对于不同文化背景、不同受教育程度、不同性别、不同年龄段的受众,与其情感相关的痛点、痒点不同,内容的创意和营销所基于的情感核心要有所区别,才能被接受与理解。甚至对于社交媒体的受众而言,促进"分享"行为的情感因素也是多样性的,比如对内容价值观的认同感、对自身价值和荣誉的加持、寻求群体的认同感,甚至对内容背后意见领袖的认同感——比如李开复的"十堂人工智能课"、罗永浩的"罗永浩的创业课"等,"与其说是内容消费,不如说是粉丝消费"①。一些知识付费型内容产品,会让知名的行业内意见领袖为其背书来作为最有效的营销手段,比如《李翔商业内参》,就有罗振宇、马云等为其背书,但受众是否能通过消费《李翔商业内参》这样的内容实质上获益不得而知。正如闫泽华所言,"付费内容能否解决具体问题依赖讲者和听者的共同作用,但一定能够被解决的是听者的自我焦虑感"。因此,在此类产品的创意和营销手段的包装上,找准满足受众的"焦虑"感性诉求是比获得内容本身实际指导价值更重要的事。

"感性"与"个性"并存是新媒体时代受众的一大特征,对于内容生产者而言,既要对受众的"感性"心理加以利用,更要对不同受众的不同"感性"需求有着充分的理解,这样才能够对内容的创意角度及营销方向有精确的把控。

四、一些数据支撑下的特征归纳

对于新媒体时代受众特征分析的最后部分,我们可以通过中国互联网信息中心(CNNIC)于2020年发布的《报告》②来对受众画像做一些参考性的归纳和总结。根据《报告》,我国网民数量,尤其是移动互联网用户比例,都较去年继续提升,手机上网人群占比已达到99.2%。因此,对于现阶段的内容创意和营销而言,如何占据"小屏"是思维之重,甚至对于前文所提到的注意力分散的受众而言,让内容平台能够抢占受众的手机首屏(或叫第一屏),都将对内容的竞争力起到至关重要的作用。

从数据上看,我国互联网用户依然呈现"低龄化""低学历化"的特征,年龄中占比最高的依然是20~29岁的用户(21.5%),职业结构中仍以学生占比最高(26.9%),教育水平占比最高的依然是初中文化(41.1%)。因此,近年来,以上述用户特征为内容输出目标的平台呈现出良好的发展态势。比如平台用户平均年龄21岁,新用户的平均年龄是19.8岁的B站网络视频社区,以其对年轻用户圈层文化偏好的精准定位而获得流量,成为网络亚文化的主要消费场所。目前,B站已成为在美股上市,市值近百亿的互联网巨头,B站曾在其融资招股书中断言:到2020年,Z世代群体将成为中国互联网的主要消费力量。对这部分受众群体需求的深挖,也将是新媒体内容市场不可忽略的发展趋势。

快手合伙人曾光明曾在一场媒体沟通会上发表"快手的大部分用户来自二线以下城市,最高学历低于高中"的言论,算是对快手平台内容的低学历消费者画像的一次"官宣"。对学历不高受众群体的精准服务,让快手平台所生产的内容体现出了差异化的竞争优势,以超过3亿的日活用户量成为短视频领域的独角兽。另外,根据《报告》所示,由于基础设施、文化水平等原因的限制,我国新媒体农村受众占比处于明显劣势(26.3%),但快手平台却通过一系列举措,让低学历、农村人口成为其流量的保障——快手副总裁陈思诺表示,"我们尽最大努力降低技术门槛,让更多普通人通过视频流录制和分享他们的故事","通过人工智能算法,我们设法将他们(农村用户)与其他拥有相同兴趣和爱好的人进行了更精确的匹配"。放眼低学历、农村人口的快手,不该被打上"low"或者低俗内容的标

---

① 闫泽华. 内容算法:把内容变成价值的效率系统[M]. 北京:中信出版社,2018:239-240.
② 中国互联网络信息中心. 第46次中国互联网发展状况统计报告[EB/OL]. 2020-09-29. http://www.cac.gov.cn/2020-09/29/c_1602939918747816.htm.

签。诚然，快手上的头部网红们，其生产的内容确实算不上"阳春白雪"，比如拥有超 300 万名快手粉丝的"宝哥"，是一位来自河北的长途货运司机。其视频内容是教大家如何在卡车上烹制快捷的食物，这是快手上比较普遍的"土味"内容，但此类内容却体现出了让人震惊的商业潜力。据美国知名媒体 CNBC 报道，2018 年全年，快手用户通过内容输出对家乡的农副产品进行宣传"带货"，显示出了极大的扶贫潜力，宝哥就曾于 2019 年创下了靠快手直播半天卖出 30 吨西瓜的战绩。来自甘肃天水的快手用户"小尚"，通过在快手上发布养鸡的内容，在该平台销售了自家 30%的土鸡和鸡蛋。快手的案例想要说明，当城市人群作为主流消费市场已经趋于饱和之时，对"小众"农村互联网用户的价值深挖是对市场空白的有效填补。

《报告》也指出，"下沉市场"（国内三线及以下中小城市，以及乡镇农村地区市场）成为网络消费重要的增量市场，其前景不容小觑。

总而言之，对于新媒体的内容从业者来说，获胜的关键在于找准目标受众的需求、文化和痛点，对自身的内容进行定位，这也是 B 站和快手的成功哲学。另外，主流、大众的市场，有时候也意味着激烈的竞争和有限的市场缝隙，因此，在做创意的时候，在做营销的时候，在生产内容的时候，不妨将战略的目光投放到更为小众的人群上，可能会获得意想不到的收获。

第二节　新媒体时代关于受众的一些重要思维

一、受众话语的不断变迁

随着信息技术的发展与针对受众的研究不断加深，传播学中关于"受众"的话语也在不断变迁。在资本主义现代化的初期，受众被从文化精英的视角，看作原子化、同质化、松散、肤浅、被动的整体，"传者本位论""魔弹论"等理论视域下，受众的个性化需求被严重忽略。随着社会经济、信息技术等不断发展，以拉扎斯菲尔德为代表的学者发现了受众由于各种因素，会形成各种相互关联的共同体，提出了作为"群体"的受众话语，受众在大众传播中的主动性、选择性、自主意识被发现和强调，根据受众的选择和需求而进行媒介内容生产或传播的观念被不断提及。直至今日，内容生产者在做新媒体内容营销时必须承认，大部分需要争取的受众，是具备一定媒介素养、内容选择和辨识能力的，需要被服务、被取悦的对象。

二、不要忽视小众的力量

谈小众力量的不可忽视性，我们可以先来了解一下英国广播公司（BBC）曾在 2017 年制作过一部纪录片，名叫《年收入 45 万美元的"网络女神"》。

该纪录片的主角是一位中国网络女主播"乐乐淘"，该纪录片显然对"乐乐淘"这样的草根网红的变现能力表现出了惊讶。片中称，"乐乐淘"目前有上百万名的粉丝，她的收入来自于其粉丝群体的线上"礼物打赏"。百万粉丝规模不算小，但在以动辄以"千万"甚至"亿"为单位计量其变现实力的中国"网红"市场中，"乐乐淘"这样的个体，根本挤不进"头部"网红序列,甚至称其为"腰部"都颇为勉强。阅读到此处内容的读者们,很有可能问遍身边亲朋好友,认识该"网红"的人恐怕也寥寥无几,因为"乐乐淘"们所生产的内容不算大众化的消费品,只能被归入小众范畴。但这对于互联网时代的"尾部"内容生产和传播者们来说并不是什么影响生存的大问题。长尾理论指出,互联网平台极大地拓展了产品的存储空间和流通渠道,因此以往看来需求不旺或销量不大的产品所共同占据的市场份额,可以和那些热卖品所占据的市场份额匹敌甚至更大,就像是一条长长的尾巴。

对于我们搞清楚分众思维对于新媒体时代的内容创意和营销的重要意义来说,长尾理论非常具有启发意义和参考价值。假如把想要营销的内容看作是货架上的蛋糕,那么在新媒体时代,不用考虑蛋糕是否会适合大多数人的口味,你只要能够保证蛋糕适合某一部分人的口味,哪怕这部分顾客的绝对数量在市场上不占优势,但只要从创作蛋糕的思维上、销售蛋糕的手法上,能够从这部分目标受众的喜好出发,以保证他们爱上这款蛋糕的口味,并且愿意成为"回头客"反复购买,甚至能在这种口味的蛋糕爱好者的社群里主动分享他们品尝这款蛋糕的美好体验,那么,生产者就能够依靠生产这款蛋糕生存下去。

这就是新媒体时代内容营销的核心思维——新媒体时代的内容生产面对的是传播者众多、传播渠道多元、内容过载的激烈竞争的市场局面,作为一个初出茅庐的内容生产者,在内容的创意与营销策略应该更专注于寻找市场缝隙,极力寻找"我能生产什么"和"市场缺乏什么"二者的最大交集,垂直化地满足目标受众的消费需求。

三、为用户画像

假设你是一位产品推销员,正带着要销售的产品敲一扇陌生的房门,你的心情一定有些忐忑,因为你并不清楚房门另一侧是什么样的人。是男性或是女性?老人还是小孩?什么性格?现在打扰时间是否合适?这些问题将决定开门后你的推销话术的选择。很有可能,开门之后你会发现对方根本不适合购买你的产品,你甚至会吃闭门羹。

为了避免尴尬局面或者白费功夫,你一定非常希望能够在敲门之前就可以透过房门看到对方,然后在掌握足够信息的基础上,能在对你的产品可能感兴趣的客户的门上做上标记,而避免去敲那些可能"踩雷"的房门,以提高你成功的概率和效率。同理,在做新媒体内容创意和营销方案时,你一定也希望能够尽可能地了解目标受众群体:他们是谁,他们在哪,用什么样的方式、渠道才能将内容精准地呈送到他们面前。这就是为用户画像的意义,即将用户的信息进行标签化处理,通过搜集、解读用户的消费习惯、个人数据等,完成对用户面貌的抽象化、降维化解读。用户画像越是精确,越能实现精准化的分众传播,从而最大化地实现传播效果。

在大数据的支撑下,分众化、精准化的内容推荐系统可以为内容营销者敲开正确的"门"提供保障。根据美国互联网内容平台 Netflix 估算,依靠精准用户画像的个性化内容推荐系统可以为其节省 10 亿美元的业务费用。

用户画像的数据类型有两种:静态数据和动态数据。

（一）静态数据

静态的用户画像数据，指的是用户独立于产品场景之外的属性，如性别、年龄、婚育状况、位置、受教育程度等。通常，静态信息的获取方式可以通过用户主动进行信息填写（如注册信息填写等），或通过与持有用户静态信息的第三方平台（如社交媒体账号）联合登录来实现。静态的数据相对稳定，对新媒体内容创意应该如何满足目标受众需求，以及该部分受众适合于什么样的营销手段来说，具有统计学上的意义。例如，目标受众的受教育程度高低，可能会决定内容生产者的创意和营销思路。最早在我国内容市场上开创知识付费模式的逻辑思维，就是将其内容打上高知群体、深度、思想等标签，将其内容标签与其目标群体强烈的身份认同感紧密连接在一起，构建起该部分目标受众的群体价值体系；而另一新媒体内容平台"快手"消费者，则被其平台合伙人曾光明公布用户画像为"最高学历低于高中"的群体，与逻辑思维所主打的高知文化有着显著区别。服务于不同受教育程度的核心受众，而基于自身目标受众的精准用户画像，是其进行持续性内容生产和营销，在各自的市场上保持生命力的核心依据。

（二）动态数据

动态的用户数据画像，简单概括，就是建立在受众消费痕迹上（包括显著性的痕迹和不显著的痕迹）的用户数据抓取以及用户特征归纳，是一种基于动态数据的画像方式。显著痕迹则包括受众对内容的评论、转发、点赞、关注等行为。目前的内容平台，都在用户的显著痕迹的抓取上下功夫，比如微信公众号推出的"在看"功能，一方面，该功能是更为间接和隐晦的分享功能，与转发朋友圈的直接分享一样，本质上都是通过受众的社交网络让内容进行扩散；另一方面，"在看"功能又是比单纯地对内容"点赞"更强烈的认同感的体现（因为看到相同内容的微信圈好友可以看到其"在看"痕迹），这对于用户画像来说具有更好的参考意义。而不显著的动态痕迹则包括受众在消费某个内容时，在某个页面停留的时长、用户的操作轨迹等。

当然，不同数据对于完善用户画像的作用权重是有所不同的，比如对于内容平台来说，分享对于用户画像参考意义的权重就大于点赞或评论的权重，因为一个受众将内容分享到社交媒体，意味着这个受众在用自己的社会身份进行内容的传播，而分享的内容也意味着对内容所代表的观点、立场的认同。很多时候，受众对内容的点赞或评论也许是随意的，但是对于要分享、转发的内容却是相对慎重的。而对于迫切需要了解用户态度、喜好的内容从业者来说，分享这一举动就显得尤为重要了。

总而言之，大数据时代，内容的传播效果很多时候受到受众画像精准程度的影响，在推荐系统（我们会在第五章对推荐系统稍作讨论）的视域下，受众画像的精准度将决定该受众的消费体验好坏，又能反过来服务于内容的生产与传播。一方面，受众留下的消费痕迹会不断完善其画像，而建立在精准画像基础上的内容消费，才能最大限度地满足其需求。另一方面，受众的消费痕迹就像是决定内容好坏的"陪审团"，能够影响内容的传播效果，比如，你的内容分享率很低，用户的消费痕迹反馈出它不怎么受欢迎，它就可能被推荐系统冷落，进入内容休克状态，在这种情况下，需要思考的，并不仅仅是内容是否优质的问题，还应该思考内容是否被系统准确识别并且推送给了目标受众群体？内容包装，如封面图的选择、标注、标题方面是否迎合了目标受众的认知与偏好？因为在大数据时代，只有能够同时服务于受众和平台的内容，才能够长存，而对于内容的生产营销者来说，只有清楚如何基于精准的用户画像来开启创意和包装自己的内容，才能保证内容的传播效果。因此，只有不断完善用户的长期画像，才能在揣摩受众喜好和意图的基础上进行内容生产和营销，实现精准的市场占有。

第三节　新媒体受众消费心理分析

如果内容生产是以营收为目的的商业创作，而并非纯粹的个人兴趣，那么，受众就该被看作内容的消费者。因此，掌握消费者的心理活动规律与个性心理特征就是非常必要的功课了。下面将对新媒体内容消费的几大消费心理进行分析，以明确如何合理利用这几种心理特征来进行创意及提出营销策略，使内容生产的市场价值最大化。

一、好奇心理

俗话说"好奇害死猫"。好奇心理是一种直接兴趣，也是人类及许多动物的天性。人们常常对那些新鲜、奇特或突然发生的事物想要看个究竟，这是内容创意和营销人员最常利用的一种心理。以"震惊，99%的人竟然都不知道"的模式拟取标题的"震惊体""标题党"现象，因其浮夸、低俗、煽情的标题取法与"挂羊头卖狗肉"式的题文不符，被视作自媒体时代的乱象。但不得不承认的是，在"标题党"盛行的初期，确实有不少内容受惠于这种类型的标题而获得了一定的流量。虽然这种玩弄受众的营销手段长期看来终会失效，甚至会招来排斥和厌恶，但其最初的流行，就是因为对受众好奇心的利用。

在对新媒体时代受众的特征分析中我们提到，在注意力稀缺的时代，受众留给一篇内容的时间最多只有18秒，而对于还没有建立起忠诚受众群体的内容生产者来说，受众留给其内容的时间就更少了，甚至可能只有一秒钟的标题阅读时间。因此，吸引受众打开内容最简单有效的方式，就是利用标题激发其好奇心。

对于好奇心的激发方式，我们必须先忘掉刚刚提到的"标题党""震惊体"这样的粗俗手段（除非你是故意幽默一把），而可以采用以下方式留下悬念。

①未完成的语句。这是最常见的一种引发好奇的方式，就像看一部悬疑电影，正演到关键部分就戛然而止，好奇心会让你坐立难安，如果不知道结局，也许你今晚将难以入眠。那么，如果一篇内容能让你产生这样的感觉，那就成功了一半。

②违背常识。用与我们常识相反的方式拟取标题，让受众产生"这怎么可能"的疑惑，从而对内容产生兴趣。比如知名科普类微信公众号"果壳"的一篇文章，内容介绍了一些不惜将病毒植入自己身体，以研究对抗病毒方式的科学家，而果壳将该文章的标题拟为"太棒了，我终于染上××病毒了！"，将"患病"与喜悦情绪连接，违背一般常识，让人对其内容产生好奇感。

③疑问句的方式。直接用问句的方式，引导受众点开内容找寻答案，也是一种常见引发好奇心的方式。

④用文学的修辞手法对内容进行包装。比如，一篇文章如果叫做"大部分国家的病理

解剖率都在下降",你对其内容的好奇值和打开欲有多高呢?如果这篇内容标题拟为"尸体会'说话',可现在越来越难被听到",标题是否显得更为独特,更能够吸引受众的注意力呢?尤其是对于一些内容相对比较小众、不涉及一般人的常识、专业性比较强的文章,更适合用一些修辞方式,对内容进行包装,引发普通人能够理解的新奇感。

最后要强调的是,用哪种方式来引发受众的好奇心,要根据文章的特质而定,不可生搬硬套,也不可脱离文章的主要内容,引发好奇心只是成功的第一步,让受众消费完内容之后感到物有所值甚至物超所值,愿意将内容分享出去,才是内容真正的胜利。

二、社交心理

你上一次使用社交媒体软件是什么时候呢?几小时前?几分钟前?我想我可以大胆地推测,读者中的大多数,和社交媒体"分离"的时间不可能超过一天。来看看脸书的数据,作为世界上最受欢迎的社交媒体平台,脸书的十几亿用户中,有一半以上的用户每天会查看一次该平台的内容,1/4 的用户一天超过 5 次。数据显示,社交媒体的使用成为世界上最为常见的互联网活动,人们在社交媒体上所花费的时间的总和,可以占据整个互联网使用时长的 1/4;全世界的互联网使用时间,每 7 分钟就有 1 分钟花在脸书上,全世界脸书用户的月活跃时间相加可以达到 3000 亿分钟,也就是 60 万年。[①]

而在国内,社交媒体的数据也同样惊人——根据《报告》显示,2020 年 3 月,微信朋友圈、微博使用率分别为 85.1%、42.5%,较 2018 年年底分别上升 1.7%和 0.2%;QQ 空间使用率为 47.6%。[②]

我们甚至可以断言,社交媒体可能会随着科技的发展在形态上产生新的变革,但只要人类社会依然存在,它就不会失去庞大的用户规模,因为学者已经证实,社交是人类的本质需求。人类的大脑结构就决定了这一点——与其他动物相比,灵长类动物的新大脑皮层占脑容量的比例很高,人类甚至达到 80%。这部分超乎比例的脑容量是用来做什么的呢?科学家们提出了无数假设,最后的结论是——人类的大脑是为建立社交关系网络而生。对于群居的灵长类动物而言,社交是一种生存的本能。一个有趣的事实是,黑猩猩醒着的时间有 20%花在为彼此梳毛上,远远超过了清洁所需的时长。对于黑猩猩来说,梳毛是一种社交手段,用来缔结同盟,而对于使用微信或者脸书的人来说,对信息的"分享",则是互联网时代人类社会的一种梳毛行为。数学家邓巴甚至提出,人类之所以发展出了复杂的语言,就是为了社交服务,基于交流与结盟的社交就是我们人的天性中的一个核心特征。[③]

因此,从内容创意和营销的角度看,如果能够激发人们基于其社交关系的分享欲望,对于效果来说,一定是事半功倍的。研究公司 eMarketer 曾通过调查得出数据,83%的内容和品牌的营销者非常倚重受众在社交媒体上对其内容的分享,因为有 70%的受众表示,相对于其他渠道,朋友在社交媒体上分享的内容更容易让他们接受。在社交媒体上引发病毒

[①] 汤姆·斯丹迪奇. 社交媒体简史: 从莎草纸到互联网[M]. 林华, 译. 北京: 中信出版社, 2019: 3-4.
[②] 中国互联网络信息中心. 第 46 次中国互联网发展状况统计报告[EB/OL]. 2020-09-29. http://www.cac.gov.cn/2020-09/29/c_1602939918747816.htm.
[③] 同①.

式的传播,成为目前检验一条内容创意和营销是否取得成功的标准之一。

但是,在信息爆炸时代,受众对于内容的分享依然是谨慎的。根据研究数据显示——推特用户每接收18条信息才会转发其中一条,脸书的分享率只有0.5%。因此,我们必须基于人类的社交天性,激发其对内容进行分享的欲望,而我们根据研究归纳出,基于社交需求,一条内容能否让受众愿意在其社交媒体上进行分享,有以下两点重要因素。

(一)告诉他人自己是一个怎样的人

"你分享的内容可以代表你"(You are what you share)是社交媒体时代一句响亮的口号。在实名社交时代,人们的社交网络好友几乎都来自于现实生活中的社交关系,因此,人们愿意用所分享的内容作为自己的个人形象标签,也会根据自己的人际关系特征进行内容分享。比如,毕业于知名财经大学、就职于金融行业的高级白领小李,其社交媒体上的好友中,有不少是自己的客户、校友、同行,或者是潜在客户,小李希望自己所分享的内容可以为自己打上"专业、精英、高知"等标签。内容倒不一定必须和金融沾边,只要能够凸显小李所希望的人设的内容,都会使其有分享的动力。那么,作为内容从业者,目标受众群体如果是像小李一样渴望塑造"精英、高知"人设的群体,就要在创意出发点、内容包装上凸显出能让受众强化个人形象的标签。

在这个要素上,对目标受众社群及其文化的精准把控是制胜的关键,因为新媒体营销的关键,就是具备高行动力的社群。互联网消解了人类聚集在地理上的障碍,因此和传统时代相比,"趣缘"因素是网络社群聚集的关键。例如,首创内容领域付费会员制,将有相同兴趣的人群吸纳为会员,付费的会员制度成为社群内成员区别自我与他者之间的关键,人们对于自我形象的识别和构建,有时候就是通过不输于自己群体内的他者来进行的。付费看似是为内容消费塑造壁垒,倒不如说,付费是对受众是否属于目标群体的检验。以"文化、精英、高知"为标签,其受众通过付费消费的既是内容,也是一种社交货币——通过付费而获得的内部消息所代表的专属性和稀缺性能够让人产生优越感,受众不仅会更加喜欢这一稀缺品,还愿意把这种优越感分享给身边的人。

(二)人们在社交网络上的内容分享有利于对自我成就感的满足

属于群居动物的人类惧怕孤独,被认同、被关注、被附和都能够让人获得极大的心理满足。因此,当受众在社交媒体上所分享的内容以被评论、点赞等方式获得互动,或者知道自己的分享对他人产生了积极作用(成为一种利他行为),对于分享者来说,都是激励机制。根据研究表明,容易获得社交媒体平台好友互动的内容一般具有如下特点:幽默感(在所有影响要素中排名第一)、与社会热点相关、情感共鸣、让人受益的实用价值、新奇、与自己相关性高。

总之,内容创意应该至少植入以上"社交基因"中的一个,才能够让内容借助人们的社交天性,通过社交网络的分享,实现病毒式的传播。

三、攀比心理

在群体中竞争是动物的本性,就和黑猩猩会炫耀自己的群体地位、狼群会对领头的地位有所竞争一样,作为智慧生物的人类同样不能免俗。即使在高呼人人平等的现代社会,却依然可以在人群中寻觅到等级秩序的存在,大多数人对"领先"的感觉是向往的,愿意为不断提升自己在群体中的地位付出努力。

因此,有学者提出,在创意传播策略中,如果能使用一些机制满足人们的竞争欲,自然会引发受众的兴趣。比如,在内容中增加游戏性质,用榜单、分数等来满足受众竞争需求的同时,鼓励他们利用社交网络进行分享,毕竟,不能炫耀的胜利将会使成就感大打折扣。

近年来,一到年末人们的微信朋友圈里总会出现分享支付宝年度账单(如图 2-2 所示)的朋友。个人消费和支出,按理说是一件关乎隐私的事情,但是支付宝却能够"撺掇"不少人将其公之于众,就是基于对受众竞争心理以及把竞争成果分享到自己社交平台的欲望。支付宝的账单中,不仅会出现你的全年支出金额,还会显示数字比较:你超过了全国多少用户,在你所属的区域排名、环保贡献、爱心捐赠等数据。除此之外,支付宝的文案团队还为每个年度账单用户打造"我的年度关键词",即根据个人消费特征进行抽象归纳,比如"温暖""随性而至""坚持"等。当

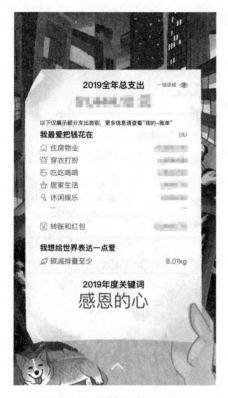

图 2-2 支付宝年度账单

然,这些关键词都是正面词汇,受众可以通过分享支付宝账单炫耀自己的经济消费能力,而具备正面意义的关键词则进一步点燃了受众的分享欲,毕竟对自己正面形象的加持,可以让人相信有助于自己在群体中的地位提升。

支付宝年度账单的案例,可以为我们解释为什么带有自我测试的内容总是在社交网络中乐此不疲地被分享。一般这种测试的结果都是积极而有趣的,符合人们对于自己在社群中形象的期待值,因此人们才愿意分享。一位麻省理工学院的文化分析师认为,人们对于通过测验来量化自我有着不可抗拒的喜好,而对于新媒体受众来说,这种测试结果的重点在于能够分享,是人们用来表现自我的一种有效手段。

如果每一次人们在社交媒体上的自我展示都有一个具体分值,那么他们对上述内容乐此不疲地消费和分享,就可以被视为通过对每一个分数的累计,在一个看不见的自我形象榜单上进行分数竞赛。而内容创意以及营销的策略,如果能够为受众增加榜单上的分值,就可以为内容的传播效果增加一些保障。

四、寻求"联系"的心理

马斯洛认为消费者有五个需求层次,分别是生理需求、安全需求、社交需求、尊重需求以及自我实现需求。随着较低级的需求满足后,人们就会追求更高层次的需求。随着我国经济的高速发展,生产力的提高,人们对于物质方面的需求已经没有那么迫切,而都市生活中高压的社会环境、快速的生活节奏,使人们的精神需求空前旺盛。人们试图从互联

网的内容消费中寻找情感共鸣和群体间的认同感，而前文也提出了新媒体时代受众"感性"的特征，以及情感对于营销效果的重要性。也就是说，人们总是试图在互联网上寻找与他人之间的某种联系，这种联系将强化人们精神上的归属感和身份认同感，这会形成一种强大的社会动机，激发人们对于营销行为的积极情绪。

（一）精准用户画像，建立精准化的忠实受众群

前面关于分众的内容中，我们已经对新媒体时代细分受众群体的必要性做了足够的探讨，而在基于情感的内容创意与营销策略中，更是要清晰地认知：在一开始，我们宁愿瞄准小规模的，但画像更清晰的受众，而不是企图取悦更多的受众。一方面，这会让创作工作更加轻松而不盲目；另一方面，内容生产者与受众之间更容易建立起相互信任的情感链接，这对于增强用户黏性和内容长期价值的挖掘来说有着非常重要的作用。

另外值得提倡的是，内容生产者最好能够使拥护自己的受众形成群体，不要在乎群体规模大小，而应该在乎这个群体的黏性是否很强。一个强黏性的粉丝群体，群体成员之间的联系会非常紧密并且充满热情，如果营销者能够成为这样群体的核心，那么营销的效果也就可以依靠这个群体实现了。

（二）与具体的个人进行对话

当在进行内容创作和营销内容时，虽然隔着互联网，但也不要把受众当作抽象的群体，而是要将他们视作具体的、有血有肉的人，以一种平和的、亲切的语气来进行对话和交流。不管内容生产者在内容创作上有多么高的水平，也不要将炫耀才能作为主要目标，而是要思考，要怎样让内容被受众接受、理解和喜欢。在内容中体现出对话感，经常使用"你""我"这样的人称代词，会拉近与受众之间的心理距离。总之，平等的对话更有利于引发情感的共鸣。

文字作为传递信息的一个中介，在以语言或非语言的方式传递并理解信息、知识的过程中，因受某些因素刺激而产生心理变化，或是在意识、情绪上发生反应。这种心理变化，可对传受双方进行进一步沟通交流产生积极影响。

传播者与受众之间的交流是一种信息互换的过程。通过交流，传播者可以把信息、观点或情感等传递给受众，而受众则可以把他的意见、建议、情感等反馈给传播者，或对传播者传递的信息进行补充修正，从而双方在交流中搭建起平等沟通的桥梁。只有平等地交流才能使信息传递更加趋向准确，传受双方依靠对话建立起彼此间的联系，才能使传播效果更好。

对话感的文字传播具有平等性、生长性和共赢性的特点。真正的对话不仅仅是宣传、说服、同化对方，而是让对话参与者在平等的交流中，通过对话拓宽彼此的视域，通过对对话者行为背后态度和目的的共享，达成相互理解，进而实现意义层面的共造与联合，实现不同文明之间的交流互鉴和创新发展。

对话感的文字传播存在于多主体之间，以尊重个性和差异为前提，对话性传播是沉淀于表层的信息交换之下的、思想和意义层面的交流。恰如英国思想家戴维·伯姆所言："对话仿佛是一种流淌于人们之间的意义溪流，它使所有对话者都能够参与和分享这一意义之溪，并因此能够在群体中萌生新的理解和共识。"实质上，讲"好故事"与"讲好"故事

的差别正是信息的简单交换与意义层面的共享和共造之间的差别。

对话感不单单是"写",还要想象"对话",自己的脑袋先分裂两种人:"你代表的生产内容群体""你要跟谁说",像演戏一样,内化这两种人的想法跟情绪。

(三)讲好关于个人的故事

在内容中注入与个人相关的故事,也是增强传播效果与感染力的有效手段。时尚自媒体"黎贝卡的异想世界"曾经与汽车品牌Minicooper跨界合作,创下了4分钟售罄100辆车的现象级营销案例。自媒体人黎贝卡在为销售预热的过程中,搜集并发布了其公众号粉丝与该汽车品牌之间的个人故事,这些或励志,或感人的故事让消费者与品牌之间不仅存在理性联系,而且添加了一种由故事带来的沉浸式场景之下的感性联系。

我们也经常发现,企业家们讲好与企业或个人相关的故事,会为品牌增添情感的附加值。比如从红塔集团董事长到阶下囚,在古稀之年再次经商创造了"褚橙"的褚时健,对其传奇人生故事的讲述成为其品牌的附加值,褚时健的个人故事成为该橙子种类在市场上最大的差异化竞争优势。

因此,做一个会讲故事的人,讲好与"你"或者"我"相关的故事。就像我们前面说的,大多数内容消费者是感性的,一个细腻而真实的故事更容易让他们放下心理防备,个人故事的情感温度更容易拉近彼此之间的心理距离,满足受众对于建立联系的心理需求。

(四)与他们相关

无数内容营销的专家都在强调一个共同的道理:人们真正关心的永远是他们自己。因此,作为内容生产者,你知道什么、擅长什么、生产的内容是多么具有前沿性等,都不是你应该展示的重点。要想引发与受众的心理共鸣,最该向目标受众凸显的,是这些内容与他们到底有什么相关性,假设受众会在什么样的场景下需要消费你的内容产品。试想一下,一款音乐软件,除了歌曲的分享以外,还有什么内容会有可能让受众愿意分享到自己的社交媒体平台?答案当然是与受众自己相关的内容。

网易云音乐基于以上思考,从2017年起连续做了多场营销活动。网易云音乐于2013年出现在互联网市场时,QQ音乐、虾米音乐等各大音乐厂商已经占有相当可观的市场份额,作为后起之秀的网易被称为"从老虎嘴里抢到肉吃"的一家公司,它正是用好了情感营销的手段。

它每年都会于年末推出一份根据受众自己的听歌习惯生成的"网易云音乐年度听歌报告",报告的内容创意极具特色——基于大数据分析及对受众音乐消费细致入微的观察,然后根据分析结果对受众的消费动机进行感性化的呈现。比如网易云音乐用户小A的年度听歌报告的其中一页就写道:"2月15日,也许是很特别的一天,你把××歌手的××歌曲反复听了36遍,这首歌和你有着怎样的故事呢?"这种文案方式凸显了对"你"的强烈关注,将冰冷的大数据分析报告赋予温度的私密对话感,不论分析的结果准确与否,这份表达自我的"网易与音乐年度听歌报告"引发了受众在社交媒体上的分享欲,也使得同年网易云音乐的下载量上升。2017年往后,多个媒体软件都开始模仿网易云的年度报告的形式给用户在年底的时候生成报告,让受众与平台建立起私密化的联系,对于人类来讲,和某个对象有了"私交",就是彼此关系具备强联系属性的象征。

另外,对社群建设的重视,也是网易云音乐提升用户与用户之间、用户与平台之间情感粘度的手段。网易云音乐官方宣称它是一款专注于发现和分享的数字音乐产品，网易云音乐除了有可以分享歌曲的基础社交功能外，很多人对网易云音乐印象较深的是它的评论功能，用户在听音乐的时候可以写下自己听歌的感受，可以与听过这首歌的人进行互相分享想法的互动，很多用户将音乐作为情感分享与寻找情感共鸣的载体。人们在现实生活中不那么容易找到能对同一首歌产生情感共鸣的人，而网易云音乐降低了用户在这件事情上的发现成本，使得音乐成为人们彼此之间建立联系的载体，用户在获得了建立联系的满足感之后，与平台之间的黏性也增强了。

网易云音乐对于用户评论的运用还不止于此。2017年，网易云音乐联合杭港地铁推出了"乐评专列"活动，从网易云音乐平台上选取点赞最高的5000条用户评论，再通过人工筛最终选到85句"999+"的经典音乐评论，将其布满杭州地铁1号线和江陵路地铁站，句句都是与用户个人体验相关的故事。网易云音乐借助了地铁这一大城市青年常用的通勤工具，为上下班拥挤的地铁上的受众创造了一个借助音乐消费情感的场景。这次活动让平台网易云音乐的下载量在App Store中国区音乐榜上升到首位、百度搜索量激增。网易云音乐的相关负责人表示，此次活动就是要借助平台用户自己的真实乐评进行情绪的扩散，而这些内容必须简洁、一语中的，"在脱离歌曲的环境下仍然能被看懂、引起共鸣"，这些真实的用户情感通过营销手段强化和放大，"自然也能收获更多的感动与共鸣"。

网易云音乐的这场营销活动的创新之处在于，打破了受众联系的空间壁垒，将线上与线下、虚拟空间与现实空间的受众体验联系在了一起。

五、从众心理

从众心理，指人们人云亦云的盲从行为。观察发现，如果羊群里有一只领头羊行动起来，那么其他羊会不管三七二十一地紧随其后，全然不顾其行动是否会带来益处或造成威胁，因此从众心理也被称之为羊群效应。这种发生在羊群中的效应对于人类来说同样奏效，在新媒体内容创意和营销策略制定时，对受众的从众心理的利用也应该被考虑其中，而其中有一些重要因素，会对从众心理产生影响。

要重视"领头羊"的影响力，即意见领袖的作用。在分众传播的新媒体时代，我们对意见领袖的认知不应只基于其粉丝规模的大小，还要看到其在垂直领域的权威度和影响力。因此，长期来看，打造一个属于特定领域的意见领袖，对于内容的传播会起到事半功倍的效果。今日头条前产品经理闫泽华曾对这种意见领袖拉动内容消费的现象做出剖析，他认为，在内容市场极度饱和的今天，受众对内容已经疲于优劣辨别，对受众来说，最省事的内容选择方式，就是依靠意见领袖的光环辨别内容是否值得消费。闫泽华（2018）提出，市面上销量较高的内容皆因为内容主讲人在特定领域的影响力，即个人品牌的价值，在很多情况下，受众消费的并不是内容，而是人，与其称之为内容消费，不如称之为粉丝消费。有一则幽默故事讲道：一个石油大亨想要进入天堂，但天堂席位已满，无奈之下，石油大亨大喊了一声："地狱里有很多的石油！"天堂里的其他石油大亨们听闻纷纷涌入地狱，石油大亨顺利进入天堂——这就是意见领袖在其垂直领域（石油）一呼百应的力量。

借用这种力量最简单的方式是，自己成为垂直领域的意见领袖。但这显然并非易事，对于新媒体内容的"小白"来说，只能对权威的影响力进行借用，如借助一些"名牌"背书，让受众基于对"名牌"的盲从心态而产生消费欲。比如育儿专家崔玉涛在其一篇微信公众号的文章中介绍了一种学龄前儿童的语言培训方式，其标题为"4岁男孩被央视点名：这件事，多少孩子还在被耽误"，"央视点名"显然就是作为一种众所周知的权威性的象征，增加其内容值得消费的"信用值"。

日本品牌 Sony 在 20 世纪 70 年代推出随身听产品时，曾让很多人故意每天在东京最繁华的街区听着该品牌的随身听招摇过市，强调"很多人都在用"这一"事实"，对于该随身听快速打开销路产生了助推力；香飘飘奶茶著名的广告词："销量绕起来可绕地球十圈"，阿里云的广告词："我们市场占有率超过 2~5 名的总和"，都是利用受众对于多数人选择即正确的从众心理。而一些时候，即使被营销之物并非真正多数人的选择，也可以用暗示手段使受众相信它是。比如一个行李箱品牌在淘宝平台的广告中用醒目的字体标注："已累计热销约 256465 件"，这个销售数据对比很多知名行李箱品牌来说并不算什么，但大多数消费者对行李箱的销售量并没有概念，对该数据的强调能从心理上暗示自己这是一个很不错的销售量，消费者的从众心理也会被成功地点燃。

当然，对于内容营销来说，权威感的塑造还有非常多的实现路径，这对于新媒体时代营销效果的加持来说有着不同以往的影响力，我们将在第三章对实现权威感的策略进行更加深入和全面的探讨。

六、没有人不喜欢被感恩

古罗马著名政治家马尔库斯·图利乌斯·西塞罗曾经说过："感激并非世界上最伟大的美德，但却是其他所有美德之母。"克莱·舍基也在其著作《认知盈余》中通过葛洛班之友慈善组织网站的例子，证明了感恩对于强化人们行动力的积极作用。在这个慈善网站上，专门有一个叫作"感谢您"的版块，将慈善参与者每一个善举，无论大小（哪怕只是制作了卡片）都一一点名致谢，还在网页上标注："如果我们遗漏了任何一位，请告诉我们。"这个慈善组织是由男中音歌唱家葛洛班的歌迷组建，没有薪酬，没有任何物质上的奖励机制，但成员的热情依然不减，并且取得了不俗的慈善募捐成就，而对参与者的感恩，就是比金钱奖励更有效的最佳"报酬"。克莱·舍基对此总结道："任何伟大的成就都是由一定数量渺小的工作积累而成的，而感谢页面中所展示的内容为人们提供了一种激励，使他们感到完成某项工作并非是因为这些工作需要完成，而是因为他们对组织存在价值。"[①]

因此，当在做新媒体的创意与营销设计时，内容生产者可以尝试让目标受众感觉到"被感恩"的存在感。比如在特定的节日，为每位受众生成一张专属的电子贺卡，表达感恩对品牌的陪伴与信任，当然要记住的一点是，在贺卡的开头要生成受众的名称（至少是他们的网名），形成私密的对话感，使感恩显得更加真诚。或者就像某些品牌做的那样，声明消费者的每一次消费，都会有一部分金额资助某种慈善行为，无论金额是几块钱还是几毛钱，都要热情地对消费者的慷慨表示感恩，激发出消费者接受、喜爱、分享你营销内容的正面力量。

---

① 克莱·舍基. 认知盈余——自由时间的力量[M]. 胡泳，哈丽斯，译. 北京：北京联合出版公司，2018：90-91.

本 章 总 结

本章主要在新媒体时代的受众特征的基础上,探讨了新媒体从业者的内容生产实践中应该把握的几种主要的内容消费心理。从大众传播研究中受众的话语变迁,我们可以看出,受众的定义已经随着技术的发展有了根本性的变化,以往被看作被动的信息接受者的受众已经逐渐退出历史舞台,取而代之的是对信息的消费和选择极具主动性的受众。甚至随着互联网技术的发展,传者和受众的边界日渐模糊,技术对"所有人"的赋权,使得新媒体被定义为"所有人对所有人的传播"。在这个语境之下,受众一词的合理性受到了质疑——因为并不存在单方面接受信息的受者了,更多时候,人们更偏向于使用"用户""消费者"这样的词汇来代替受众。但是,本书是站在内容生产者的视角,对其内容想要服务和取悦的对象作研究,因此,受众一词在本书的语境中只代表着对信息另一端的群体的称谓,并不强调其被动性。

相反,我们在充分承认受众对内容市场消费主动性的前提下,提炼出了新媒体受众的一些主要特征。新媒体时代的信息过载,使受众信息消费的总时长达到历史最高峰,但是,受众的注意力却相比任何时候都更加稀缺,因此我们提出了"18秒受众"这一概念,来强调受众注意力的转瞬即逝。所以,短内容的出现与繁荣有了其合理性,但我们并非在鼓吹"只有短内容可以适应这个时代"的偏激观点,而是认为,受众内容的稀缺性为内容质量提出了更高的要求,对属于"买方市场"的新媒体内容市场来说,只有那些优质的、具备差异化优势的内容能够脱颖而出,占据受众的注意力。那些有助于包装内容以增强其吸引力的手段变得非常重要,比如标题、配图、标注等。对于内容饱和、竞争激烈的新媒体内容市场来说,内容的长短之争并没有太大的意义,最重要的是找到市场的需求和目标受众,将优质的内容精准进行"投喂",才是内容创意与营销的可持续发展策略,也是实现病毒式营销效果的最佳手段。

研究所发现的受众感性的内容消费特征也对内容生产有着重要的参考价值。通过对一些能够精准抓住受众心理与情感需求的成功案例的分析,我们发现,对受众外围路径的进攻,可以为内容的营销取得事半功倍的效果。因此,在内容创意理念中增强与受众的对话感、讲好与个人相关的故事、让受众本身变成内容的一部分等,都是引起受众情感共鸣、拉近彼此心理距离的有效手段。而新媒体时代,具有个性化消费特征的受众,让分众的思维再次被强化,而技术能够更加精准地为受众进行画像赋力,通过"动态"和"静态"的用户信息搜集让我们深度了解受众是谁、喜欢什么、不喜欢什么,这为分众化、精准化的内容营销打下了坚实的基础。在新媒体时代,想要做到人尽皆知、老少咸宜并非易事,对于初出茅庐的内容生产者来说更是痴人说梦。因此,找到目标受众群体,培养其忠诚度、黏性,即使这部分受众规模有限,也可以让其在内容市场获得生存价值。毕竟,长尾理论证明,小众产品在互联网时代也有着不容小觑的价值。

另外,我们也把一些人类本性的分析纳入了受众心理的研究范畴,比如好奇心、社交欲以及攀比心理等,并基于上述心理提出了激发受众消费欲的相关策略。例如,用设置悬念的修辞方式、逆向思维方式等,引发受众的好奇心,同时注意在内容中对受众的好奇心进行满足，不要陷入题文不符、吊足胃口之后大失所望的标题党误区。在社交心理、攀比心理、从众心理的分析中，我们都提到了作为群居动物的人类的一些共性，比如，获得群体认同感是非常重要的。因此，内容要成为受众的社交货币，也要主动为受众构建能够实现意义共享的社群，并且为其社群身份提供证明途径。除了群体的认同以外，群体间的攀比和竞争也是永恒的议题，内容如果能够成为受众炫耀的资本，成为其（自己觉得）优化群体地位的货币，也会使内容成为营销的赢家。在从众心理的分析中，我们清楚地认知到，让你的内容贴上"抢手"的标签，就是要让意见领袖的背书与"多数人的选择"成为内容的精美包装。最后我们强调，没有人不喜欢被感恩，善用用户对于"被感恩"的积极情绪，就能够有效提升营销效果。

课后思考与练习

新世相&航班管家"4 小时逃离北上广"文案分析

今天，我要做一件事：就是现在，我准备好了机票，只要你来，就让你走。现在是早上 8 点，从现在开始倒计时，只要你在 4 小时内赶到北京、上海、广州 3 个城市的机场，我准备了 30 张往返机票，马上起飞，去一个未知但美好的目的地。现在你也许正在地铁上、出租车上、办公室里、杂乱的卧室中。你会问：我可以吗？——瞬间决定的事，才是真的自己。4 小时后，你就可以做自己的主。你可以改正现在的生活，去旅行、去表白，去想去却没去的地方，成为想当而没有当成的人。①

2016 年，自媒体新世相与出行订票 App 合作了一场现象级的营销活动，即"4 小时逃离北上广"，这个新媒体营销案例在传播的角度上来看是相当成功的，新世相公布了 1.5 个小时就突破"10 万+"阅读，全天 100 万次的阅读量，涨粉"10 万+"的成绩，单从内容创意和营销的效果看，这无疑是一场教科书般的案例。请你结合本章内容，阐述该创意的成功是基于怎么样的用户画像？又是迎合了什么样的受众心理呢？

---

① 新世相. 我买好了 30 张机票在机场等你：4 小时逃离北上广[EB/OL]. [2020-04-08]. https://mp.weixin.qq.com/s/n4bZH9d9OvDyG-5 dEMmyg.

第三章　新媒体内容创意之吸引力提升策略

我们从过往的经验中总结出：技术的创新可以为新媒体营销的呈现方式带来更多的期待。技术是一种辅助性的因素，可以锦上添花，但营销效果的强大与否、能否从众多竞争者中脱颖而出、是否对消费者具备核心吸引力，还有更多值得关注和探讨的因素。其中最为关键的因素还是创意这一核心驱动力，本文将围绕应该在哪些方面对创意进行把关，从而提升新媒体营销内容的吸引力展开一定的讨论。

第一节　标题的重要性

当内容生产者，用尽幽默感和语言天赋，甚至还增加了许多新媒体互动技术，自信满满地发布了一个精心炮制的内容，最终却发现阅读量只有可怜的三位数，这对于想要借助内容进行营销的人来说的确很绝望。但更绝望的是，该内容生产者发现某篇类似题材的内容成为阅读量"10万+"的爆款。也许此时的他该放下不甘、愤怒的情绪，排查一下到底是哪个环节出了错，而最不应该漏掉的排查因素，就是内容的标题。新媒体时代，当读者看到一个内容的标题，决定要不要点击阅读的思考时间是多久呢？自媒体人咪蒙说只有1秒钟，但更让人倍感压力的说法，是要将这个时间降低为0.5秒。俗话说"题好一半文"，对于新媒体营销来说，如果要借助内容生产提升营销的效果，那么好的标题就是使内容脱颖而出、完成冷启动、迅速吸引受众的第一要素。

一、新媒体标题的创意策略

所谓好的标题的标准并不能一概而论，不同受众、不同营销主体、不同平台语境，对标题的要求可能都不尽相同，但总可以从一些受欢迎的标题中，总结出一些可以支撑其传播效果的规律。

（一）真诚性

新媒体时代的受众在众多类似——"震惊……""出大事了……""太恐怖了，整个朋友圈都在疯传这个（视频）！"之类标题的围攻下，兴奋阈值仿佛越来越高，这让一些新媒体内容生产和营销者产生了一个思维误区：是不是只有越夸张、越惊悚、越撩动情绪的标题，才能提升文章的被打开率呢？其实并不然，这些措辞夸张的标题，已经在发展愈发成熟的新媒体市场面临逐渐被淘汰的趋势。一方面，在受众媒介素养逐渐提升的新媒体时代，这类标题已经让受众产生了戒备和抵触心理；另一方面，现在各个内容平台的算法推荐系统，已经针对此类标题党做过相应的"训练"，一旦识别出标题党嫌疑，此类内容的推荐系数就会被降低，反而会更容易陷入内容休克的局面。因此，无论是抒发情感、表达观点还是描述事实，一个具备温度和真诚度的标题，才能真正提升内容的被打开率。就像一个表情过度夸张、张牙舞爪的人一样，他是不足以让人产生信任感和亲近感的，他所营销的内容自然也就没有人愿意买账。

讲究真诚，就是要让标题展示出内容的关键、真实的信息，让吸引力架构在实实在在的真实性的基础上，受众打开内容后不会感到失望。讲究真实并不是意味着要杜绝夸张的修辞，那就矫枉过正了。"新疆我的家"微信公众号 2018 年 3 月 19 日发布的《被人严重低估的乌市美食据点，向天再借五个胃才敢下车！》，为了突出乌鲁木齐市的美食之多，标题用了"向天再借五个胃"的夸张表达，但只要是有正常认知水平的受众，肯定能够意会其真实含义，并不会对标题的真实性产生质疑，而适当的夸张又增添了内容的吸引力和可看性。

（二）相关性

我们必须承认，人类是一种自恋的动物。一张大合照中，人们最先将目光定位于自己的形象；即使在嘈杂的环境中，人们对别人提到自己的名字，也会分外敏感。因此，用什么样的元素包装标题最能吸引受众注意力呢？能与受众产生关联的元素一定是个不错的选择。

让我们来看看以下两个标题。

《国务院办公厅印发意见 明确城镇老旧小区改造任务》（股城网 2020 年 7 月 21 日）

《国家全面推进一件大事，你的小区房子可能要升值！》（人民网 2020 年 7 月 21 日）

同样是报道老旧小区改造，第一个标题没有利益指向，受众对国务院办公厅意见或许会感到遥不可及，并不知道该内容和自己的关联性是什么；后者标题不仅语言更接地气，并且把"高大上"的时政新闻落地到和受众有关的事件，"你的小区房子可能要升值！"标题中"你"这样第二人称的使用增加了对话感的同时，还能让人感觉这是围绕着自己展开的内容，因此更具吸引力、亲和力，自然能够提升内容的被打开率。总的来说，简洁易懂、生动优美的标题比抽象晦涩的标题更具吸引力，而标题中摆出切中受众利益点的"诱饵"，则比任何文学技巧都管用。

（三）创新性

与传统媒体相比，新媒体标题制作较少受限于严格的语法、字词规范，因此标题的取拟者可以尽情发挥。讲究差异化是新媒体时代内容赢得竞争的重要因素，因此，让标题在符合受众的审美喜好的同时，还能让人感觉与众不同而眼前一亮，这也是增强吸引力的重要策略。

创新本就该是一件无拘无束、永远在突破的事情。因此我们在此只能根据所观察到的案例，对行之有效的创新的具体手法稍作举示例，无法涵盖完全。创新的一个手法是借助网络流行词句。流行的东西必然具有一定的新鲜性，借助流行的东风，能让创新变得更容易。如成都商报官方公众号 2020 年 7 月 21 日发布的新闻《成都拍了拍你，一亿成都粉 get[①]心动讯息》。"拍一拍"[②]是微信于 2020 年推出的新的用户互动功能，"get"则是流行于年轻人的网络化用语，短短的标题融入了两个网络流行热词，创新度可以得到提升，这样的标题符合新媒体语境下的阅读习惯。

---

① "get"是一个网络流行语，意思是指领悟、明白、理解，通常固有搭配有"get 不到你的点"等。
② 2020 年 6 月 17 日，微信上线了"拍一拍"功能，支持用户在群聊和个人对话中提醒对方。

化繁为简也是一种标题的创新手法。有时候，言简意赅的标题取拟反而因为一目了然、清爽而脱颖而出，而且标题对内容介绍有所保留，反而会让人对内容产生好奇心，但简短标题更考验取拟者的水平——三言两语就能突出内容重点、还能保持吸引力可不是件容易的事，新华网推出的"大学来了"系列（如图3-1所示）就是一个优秀的范例。

图3-1 "大学来了"系列，新华网微信口语化标题的代表[①]

新华网用简单的"学校名"加上"大学来了"四个大字作标题，就完成了平均阅读量"10万+"的爆款内容打造，但仔细推敲后会发现，缩减字数并不是标题创新的唯一关键。第一，这个标题是一个系列，用标题矩阵的方式抵消了简短字句的单薄感。第二，所提到的各个大学都是国内的重点高校，学子众多、知名度高，有一定的社会影响力，大学名称本身就是标题中的"吸睛"元素，因此简单的文字反而将这一吸引力元素衬托得更加醒目。第三，新华网本身就是一个具有影响力的媒体平台，自带流量。综上所述，标题字句简单，不代表创意简单，一个字句简练的标题要脱颖而出，那也是需要"天时地利人和"的，对作者的功力考验也可见一斑。

网络上有句流行语叫"重要的事情说三遍"[②]，其实叠字的运用也是目前新媒体标题中的一种创新，不仅在一定程度上起到了对关键字信息的强调作用，能够吸引注意力、强化受众的印象，也增添了趣味性。

四川教育发布官方公众号2020年6月17日发布的新闻《又双叒叕是别人的学校！》同样，新华网助农扶贫新闻通过对标题的改造，成为叠字运用的又一案例。以《枇杷枇杷

[①] 新京报传媒研究. 关于标题，这个编辑部有话说[EB/OL]. 2020-07-28. https://mp.weixin.qq.com/s/Kb1YP3tr20D1psrBEhrfhA.

[②] 2015年的网络流行语，释义为这件事情很重要。2016年5月31日，教育部、国家语委在京发布《中国语言生活状况报告（2016）》。"重要的事情说三遍"入选2015年度十大网络用语。

枇杷枇杷枇杷枇杷枇杷熟了!》一篇为例,稿件发布后,当地枇杷当日销售额环比上涨了28%。[①]

该内容之下的网友评论戏称:这样的标题仿佛是大山里喊出来的,自带回声效果。同时,该标题之下的内容,也承袭了标题的口语表达与趣味性,文题风格一致,也是提升受众体验感的做法。试想一个如此口语化、接地气的标题一打开,如果是一篇类似传统宣传通告的古板内容,那读者对这个发布者的黏度就会下降,以后该内容发布者的标题再精彩,恐怕被打开率也不会太理想了。

"央视新闻"微信公众号2020年12月30号发布的内容,更是把叠字的创新性运用发挥到了极致——《嗒嗒嗒嗒嗒嗒,飒飒飒飒飒飒》,这个内容讲的是"新疆伊犁哈萨克自治州昭苏县副县长何娇身披红斗篷在雪地策马驰骋,为当地旅游项目代言",该标题一共12个字,两个字各重复六次,文字对仗齐整,叠字的强化作用在视觉上就已经具备了一定的冲击力,"嗒"字是马蹄的拟声词,不仅读起来有趣,还能还原核心内容的画面感——策马奔腾的场景;"飒"是形容女县长英姿飒爽,与"嗒"字还能够押韵。该标题看似只是两个字的重复使用,但却并不简单,既能表意又能表形,充满文字的设计感,也兼顾了标题的突破性创意,符合互联网的趣味化、口语化传播语境,做到了让核心内容一目了然,又过目不忘,是比较上乘的标题取拟技巧。

但值得注意的是,"央视新闻"作为影响力大、受众覆盖面积广的优势媒体,本身已经树立了具有辨识度的品牌形象,不用太担心原始受众的积累和内容的冷启动问题(简单来说就是受众知道它是做什么的,也大概知道其生产的内容质量,或者是已经养成了消费其内容的习惯,受众忠诚度高,"回头客""老顾客"比较多),因此在取标题上可以比较灵活随意。但如果是比较新的、受众认知度还比较模糊的内容生产者,对标题的取拟就要谨慎一些了。如果像上述新闻标题这样关键词比较模糊、指向不够明显的标题,可能会被陌生的受众或平台推荐系统误读,而陷入内容休克的困局。因此,在以标题为主导的内容包装上需要更加慎重,不要为了创新而过度弱化了标题对内容核心要素的覆盖作用,导致内容无法准确到达目标受众群体,对于传播或营销效果的实现来说,这就得不偿失了。

(四)时效性

时效性是信息的时间差与信息所引起的社会效应的综合评价指标量。内容价值很大程度上取决于其新鲜度,一件事情发生后,在越短的时间内发布出去,取得的社会效应、内容价值才会越大。当下,很多新媒体标题中频繁使用"刚刚""快看""定了"等字眼,就旨在强调时效性这一特征。澎湃新闻2020年7月5日在报道长征二号丁运载火箭在中国酒泉卫星发射中心时就用了《刚刚!成功!》这一标题取拟办法,言简意赅,却关键信息明确,其时效性也一目了然。这个标题仅由四个字、两个感叹号组成,却更能制造出一种热血沸腾的情绪感染力——就好像一个人刚得到一个令他欣喜若狂的消息,自然是激动得说不出完整的句子,只能喊出最关键的部分,比如"生了!生了!""中了!中了"等,都是极具场景化、能够强调当下、即刻情绪的口头表达方式。该标题的取法用文字形式还原

[①] 梁甜甜,刘洪. 新华网微信编辑是这么起标题的[EB/OL]. 2020-07-07. https://mp.weixin.qq.com/s/O_PP1w DbLuePK2JdQVA3bw.

了这种即刻情绪的生动性，是一种利用时效性来强化传者与受众之间情绪共鸣的文字技巧。

现在的新媒体内容大多要通过算法推荐进行传播，很多推荐系统基于标题关键词和关键词的热度来决定该内容在推荐系统中的优先度，因此在进行新媒体内容的标题制作时，需要认真考虑标题的时效性特点，让标题符合推荐系统的规律，以最快的速度引起受众的关注。

（五）代入感的运用

代入感强的标题能让人看了之后迅速产生共鸣。怎么增强标题的代入感呢？加入"你""我"这样的人称代词，增强对话感，就能有代入感。除了人称代词的运用外，新媒体标题也经常使用网络符号"@"，如《被欠账？@中小企业国家出面"撑腰"了》（人民网2020年7月17日），《@高考生！北京高招志愿填报有这几种方式》（新华网2020年2月21日）等。用网络符号"@"代替汉语常用的"致某某某"，营造私密对话情境，明确对话主体，目标受众的代入感自然会得到提升。

但代入感的实现并非这么简单。为什么当人们看了电影主人公踢到桌角的画面，会忍不住和他一起"疼得"倒抽一口冷气？为什么一个有了小孩的妈妈，在看到关于小孩遭遇不测的新闻时，会相比其他人更加难过？因为这些画面或内容都与上述受众自身的经历相关——大多数人都有过不小心撞到硬物的疼痛感体验，而做了母亲之后的亲子体验也让母亲对于孩子遭遇不测的痛感有了更深切的体会。

代入感的产生，可以建立在强化共同体验上。如何强化共同体验呢？我们来举个几个标题案例。案例A：一篇文章的标题是《真正从底层逆袭的人，哪一个不是脱层皮、掉身肉的？》，原标题是《除了努力，我们别无选择》；案例B：《做了3年"Ctrl+C""Ctrl+V"后，才知道什么是真正的产品运营……》，原标题《如何快速从运行迈入运营岗？》。改动后的标题，通过细节补充来进一步强化了共同的体验——比如加入了感官共鸣的形容（"脱层皮、掉身肉"）、工作内容的细节重现（一个产品运营者可能会对"3年"中日复一日的"Ctrl+C、Ctrl+V"感到非常熟悉）等要素，更容易唤起人们熟悉的生活体验，代入感也随之增强。

（六）强化未知

人类大都充满好奇心，很多新媒体内容正是利用这一点吸引读者的注意力，让读者把想要一探究竟的欲望发挥到极致。强化未知的手段在标题上表现为多使用疑问句式，如《中国古人写字为什么必须竖着由右向左写？》（"语言研究"2019年3月6日）《吃饭时，你的口罩放在哪里？》（成都商报2020年5月20日）《北京电影院何时开业？天热还要戴口罩吗?6个问题看懂北京发布会》（新京报网2020年7月21日）等。通过以上标题可以发现未知因素有以下特点。①将未知建构在普通人容易理解和接受的事物上。汉字的发展史、病毒的产生即预防原理等虽然对于大多数人都是未知，但如果按照学术理论的标准来认真阐述，相信大多数人也听得费劲，所以好奇心会被认知门槛削弱，而我们古时的汉字写法、常用的口罩等，则是大家都熟悉的、关注的、好理解的事物，以这些事物为切入点去强化未知自然能收获更好的内容打开率。②提供解决未知的可靠途径。人类对于未知的热情，当然是受到想要将其变为"已知"的驱动，但纷繁复杂的新媒体信息环境，充斥着太多不靠谱的误导信息。因此,在标题中强调答案来自"北京发布会",自然就会激发受众点开内容,将未知变为已知的决心。

另外,利用省略号,也可以起到一种设置悬念的作用。也就是说标题只说半句话提起线索或引出思路,余下的用省略号代替,以造成标题的悬念,启动读者一种关注和期待的心理,使其兴趣向前延伸。

(七)贴标签

一个原本平平无奇的标题,可以借助一些不平凡的标签,使其可看度得到提高。此处的"标签"主要包含四种元素。

①名人。与普通人相比,名人的行为更具有感召力,新媒体以名人或名人之言作为标题,对普通民众而言有较高的可信度。如《褚时健:橙行天下》(《中国新闻周刊》2019年1月9日),《王珞丹的寻鸭启事:"顺手牵鸭"背后的道德滑坡》(正北方网 2020年7月8日)。而在新冠肺炎疫情暴发期间,疫苗接种问题一度成为公众关注焦点,国家鼓励民众"应接尽接",人民日报微信公众号在 2021 年 5 月 15 日的一篇推文《钟南山:我已接种,大家尽快》一经发布,阅读量迅速冲上 10 万+。钟南山院士著名的呼吸病学专家,在公众心目中有极高威望。这篇文章标题从其视角陈述事实,呼吁民众尽快接种疫苗,能够迅速吸引受众眼球,打消一些人在接种疫苗问题上的顾虑。注意,借名人效应不可强行将本没有任何关联的文章和名人联系在一起,否则标题太过生硬,甚至会有"标题党"嫌疑。

②名企。如《人人车"嗑"瓜子,二手车电商奏响冰与火之歌》("中新经纬"2019年3月15日),《10000亿大消息:支付宝母公司要上市了 两大交易所回应》(新浪科技2020年7月20日)。在上述新闻标题中,"人人车""支付宝"等品牌已在大众生活中留下深刻印象,甚至已成为某些行业的代名词,标题中直接使用这些知名企业,可以瞬间"吸睛"。

③名地。如中国新闻周刊推送的新闻《佛山市南海区:匠心人才助推高质量发展》在标题中突出了"佛山"这个地名,显然具有较强的代表性。"佛山"是中国较早改革开放的城市,以地名为题,可以更好地吸引受众的注意力。

④重大事件。如《两高报告解读:让企业家放心投资、安心经营》(《中国新闻周刊》2019 年 3 月 12 日),《3·15 晚会曝光!汉堡王用过期面包做汉堡》(央广网 2020 年 7月 17 日)等聚焦两会、食品安全等重大热点事件进行报道,及时回应了受众关切。如果新媒体标题可以充分利用各类标签,则既可以让内容增值,又可以增强内容的可信度。

(八)巧用数字

如《央视 boys 再合体,3 小时带货近 14 亿:这才是有颜有才的直播顶流》(手机凤凰网 2020 年 6 月 8 日),《疫情期间毕业生投近 40 份简历,只"中了"一个》(澎湃新闻网 2020 年 7 月 21 日),《全球累计确诊逾 1506 万例》(《人民日报》2020 年 7 月 22日)。通过精确的数据,增强了内容的重要性、准确性和客观性,同时也让受众切身体会到这类内容的理性和深度,而庞大数字带来的感知上的冲击力显然也更为直观——如果把标题一中的"3 小时"带货"14 亿"的数字去掉,改为"短时间""带货量惊人",受众在感知上一下就模糊和弱化了,带给人的冲击力远不如具体的数字那样强烈。

（九）反常识与情绪动员

这类标题给人的感觉就是："天啊，竟然不是这样，究竟是为什么呢？"如标题《你的勤奋，才是你失败的真正原因》的原标题为《创业失败只有一个原因》。前后对比解读：勤奋从来都是褒义词，居然跟失败形成因果关系，对比原标题，难道你不更想知道为什么吗？

又如《我才二十几岁，凭什么活得一本正经？》，原标题为《世界那么大，还有多少没去看》。前后对比解读："凭什么"是一种带有情绪煽动的叛逆反问，新标题对比原标题的老套心灵鸡汤，是不是更容易让"二十几岁"的目标受众受到情绪的动员？但必须提醒的是，过度的情绪煽动已经成为新媒体时代新的"黄色新闻"[①]现象，是目前业界正在批判和整改的一类问题，比如有的推荐系统会因为带有情绪煽动的标题识别为"标题党"，而降低推荐权重（因为受众讨厌"标题党"）。

（十）文末括号强调

例如，《如何在2个月内写出多篇阅读"100万+"的微信爆款文章？（有争议但值得看）》，原标题是《如何写出阅读量"100万+"的微信爆款文章》。新标题与原标题的区别之处在于，用括号内容进一步激发受众的好奇心。括号内容原本意味着补充的、次要的，但这两个标题内括号内容却披着次要的外衣，行着制造悬念之实，"不信来看"——有多难以置信呢？你难道不好奇吗？"有争议"的东西在社交媒体时代比毫无争议的东西更让人关注，争议意味着冲突、有话题度，此处在标题中强调自己的内容是有争议的，是一个吸引读者前来围观的聪明做法。

二、新媒体标题的雷区

（一）雷区一：标题越长越好

在新媒体内容行业，曾经有人下过这样的定论：短标题已死，标题越长，越能吸引读者点开阅读。事实上，这是一个没有新媒体产品思维、很不尊重事实的论断。为什么会这么说呢？接触过新媒体后台运作的朋友应该都知道，文章的标题在不同版本和型号的手机屏幕上显示的字数是不一样的。例如，同样一篇文章，在安卓版的小米 Note 手机屏幕上可以显示 30 字左右，而在 iOS 版的 iPhone10 手机屏幕上只能显示 20 字左右。如果一篇文章的标题超过 20 个字，会造成部分读者看到的标题不完整。试问，看都看不全标题，还会让人愿意打开这篇内容吗？因此在移动小屏时代，要适当学会"断舍离"。

不过，这也不代表短标题就一定是好的、能吸引读者的。我们在前文中也对"化繁为简"的标题难度做了探讨，相比于长标题，短标题更考验作者的文字功底，就像人们说话一样，要三言两语地说清楚一件事，并且说得有意思，是要依靠强大的逻辑思维能力、表达能力进行支撑的。

总而言之，过分追求标题字数的多与少是没有意义的，我们之所以不提倡标题过长，

---

① "黄色新闻"这一概念最早出现在美国新闻史上，是源于19世纪末美国两位著名的办报人约瑟夫·普利策和威廉·伦道夫·赫斯特之间的竞争，后来泛指通过大量图片和煽情报道吸引受众、违背新闻职业道德的报道方式。

首先是从技术层面考虑的;而从内容层面来说,一般情况下,标题过长或者过短,都会为吸引读者点开内容增加难度。字数多少才是优秀标题本来没有定论,但如果一定要用量化的标准讨论标题字数的话——比如微信公众号的标题,一般在 16 个字左右比较恰当。当然,机械地计较标题字数是没有意义的,能够在适应内容发布平台界面美观性、阅读友好性的前提下,提升标题的创造性和吸引力,才是应该关注的重点。

(二)雷区二:在标题中卖弄文采

先来看一个标题:《农村妇女做自媒体月入过万:别在前途光明的行业里,选择失明》。这个标题的第一句话尚有些吸引力,但后面两句话就显得有点画蛇添足,文采方面既没有引人注目之处,又表意不清,显得有些累赘和多余。那怎么改呢?我们可以将后面两句话改成简单的两个字:"你呢?"为什么这么改呢?"农村妇女做自媒体月入过万"和"别在前途光明的行业里,选择失明"这两句话单独而言都有一定的立意,但是放在一起就显得冗长了,有点太过于"文绉绉"。所以,可以选择把"别在前途光明的行业里,选择失明"直接删掉,以"你呢?"这样看似平淡、不起眼的小反问句代替,使得标题更加口语化和接地气,对话感也增强了,还强化了前半句的关键信息。

我们要记住,借助内容和创意进行新媒体营销,最终的目的是要让人接受和喜欢,而受众不是作文大赛的评委,他们并不会以文采高低作为评判内容好坏的标准;况且内容从业者都明白,新媒体内容的消费者花在每篇内容上的时间以秒为单位计算,因此他们都是好简烦杂的,他们恐怕不会花时间去理解"前途光明的行业里选择失明"这个句子背后的"深奥"立意,相反一眼就能看懂的"你呢?"倒是更可能会被迅速理解和接受。

(三)雷区三:设置高门槛

"智者筑桥,愚者筑墙。"是一句来自非洲的谚语。可以理解为聪明人重视沟通与交流,只有愚蠢的人才会把他人挡在高墙之外。这句话放到新媒体标题的策略上也同样适用,直白来讲就是,不要为理解标题设立太高的门槛。

标题门槛太高就是指读者读完了标题,感觉这个标题很厉害,但离自己太远。那么我们要做的,就是消灭掉"高墙",筑起内容和受众之间的"桥梁"。

我们来看以下两个标题的对比。

比如某公众号平台最初拟定的这个标题:《腾讯大规模招人,抖音的危机来了?》,更改后的标题变成了《这可能是你近 2 年入职腾讯的最好机会》。数据统计这篇阅读量最后是平常的 1.5 倍。①

更改前的标题,将腾讯和抖音两大互联网巨头放在一起比较,确实够"高大上",似乎在为互联网行业指点江山、探清方向。但"高大上"是受众打开内容的理由吗?恐怕并不是。而更改后的标题将"高大上"的互联网巨头腾讯直接和"你"的职场机遇产生了关联,桥梁便搭起来了。这种推翻高墙、搭建桥梁的办法,就像是给一个做了一辈子家庭主妇的 80 岁老婆婆解释金融危机的影响,比起根据经济学理论阐述社会的宏观影响,不如简单地告诉她菜市场的鸡蛋、猪肉价格可能会因此飞涨,更能让她产生兴趣。

---

① 套路编辑部. 阅读量暴跌后,我总结出了 8 个起标题雷区[EB/OL]. 2020-07-13. https://mp.weixin.qq.com/s/VQLU5fqhxXBJI-Luy85UOw.

总之，虽然一个标题的好坏并没有统一的业界标准，唯一的标准就是市场的反应，比如标题的一次被打开率、系统的推荐质量等。因此，本节虽然总结出了好的标题创意和需要规避的误区，但新媒体的营销者还是只有从无数次的实践中，根据受众的反馈去不断总结优质标题创意的规律。

第二节 "自我为中心"的内容消费者

想象一下，在一条嘈杂的街道上，怎样才能迅速获得你的注意力？大喊一声你的名字应该是一个不错的办法。人的大脑对于"与己相关"的信息总会分外敏感，内容消费者也一样。人们实际上总是格外愿意消费能够与自己产生关联的内容，这是我们在进行内容创意、生产与营销的环节中应该纳入考虑的重要因素。

一、WIIFM 原则

美国权威的营销心理学家丹尼尔·斯塔奇（Daniel Starch）曾提出，对于内容营销者来说，要始终记得：当你在向你的消费者营销某种产品时，他们并不关心你的生产技术是否先进、你的公司产地面积、你有多么不得了的先进设备，以及你拍摄设备时那炫技似的拍摄技巧，这些因素对于受众最终的消费决策来讲影响甚微。斯塔奇研究表明：人们永远最为关心的是——他们自己！一手打造出美国广告培训业巨头 CA$HVERTISING 的德鲁·埃里克·惠特曼将受众的这种"自我为中心"的心态总结为 WIIFM 原则，即"What's In It For Me"——我能从中得到什么好处？[①]德鲁为所有的内容创意和营销者们提供了一个可以练习自己的内容是否能够体现 WIIFM 原则的小游戏，以确保内容能够切中消费者的需求要害，并非是孤芳自赏地自说自话，下面是关于这个小游戏的基本模式。

该游戏需要两个人以上参与，其中一个人扮演内容营销者，其余人扮演潜在的消费者，营销者需要从介绍自己的产品或服务的一个特色开始，当营销者所述内容没能体现出对消费需求的满足时，扮演潜在消费者的人需要做出厌恶的表情，并振臂高呼："我能从中得到什么？"

营销者："我将要向你推广一部最新出版的书籍。"

潜在消费者："我能从中得到什么好处？"

营销者："你会清楚了解到与内容营销相关的有用内容，这对于你的专业来说很有帮助。"

潜在消费者："这是不错，但市面上有很多这样的书啊。"

营销者："但这本书是由业内的专家×××写的。"

潜在消费者："哦，我能从中得到什么好处？"

营销者："除了独一无二的干货分享外，还能得到其独家版权的视频、音频营销案例的免费赠送。"

潜在消费者："听起来很值，但会不会售价比较贵？"

营销者："现在正在做超值折扣的新书推广，现在购买可以省下 50% 的费用。"

---

① 德鲁·埃里克·惠特曼. 吸金广告, 史上最赚钱的文案写作手册[M]. 焦晓菊, 译. 南京：江苏人民出版社，2014.

潜在消费者:"嗯,那听起来值得考虑一下。"
营销者:"另外,购买本书的读者还可以加入我们××平台的线上会员俱乐部。"
潜在消费者:"我能从中得到什么好处?"
营销者:"得到独家的内容营销专家的线上课程参与机会,关键是,免费!"
……

这个游戏的关键在于,扮演潜在消费者的人数可能是营销者的数倍,当多个潜在消费者针对营销者的每一条内容提出"我能从中得到什么?"的"刁难"时,营销者可能一开始会感觉手足无措,但等练习结束后,才会更清楚应该如何进行推广和营销,因为此时的营销者更清楚他的受众/消费者真正想要的是什么。

因此,对于内容创意出发点以及营销核心策略来说,文案是否拥有华丽的辞藻、内容表现手法是否具有技术含量,都不是最关键的。最关键的是,弄清楚内容消费者真正关心什么、需要什么。相关的学者和业内人士对于"人们到底想要什么"这个主题进行了多年的钻研,虽然这个问题并没有一个举世公认的标准答案,但是我们还是总结出了一个能够概括人类八种基本欲望的框架,我们称之为"八大原力"(Life-Force 8,LF8)。①

①生存、享受生活、延长寿命。
②享受食物和饮料。
③免于恐惧、痛苦和危险。
④寻求性伴侣。
⑤追求舒适的生活条件。
⑥与人攀比。
⑦照顾和保护自己所爱的人。
⑧获得社会认同。

在20世纪的二三十年代,邮购专家霍尔德曼·尤里乌斯的图书销量达到2亿册,其书籍的营销手段更是堪称经典——如果某本书销量不好,他就会更换书籍的营销文案,甚至书名!我们可以看看他所更换书名时所体现出的对"八大原力"②的运用(如表3-1所示)。

表3-1 尤里乌斯新旧书名对比

旧书名	年销量(册)	新书名	年销量(册)	对应的"八大原力"
《十点钟》	2000	《艺术对你意味着什么》	9000	八大原力之⑧
《金羊毛》	5000	《追求金发情人》	50000	八大原力之④
《矛盾的艺术》	0	《怎样合乎逻辑地辩论》	30000	八大原力之⑥
《格言警局》	2000	《人生之谜的真相》	9000	八大原力之①

"八大原力"是人与生俱来的欲望合集,当然,人们在成长过程中,还会从社会活动中不断习得新的需求和欲望,这些后天习得的需求也被研究者归纳出九种主要类型。

①获取信息的需求。
②满足好奇心的需求。

---

① 德鲁·埃里克·惠特曼. 吸金广告,史上最赚钱的文案写作手册[M]. 焦晓菊译. 南京:江苏人民出版社,2014.

② 同①.

③保持身体和周围环境清洁的需求。

④追求效率的需求。

⑤对便捷的需求。

⑥对可靠性（质量）的需求。

⑦表达美与风格的需求。

⑧追求经济（利润）的需求。

⑨对物美价廉的商品的需求。①

研究者还指出，欲望与它带来的结果之间的相互关系为：压力＋欲望＝满足欲望的行动。简单来讲，当内容为人们带来欲望的同时，也为其带来需要满足欲望的压力，两者相加，就可以催生出满足欲望的行动，比如消费行为的产生。因此，我们可以接下来引入一个叫作"AIDMA＋双S"的模型，以分析引导消费行为的过程。

二、"AIDMA＋双S"模型

AIDMA 是消费者行为学领域成熟的理论模型之一，由美国广告学家 E. S. 刘易斯在 1898 年提出。该理论认为，消费者从接触到信息到最后达成购买，会经历五个阶段。

A：attention（引起注意）——按照我们上文的论述，与"我"相关的内容最容易引起受众的注意，比如标题为"关于内容营销的九个原则"与"改变你职业生涯的九个营销原则"的标题相比，后者在引发受众注意力方面的胜算更大。

I：interest（引起兴趣）——让受众进一步感知内容与自己欲望/需求满足之间的关联性，产生进一步探索的兴趣。

D：desire（唤起欲望）——推销茶叶的要随时准备茶具，给顾客沏上一杯香气扑鼻的浓茶，顾客一品茶的美味，就会产生购买欲；推销房子的样本间，让顾客可以想象入住之后的美好体验；餐馆的入口处要陈列色香味俱全的精制样品，让顾客舌尖能够唤起对食物的想象。这些营销手段都是在说明，通过将受众抽象感知具体化的做法可以激发受众欲望，从而达成消费。对于内容的消费也是如此，这一部分我们将在第三部分"感观的共鸣"中进一步阐述。

M：memory（留下记忆）——印象深刻是激发消费行为的重要因素，也是培养黏性消费者（俗称"回头客"）的重要保障。当营销发挥作用，受众对内容营销留下深刻印象时，即使不能激发当下的消费，但只要受众有相关的消费需求，他们会第一时间想到你的产品。

A：action（消费行动）——他们消费了！这在传统的营销理念里，会认为是大功告成的最后一步。

但在新媒体时代，受众的一次消费行为并不是结束，因此我们添加了"S"这一要素，即"share"，分享行为。

S：search（搜索）——这是我们在刘易斯的基础模型上增加的第一个"S"，在互联网时代，受众往往会通过各种网络渠道搜索引发他们兴趣的产品，搜索的信息往往用于作证即将产生的消费是否合理，以及比较不同购买渠道的价格优势等等，总而言之，受众的

---

① 德鲁·埃里克·惠特曼. 吸金广告，史上最赚钱的文案写作手册[M]. 焦晓菊，译. 南京：江苏人民出版社，2014.

主动性增强，这是我们必须意识到并且提前做好充分准备来应对的重中之重。

S：share（分享）——受众看了苹果公司 2020 年春节期间推出的短片《女儿》，引发了强烈的情感共鸣，最终促使了他的购买行为，但这还不够，营销者希望的是，他能够将这部打动他的短片在社交媒体上进行分享和转发，使这部短片如同病毒一样借助社交网络实现裂变式的传播规模，最终能够带动更多的人对品牌产生好感，提升销售规模。微信公众号的一篇好的文章，原始的阅读量是对其优质与否的考核标准之一，但该文章的转发量也同样至关重要。Buzzfeed[①]的病毒传播系数计算方式为：Viral Lift = 1 + 传播阅读量/一次阅读量，其中传播阅读量考核的就是内容脱离其原始平台带来的传播规模。内容营销的任何东西，都希望能够赢得好的口碑，口碑即口口相传的认可。激发受众对内容的分享欲，或者对消费体验的分享，都是内容营销者非常期待的结果，也是新媒体时代一次成功营销必须实现的环节。

三、感官的共鸣

一个有趣的现象是，人们在满足自己欲望时会觉得非常愉悦，但更有意思的是，人们在看到别人满足他自己的欲望时，也会感到很满足。因此，营销者可以利用这个心理，用文案为受众描绘出一个具体的、生动的欲望满足的过程，使消费者产生共鸣，从而激发其满足欲望的行动。

营销者可以通过使用一种既具体又形象的语言，在受众脑子里安装一部精神电影，让受众能够与内容所描述的场景产生一种想象中的感官共鸣，这将让受众有一种欲望得以满足的愉悦感。

比如德芙巧克力的"牛奶香浓，丝般感受"这一广告语已经成了巧克力界的经典广告语。短短八个字，却准确描述了该巧克力的牛奶香味和口感。广告运用水平思考的创意手法，把巧克力细润的口感用丝绸来形容，充分利用通感，把语言力量发挥到极致。当消费者看到这则广告，听到广告语时，很难不联想牛奶巧克力融化在舌尖的感受，从而食欲大增，诱发消费行为。

总结起来，营销者需要通过精神电影唤起受众对于以下五个关键要素的感官共鸣。

①视觉：景象。
②听觉：声音。
③动觉：感觉或情感。
④嗅觉：气味。
⑤味觉：味道。

这些要素，也就是人类的官能。任何时候人们在生活中经历任何事，都会被这五个要素中的一个或多个记录下来，我们把它们统称为"内在表征"（internal representation, IRs）。因为它们从内部，从人们的大脑中，呈现了人们的经历。实际上，每当受众被一些内容唤起这种内在表征时，不管是昨天吃的牛奶巧克力，还是五岁时摸过的一只恶心的虫子，都进入了一种"等同于"经历的固定模式，或者是一种感官上的共鸣。

又回到我们之前的话题——潜在消费者对创作者的产品毫不关心，他们只关心创作的

---

① BuzzFeed 是一个美国的新闻聚合网站，2006 年由乔纳·佩雷蒂（Jonah Peretti）创建于美国纽约。

内容如何满足他们的需求，或者改善他们的生活。因此，启动受众的"等同于"经历模式，在他们脑子里上演一部生动真实的精神电影，会使得他们对创作的内容产生深刻的"与己相关"的感受和体验，从而对内容印象深刻，达成营销目的（如表3-2所示）。

表3-2 案例展示与对比

普通文案	激发感官共鸣的文案
赚很多钱	每周可赚1万元人民币
好吃的苹果	牙齿一咬就流出甜蜜汁水、发出清脆响声的、清香四溢的苹果
家里有蟑螂对你的健康是极大的危害	蟑螂会悄悄爬过你的洗脸巾，并在上面产下它一连串的虫卵
使用该沐浴露会让你的皮肤很滑	你的皮肤会像刚剥壳的鸡蛋一样细嫩，肤质会如同一块豆腐一样白皙水嫩

值得注意的是，文案所使用的形容词语越具体，描绘的画面越清晰，就越能触发受众的感官共鸣，甚至通感（比如视觉到味觉）。但是，文案的形容一定要基于受众的普遍经历，否则这种启动就会失效，比如"石榴的香气"就不如"茉莉花的香气"让大多数人能够形成感知。另外，感官的共鸣也有可能带来负面的体验，比如它让人联想到经验中的一些不好的感觉（就像前文所说的摸过的恶心的虫子、对蟑螂的感受等）。有时候，负面的感受会让人产生恐惧，就像"如果你不这样做"，就会产生某种不好的体验的欲望激发公式一样，通过向受众施压使其完成相关的消费，但这种方式一定要谨慎使用，因为它也有可能让受众因此对营销者所营销的内容也产生负面的情绪。

第三节 出奇制胜

这是一个瞬息万变的时代，一顿饭的工夫就能错过一个热点话题；一篇"10万+"的公众号爆文，可能在四小时内就销声匿迹了。面对如此激烈的竞争，品牌文案如何在海量信息中脱颖而出？出奇制胜是常见的技巧。"奇"指的是富有创意，而竞争对手又预想不及。"奇"还包括不与对手正面较量，攻其薄弱无备之短处，避其有实力有备的长处，所谓以己之长攻人之短的战术。

一、创意内容表达

创意不是拍脑袋就能想出来的，在内容过载的新媒体环境下，好的内容创意只会越来越难。

随着新媒体内容市场竞争进入白热化，眼下的市场对优质创意的需求已经接近让人焦虑的状态。最关键的是，究竟应该如何构建起"我觉得好"与"消费者觉得好"之间的桥梁，很多创意的开发者都对此困惑不已。比如，很多人本以为热点能成就品牌，实际上热点可能只是传播的"烟花"，绚烂一时但不一定为内容留下代表着记忆点的痕迹。

创意的昂贵和稀缺，让所有的创意营销者面临着前所未有的挑战。为了应对这种挑战，我们可以从以下角度出击。

（一）让文案更加具象生动

人对陌生的东西会天生没有安全感并抵触，但是有画面感的文案是一种沟通方式，能让用户短时间理解各种未知事物、未知产品、未知概念或者未知功能，并产生具象的画面，威力强大。

当时苹果推出 ipod 的时候，乔布斯在发布会上直接就说："把 1000 首歌装进口袋。"虽然当时 ipod 是一个所有人都不清楚的未知产品，但不得不说，每一个人利用过去的经验都可以马上听懂这句文案，把抽象的数字化音乐转化为能够"装在口袋里"的物件，瞬间产生使用的画面感，强化了消费者的记忆和认知。

再比如印度文案大师 Freddy Birdy 的长文案"孤独跟关节炎一样痛"，呼吁多花点时间陪伴老人。

孤独跟关节炎一样痛。
露出笑脸会花掉你多少钱？半个小时。
三块自家做的蛋糕。自家采摘的花朵。
你男朋友的一张照片。一个长途电话。
问一些问题。读一篇小说。听一个故事。
遛狗。换一个灯泡。讲一个笑话。
调情、闲聊、笑、聆听。
你只要花一点儿时间陪陪老人就够了。

对于老年群体来说，关节炎这种慢性病，不会致死但是会带来长久的折磨。文案中把孤独比喻为关节炎，这不是简单的修辞，而是内容创作者深刻的洞察，能将孤独这样抽象的精神体验转化为肉体的疼痛体验，从而让人更能够产生共鸣。

另外，"一点儿时间"也是一个抽象的概念，文案创意者把它通过类比的方式，与人们生活中熟知的、常见的、稍纵即逝的事情相对比，让抽象转化为了具象。更重要的是，大家是否注意到，相类比的对象都是能够产生积极情绪的——比如"读一篇小说""遛狗""讲一个笑话"这对于引发受众的正面情感共鸣有着潜移默化的作用。

场景化打造同样能塑造画面感，内容创作者可以通过文案将消费者放入想象的场景中，引发情感、体验、价值观等方面的共鸣。

比如一个叫步履不停的女装品牌的文案，它将乏味的办公、会议以及地铁这些目标人群熟知的场景，在同一时间维度下和海洋、雪山、鳕鱼、山鹰等其他风景事物进行对比，描述了用户各种现实与理想偏差的场景。

你写 PPT 时，阿拉斯加的鳕鱼正在跃出水面
你看报表时，梅里雪山的金丝猴刚好爬上树尖
你挤进地铁时，西藏的山鹰一直盘旋云端
你在会议中吵架时
尼泊尔的背包客一起端起酒杯坐在火堆旁
有一些穿高跟鞋走不到的路
有一些喷着香水闻不到的空气
有一些在写字楼里却永远遇不见的人
出去走走才会发现
外面有不一样的世界，不一样的你

抽象的诗和远方转化成我们每天都在体验的生活场景，受众的文案感知力有了支撑

点，更能够产生代入感。

（二）没有互动就没有营销

作为世界两大顶尖汽车品牌，奔驰和宝马在社交媒体上不定期的互动堪称营销典范。例如2021年1月29日，是奔驰品牌成立135年的日子，宝马新浪微博官方账号"宝马中国"@了奔驰新浪微博官方账号"梅赛德斯-奔驰"，大方送出祝福："嘿，老伙计，知道你已经不习惯别的口味了，第135个生日，许个愿吧。"并配上身穿带有宝马（BMW）Logo围裙、手拿烹饪工具的赛车手照片。奔驰也热情回应："谢谢老伙计，生日愿望这种事说出来就不灵了。你的135岁，我们也一起过。"该条微博内容获赞量高达2599次，热门评论高呼："哦，这微妙的CP感！"营销效果显著。这样的互动显然并非首次。2016年3月7日，宝马成立一百周年的日子，130岁的"前辈"奔驰就在其Twitter和Facebook上发布内容："感谢100年来的竞争，没有你的那30年其实感觉很无聊。"

事实上，无论是这种具有幽默感的、被网友戏称为"相爱相杀"的互动，还是英雄惜英雄式的相互喊话，都可以增强彼此的品牌曝光度和影响力，提升品牌在社交媒体平台的话题度，是一种基于战略合作伙伴的营销模式，可以潜移默化地实现两个品牌的销量转化。

（三）情绪撩拨

"520表白日"是年轻人的互联网节日，花束礼品的售卖总是在这一天最为火爆，商家绞尽脑汁地为人们提供用以表达深情的产品。但是，上海一家花店却反其道而行之，推出分手花店（如图3-2所示），人气不降反升。节日是对受众进行情绪撩拨的重要节点，通过塑造仪式感强化受众对于某个节日就应该拥有某种情绪的认知，但在一窝蜂想要以"幸福"为情绪支点的营销者中，分手花店的文案融入互联网"丧文化"①的语境——"谢谢你的一句分手把我打倒，嗯，躺着真好！""生活不止眼前的苟且，还有前任发来的请帖。""分手就分手，要把花带走。"给"不幸福"的人构建了情绪支点，抓住了市场空白，是一个聪明的营销策略。

图3-2 "分手花店"的部分海报

---

① 根据百度百科："丧文化"是指一些"90后""00后"的年轻人在现实生活中因为生活、学习、事业、情感等的不顺，在网络上、生活中表达或表现出自己的沮丧而形成的一种文化趋势。

曾在互联网引起一定关注的"答案茶",被称为一款会"占卜"的茶,在营销文案中,它宣称"无论什么问题,只要你写下来并在心中默念五遍,茶面上就会神奇浮现出问题的答案"。而事实上,"答案茶"只是简单地利用咖啡拉花机,在茶面上写出一些文字,大多数消费者肯定不会相信一杯奶茶的占卜能力,但它的流行更多的时候无关答案,只为满足一种情绪上的期待和释放。比如,"什么时候涨工资?""可以考上大学吗?"之类的问题。"答案茶"的营销策略也值得新媒体内容创意和营销者们借鉴,在新媒体的环境中,消费者并不一定想要依靠谁指点迷津,但如果创作的内容能够作为他们的情绪支点,能够代其表达和抒发,那么一定会获得不错的反响。

(四)反差转折,出其不意

文案不能只是平铺直叙,一个自带转折、与预期相反的文案,有助于让文案脱颖而出。比如网购平台网易考拉的文案:"有时候上帝为你关上一扇门,不要生气,他只是为了让你在家好好收快递。"

手机品牌魅族推出新款机型 PRO 6 的发布会上,没有采用任何华丽的邀请函,而是反其道而行之地使用了草稿纸上写字的"非正式"形式,用巨大的反差一下子抓住消费者的目光。它说:"对不起,这也许是史上最简单的邀请函。因为,面对 PRO 6 我们发现,再好的创意也是噪声而已。"出乎意料的内容形式,让很多参会者还没有到现场就开始用社交媒体对 PRO 6 的举动进行传播。

(五)正向情感传递

在观点众多、价值观争鸣的新媒体内容市场,"三观正"似乎成为一句了不起的褒奖之词。"三观正"的传播者自然会赢得受众的好感。什么是"三观正"?简单的理解就是让自己的观点与目标受众群体能够接受的、想要弘扬的价值观一致,让受众借由内容的正向情感对传播者产生正向情感。比如雕牌通过宣扬一系列正能量的关于家庭的价值观念——"雕牌新家观",借助网络热词,与消费者的生活、情感、日常及社会普遍价值观相结合,传播效果实现的同时,也对品牌形象的积极构建有所帮助(如图 3-3 所示)。

图 3-3 雕牌洗护品宣传①

———————
① 图片来源:雕牌新浪微博官方账号。

（六）虚实结合，效果叠加

一向只在虚拟的网络世界中被人熟知的网易云音乐，在地铁上采用用户的音乐评论做广告，从虚拟走向了现实，塑造了更鲜明的品牌认知度。2018年更是开了一家以网易云热评作为背景的体验式酒店（如图3-4所示）。这种线上线下虚实结合的营销方式，目前也是不少互联网起家的品牌正在探索的方向。

图3-4 "网易云音乐"主题酒店①

例如，知乎作为一家互联网公司，不仅开了线下的"不知道诊所"，还开了"有问题酒店"，虚拟的东西变得可感知、可体验了，从而提升了品牌显示度，实现了线上线下的营销叠加效果。

（七）降低"姿态"，迎合受众

营销不是搞艺术，不可摆出清高的姿态。在互联网带来的草根狂欢时代，去阶层化成为网络营销的一种策略，也就是说，要想让自己的创意被受众"喜闻乐见"，就要懂得如何将原本"高大上"的东西包装得平易近人。

例如，《女王范》是漫画家顾爷与珠宝品牌CHAUMET合作的作品，它通过谐谑的、漫画式的品牌解读，将珠宝品牌CHAUMET的历史故事传递给消费者，有效缩短了高端奢侈品牌与普通网民的距离，成为内容营销的优质案例。

2020年年初，故宫淘宝为了推荐一款骨瓷的杯子，"脑洞大开"创作了长图文《她比四爷还忙》。故宫的符号意义免不了与帝王将相挂钩，如何让故宫品牌"飞入寻常百姓家"，该创意的策略是将沉闷的历史转化成热门电视剧里四爷和若曦的爱情故事，其内容创意与营销效果甚至引起《人民日报》的关注与转发。

无论是昂贵珠宝，还是有着"皇室血统"的故宫，都不得不在新媒体时代将自身的营销创意融入普通老百姓容易接受的内容中，这些品牌都只作为内容的一个"有机的"参与者的角色出现，去掉营销的生硬话语，并且在内容中融入互联网受众所关心、热爱、接受的语态和话题，借助内容成为受众的"同类"。

（八）采用拟人手法

"人物"是一个引人注意的故事永恒的主角，古往今来，无论人们在讲述关于动物、

---

① 搜狐号红星资本局，https://www.sohu.com/a/227183424_100126234。

植物或神话人物相关的故事时，都不由自主地将其拟人化地塑造，赋予它们人类的喜怒哀乐和行为举止模式，因为只有这样才能让人更愿意听和更听得懂。

写文案的时候也是如此，拟人的手法对于吸引和打动受众而言是非常奏效的。比如，给商品赋予人格化的特征，这段经典的长城葡萄酒文案"三毫米的旅程，一颗葡萄要走十年。——长城葡萄酒"，就是利用了拟人的手法。"三毫米"的微距和"十年"的漫长，一颗葡萄的"艰辛历程"在拟人化的对比中得以彰显，长城葡萄酒品牌想要突出的匠心酿造工艺，就更能让消费者感知到了。

（九）不要试图掩盖危机

传统媒体时代，所有的营销手段几乎都在塑造一个高大上或者完美的品牌概念。如今消费者已不再接受这种理念，被营销的主体很多时候甚至要敢于承认自己品牌的不完美，甚至敢于"自黑"。为什么呢？其中一个重要原因是新媒体的传播环境使信息愈发透明化，负面消息产生以后，试图掩盖它很有可能会弄巧成拙，与其闪烁其词使得自己成为不真诚的代言人，不如大方应对，找准机会化劣势为优势。

比如，被戛纳国际创意节授予"最佳创意营销商"的汉堡王就是一个敢于"自黑"的品牌。厨房多次着火的汉堡王餐厅，本应该为此开启危机公关模式，表示自己会严查门店消防措施，排除大火隐患……但汉堡王却没有这么做。2017年2月27日，这个美国连锁汉堡公司把三场大火的场景加上自己的Logo与一句"专注火烤烘焙63年"（Flame Grilled Since 1954）的文案，做成了平面海报（如图3-5所示），该项目拿下了2018年D&AD英国全球创意Press Advertising报刊广告类黄铅笔奖。

图3-5 "汉堡王"着火海报①

（十）短小精悍的"轻量化传播"

传统媒体时代的"大创意+大媒介"，并用"产品+广撒网式覆盖"来驱动的时代已经结束。为了适应碎片化的内容消费习惯，数字媒体时代的营销变成了"大创意+多媒介"和"小创意+多媒介"的形态。轻量化传播的概念便在这个背景下受到关注。

轻量化的概念最初起源于登山者，将登山的背包尽量精简，让自己轻装上阵，便可步履轻快地加快登山速度。那么以此类推，轻量化的传播，也是希望能够靠尽量简洁的表达方式满足受众的碎片式消费习惯，让内容轻装上阵，加快传播的速度。比如，让内容只占据手机"一屏"的内容，就是轻量化传播；用一幅图代替长图文来呈现营销内容，也是符

---

① 阳光环球广告网 http://www.bjyyh.cn/company/7940.html。

合轻量化传播宗旨的。

例如，淘宝旗下的食品生鲜配送平台淘鲜达的海报文案，就是属于"轻量化"的文案：你的事"柿"顺、双击6"榴"6、不要太"芒"啦……（如图3-6所示），一张图、几个字，言简意赅地凸显文案创意主题。

图 3-6　淘鲜达的海报文案①

由今日头条联合出品、网红艺术科普作家顾爷制作，肯德基 Chizza 冠名播出的短视频栏目《你好!艺术》系列在今日头条客户端首发，第一集《画得不像就是艺术?200秒带你看4个颠覆艺术史的大魔王》上线12天就突破了千万次播放量，一时引发热议。宏观而深奥的艺术史，被"轻量化"为200秒就可以看懂的内容，瞬间降低了受众的内容消费难度，提升了内容的被打开率和完播率。

二、需要重新定义的创意"奇"招

出奇制胜能够为新媒体的内容和创意的营销赢得机会，那么这个"奇"应该如何构建？这是人们理解"奇"，从而能够制造"奇"的关键。那么接下来，我们将围绕创意中"奇"的构建基础到底包含哪些要素进行归纳。

（一）新的消费主张

在消费升级的时代，每一个消费者对于生活细节都有着极致的追求，消费主张也从拥有更多到拥有更好，满足功能到满足情感，物理高价到心理溢价，追赶他人到彰显自我——新媒体的营销者需要讲好消费升级时代下新的品牌故事。例如，相比于实惠，精致愈发成为当下生活的日常，但新媒体营销语境下的精致不能脱离消费者的日常框架，变得高不可攀，而是要让营销创意或文案展现出一种"你能够消费得起的精致"面貌。例如，小罐茶的"小罐茶，大师作"、乐青岛白啤全麦白啤"精酿心生活"等文案，都在表达如何用一个并不昂贵的"小"产品提升生活的精致度，用"精致"理念呐喊新消费主义的口号。

（二）新的话语体系

成长起来的"90后""00后"逐渐成为互联网消费的主力军，意味着在新媒体时代，品牌要重视年轻人，用"年轻态"的话语体系构建新的内容形态，让年轻人参与创意和传

---

① 淘鲜达新浪微博官方账号。

播。例如，vivo 手机，在用鹿晗等青少年喜爱的明星代言的同时，还通过在大学生相关创意大赛中植入品牌，号召大学生群体来参与广告创意，使得 vivo 在大学生群体中的品牌渴望度从第五上升到第三位。

共青团中央新媒体平台前负责人之一、中国青少年新媒体协会常务理事闫光宇谈过他在运营共青团中央微博账号之初，曾经由于网友对于政务微博的刻板印象而收到许多不友好的声音。但让他意外的是，支撑账号发展壮大的主力人群，是"90后""00后"组成的青少年群体。目前，共青团中央微博账号粉丝数量超过1500万名，居新浪微博政务排行榜团委榜第二名，这与其能在语态、选题等方面融入青少年话语体系是分不开的。例如，对目前在青少年中颇为流行的汉服文化进行科普（11月4日发布的微博《"汉服源于韩服"？笑话！》）、在微博文案中使用"蜀黍（网络语言中的叔叔）"等网络用语，以及对青少年所关注的网络热门话题的及时跟进与调侃式讨论（11月9日发布的微博话题#如何看待凡尔赛花式炫富①#）。

综上所述，我们可以说，得青少年者得未来。

（三）对技术的新认知

有人说，信息技术的发展使创意变成了炫技，增加了"机器"的痕迹，而少了属于人的匠心。实际上，好的创意者，并不是技术干掉创意，反而要让创意去提升技术的价值，从洞察、创意、技术、内容到媒介的协同共生，才是新媒体时代的创意的系统逻辑。因此，掌握内容创意的人与掌握前沿技术的人，与消费者需求相结合，才可以让数字营销变得更有穿透力。这不是一个随便贴一张海报就可以吸引流量的传播时代，任何一张海报，即便只是在朋友圈传播，也要去思考场景、传播对象、语境，构建用户协同化的营销新界面，才能使技术成为创意高飞的翅膀。

第四节　情绪的刺激

先来看一则关于眼镜的宣传文案。

U2 树脂镜片，具备极地摩擦系数，能够减少划痕的产生，提升视觉体验与舒适度；而且镜片采用非球面设计，保持视物清晰不变形，让您拥有完美的视野。

这段文字对镜片功能的讲述清晰流畅又非常专业，也能够突出产品的优势，但总觉得有点乏味。

我们可以对这则广告稍作修改，运用人称代词拉近与消费者间的距离，再营造一个消费场景试试看。

你知道吗，普通近视镜片的摩擦系数一般较大，这就使得镜片容易产生划痕，试想一下，比如您正在开车，镜片上的划痕不断干扰您的视线，那将会多么危险！而我们这款 U2 树脂镜片就能帮你解决这些问题。②

---

① 凡尔赛式炫富，是网民创造的词汇，用来形容假装低调实则处处彰显自己富贵身份的网络炫富文体。该名词出自讲述路易十六的妻子上流生活故事的日本漫画《凡尔赛玫瑰》。

② Leo. 情绪刺激：为什么有的广告，你看了就想动？[EB/OL]. 2020-09-10. https://www.sohu.com/a/193747559_728830.

改动后的文案加入了让消费者会产生恐惧的情绪刺激因素——不使用该镜片会导致车祸的可能性！在害怕和担忧的情绪刺激下，消费者的购买冲动才能被充分调动，就如同读小说时，我们随着情节的跌宕而或喜或悲，内心丰富的情感就被激发出来了。因此，当潜在消费者成为广告中的主角，融入整个场景里真切体会其中的情绪时，如果有相关的产品能够帮助他增强正面情绪或缓解负面情绪，自然而然便会激发出他的购买欲。

一、情绪营销的概念

新媒体时代的广告营销，有别于以往的创意营销、体验营销、口碑营销等，以"情绪"作为卖点，比如"丧文化"、正能量、贩卖焦虑、贩卖鸡汤及恐吓营销等都将目标瞄向互联网受众的情绪燃点。

情绪理论中的领袖级人物罗伯特认为，人类有八种基本情绪，即生气、厌恶、恐惧、悲伤、期待、快乐、惊讶、信任，这八种情绪的交叉、组合构成了多层次、多元化的心理状态[①]。情绪理论是情绪营销的基础性理论，但随着时代的快速变革，这些基本的情绪会衍生出更具多元化、复杂性的情绪，并且难以洞察和精准把握。甚至有研究者将情绪进行了更为逻辑化的归纳：情绪是大致可以分为积极情绪、中性情绪以及消极情绪，因此可以以时间为横轴（如图3-7所示），消极到积极的情绪为纵轴进行象限的划分，四个象限内分别对应着不同情感，用以归纳人们在时间维度上可以调动的情绪有哪些，这也为进行情绪营销的方法论研究提供了参考。

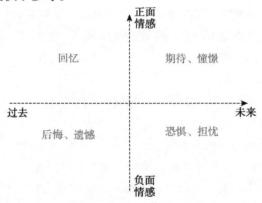

图3-7　时间维度上可调动的情绪（图片来源于网络）

所谓"情绪营销"，是指销售者在产品宣传中充分满足消费者的情感需要，抓住与消费者心情共通的意义空间，让消费者在购买产品的同时充分抒发内心的情感，并能让消费者的情绪在人内传播、人际传播、群体传播等不同传播类型之中实现交流与回响，从而加强个体认知与群体归属感。[②]

情绪营销与"以用户为中心"的营销理念是吻合的，都是以探索产品功能和特性以满

---

① 何怡然. 从直观到内涵的世代交替——融媒体环境下广告的情绪营销战略[J]. 新媒体研究, 2018(20): 57-58.
② 朱红羽, 张笑. 情绪营销：软饮料瓶体广告如何激发受众共鸣?[J]. 销售与市场（管理版）, 2018(7): 78-81.

足用户需求为基础，快速并精准地洞察用户情绪，通过设定的特别场景迎合消费者的心境，达到情感宣泄的作用，从而让情绪进一步推动购买行为，最终实现品牌营销的目的。

二、刺激情绪的策略

产品本身并不具备情感，但通过多元化的广告形式渲染，赋予了产品鲜活的生命，使产品摆脱了冷冰冰的面孔，时刻调动着消费者的感官，甚至还能成为消费者的感情归属。那么如何才能有效地刺激消费者的情绪呢？接下来，我们将围绕着这个问题展开讨论。

（一）用户群体的情绪的刺激步骤

生理唤醒。洞察、生理唤醒和场景解决是准确地确认用户的情绪并进行刺激和转化的三个关键步骤。第一步洞察。在大数据时代，通过云端计算功能和全体画像技术来刺激特定用户的行为并接收反馈，这是实现"有针对性地洞察情绪"这个关键步骤的技术支撑。第二步生理唤醒。根据受众的不同画像，我们可以采取不同的方式进行"唤醒"，例如，基于男女性别特征的不同，唤醒情感的方式和方法也不同——根据数据显示，女性更容易被"满意"和"幽默"的情绪所激发，而男性则倾向于被"兴奋"和"愤怒"的情绪所激发。第三步场景解决。在准确洞察观众的情感，确定其生理唤醒特征后，再运用正确的场景进行合理化设置，最大限度地表达情感。

（二）激发情绪共鸣的方法

激发情感共鸣是我们对受众进行情绪刺激的主要目的。情绪共鸣是指双方的沟通在一个频率上，对人或事的态度高度统一。与消费者的精神和情感的统一对于营销者来说自然是梦寐以求的。那么如何激发情感共鸣呢？首先我们来看几个案例。

1. 借助关键情绪节点

2018年，苏宁在70个城市开设了4000多家门店，但一年过去了，消费者对苏宁门店的整体形象一直较为模糊。2019年开年之际，苏宁小店开展了品牌美誉度和影响力提升活动，为了在"三公里零售圈"树立品牌形象，苏宁小店深入到想要覆盖的社区，了解人们的消费行为。

通过调研发现，时值新年来临之际，年味正变得越来越浓，许多人已经收拾好行囊，踏上了回家的旅程。然而有一群人，他们在春节阖家欢乐之际不能回家，仍然坚守在自己的工作岗位上。苏宁小店以此致敬在春节期间坚守一线的劳动者，把镜头对准了在北、上、广、深过春节不回家、守护城市灯火的这群人。苏宁小店为城市守护者提供免费早餐和新年礼物，当他们进入苏宁小店时，还能泡一碗方便面，接一杯热水。苏宁小店以他们为采访对象，搜集了8600多个真实故事，社交媒体话题累计阅读量2760万。与此同时，苏宁联手公众号"新世相"在社交媒体上掀起了关于"不回家过年的人"的话题讨论，创建多篇"10万+"微信文章，点赞好评超过100万条。[1]苏宁易购将这一线上线下的系列项目称之为"三公里灯塔计划"。

"三公里灯塔计划"引发了社会的关注和讨论。《人民日报》在脸书上全文转载苏宁

---

[1] Mofi. 事件营销如何触发群体"情绪共鸣"?[EB/OL]. 2020-09-10. https://www.adquan.com/post-2-288480.html.

制作出品的"三公里灯塔"公益短片,将中国的"城市守护者"推向了世界舞台。拥有6700多万粉丝的《中国日报》官方账号在脸书上转发评论道:"他们牺牲了与家人团聚的机会,只为让更多的人能够平安、团圆。"苏宁小店的行动将一个品牌的传播上升为一次致敬劳动者的全社会层面的宣传活动。

总的来说,回望苏宁小店《三公里灯塔计划·致敬城市守护者》之所以有如此大的影响力,是因为它借助了"春节"这一场景。我国自古就有"每逢佳节倍思亲"的说法,说明在特定的文化中,总有特定时节、特定场景作为关键节点,能够使人们特定的情绪浓度加倍,如果此时能够借助情绪的关键节点,利用相关的创意精准驱动受众的特定情绪,最终引发情感共鸣,就能够完成一次漂亮的营销。

2. 情感化叙事诱发法

美柚作为一款女性健康管理软件,在2020年"十一"发布了"国庆会遇到的九级'人间惨案'"的方案,从情绪体验角度洞察"十一"庆典。表面是抱怨情绪的文案实则幽默、诙谐,讲述了十大国庆"悲剧",如景区人山人海、乘机路上拥堵、旅游中偶尔出现的恶劣天气、好友失约等。这种叙事方式将主人公的情绪体验作为驱动展开叙事逻辑,能让拥有相似体验的受众迅速产生共鸣,从而诱发相似情绪,实现情绪沉浸式的内容消费体验。

回忆人生中接触的各式各样的经历,并不是每一件事都历历在目,因此我们不能滥用情绪进行叙事,而是要善于挖掘大多数人都想表达的情绪作为支撑点。在信息冗余、注意力稀缺的年代,许多营销的叙事都打上了"走心"的标识。"走心"实际上是一种基于普遍情感的叙事方式,在"娱乐至死"的时代,能够找准并驾驭受众情绪,从而使叙事脱离泛娱乐的外皮,而走入受众的内心,是获得良好营销效果的重要手段。

3. 参与式情绪诱发法

作为全球战略思想家之一的普拉哈拉德在《消费者王朝》中提出:企业应与消费者共同创造价值。当下趋于年轻化的消费群体更加追求个性化的表达,为了增强用户的参与感,企业可与用户共同创造产品。

那么如何有效地连接品牌和用户,让用户参与到产品的设计中,进而激发情绪呢?我们来看可口可乐公司的"密语瓶"案例。可口可乐将网友创造的网络热词等融入瓶体外侧,瓶体的宣传广告进而由PGC转变为UGC,用户看到瓶体的宣传语后,便可产生一种"自我表达"的情绪共鸣。

当用户参与到品牌所建构的场景中时,其中的文字、图像等便会引领他们作出表达。参与式的情绪诱发,除了营造品牌与消费者之间对话的氛围,还需要拓展消费者之间的对话空间,为人际间的互动带来新的可能性。例如,可口可乐利用瓶身上的"密语",运用到情侣相处时的场景之下——"在一起""想把所有的快乐都与你分享"等,场景融入并催化了目标受众群体的相关情绪,同时也为消费者创造了适合分享的话题,成为达成良好传播效果的保障。

运用微信程序对可口可乐的瓶体广告实施在线的数据统计,将营销总量分析量化为不同词语的营销数量,排名前三的标语分别为:"LH7"(2017年可口可乐代言人鹿晗的简称)、"今天星期五"以及"比心"。由以上标语可知,营销量居榜首的词语都是属于"表达喜悦心情"一类的，因此愉悦的情绪便是唤醒度较高的情绪之一，可以为情绪营销助力。

三、情绪化营销的发展与优势

绝对理性的人是经济学上的一种假设，实际上绝对理性的人相当罕见，感性而情绪化才是大多数人的"弱点"。现如今，井喷式的"碎片化信息"带来了"碎片化情绪"的爆发，乐于分享和交流情绪的当代互联网用户以及伴随其中快速更替的情绪，时刻影响着用户的购买行为，以及诱发冲动性消费、溢价消费等行为的产生。当营销者了解情绪对消费行为的关键作用后，便应该乘势而上，有效采取情绪化的方式展开与用户之间的交互，一旦用户找到合适的情绪宣泄方式，其自我价值就得到了肯定和认同，营销者的价值便能生动地被塑造、呈现和传播。

（一）情绪营销推动消费新趋势

最早涉猎互联网营销的映盛中国公司（INSUN）的数据明确表明，占据80%的用户购买并不是基于"理性判断"而是"感性的情绪"。企业的品牌和商品可谓是顺应大众情绪的风向标，以往的品牌营销宣传以顺应直观感觉为主，比如以强化食品的美味来激发食欲、强化衣服的美感来激发购买欲。而当下，大多数的品牌选择在千篇一律的广告文案中寻求标新立异，借助情怀来塑造品牌形象。

如果以一瓶水的价格，只卖半瓶水给消费者，还会买吗？绝对理性的人会断然拒绝："里面灌装的是神仙水吗？我为什么要当冤大头！"但别着急否定，先来看一个案例。"Life Water"公司以整瓶矿泉水的价格只卖一半的水给消费者，不仅获得了300家媒体报道，还拥有超过30万人的关注，更为重要的是其销售额翻了好几倍。

"Life Water"公司在进行产品的市场调研时发现，大多数的消费者在饮用瓶装矿泉水时会将喝不完的半瓶水直接扔掉。针对可饮用水资源浪费的现象，公司推动了"Life Water"半瓶水的设计——一瓶水只装半瓶，并对消费者做出承诺，会将省下的半瓶水捐助给缺水地区的儿童。在设计产品外包装时，将缺水地区儿童的照片以及捐献信息融入瓶身，这种"可识别对象的效应"能够更加有效地唤起"同情""关心"的情绪，消费者在消费时还会带着"我正在行善举"这种自我肯定的正面情绪，营销目的在这些情绪的催发中得以实现。

（二）高辨识度的情绪化营销

好的"情绪营销"往往能为品牌声量的现象级提升作出贡献，为品牌塑造较高的辨识度。产品如何能够获得普遍大众的认可呢？在营销过程中添加普世价值观的情感设定，比如亲情、爱情、友情、家庭、青春等方面的经历、想法以及价值观，这是属于可跨越地域空间、文化差异、时代沟壑的营销方式，能有效地提升品牌声量。

社会文化不断变化、新媒体不断发展，用户情绪随之变得多样化，如果一个企业能快速并精确地洞察、挖掘用户的新兴情绪表征，并利用它创新出具备独特情绪元素的产品，便会抓住新的商机。

例如，饿了么和网易新闻共同打造出的"丧"茶快闪店。

干了这杯小确丧：生活总会出现困扰，并不至于悲惨，虽然密集出现，但是依然怀有希望。

正能量营销已无法满足年轻人快速变化的精神审美追求，饿了么准确把握住年轻消费群体用于缓解社会压力的"自嘲"的情绪，推出"丧"茶，将正面品牌内核包装成为所谓的"负能量"，以自我调侃的方式疏解现实生活的烦恼，潜台词却在表达对美好生活的向往——"你的人生就是个乌龙玛奇朵""加油你的最胖的红茶拿铁""前男友过得比我好红茶"等。在"丧"茶的菜单中，各式各样的自我调侃式语言融入茶饮名称中，触及年轻人对社会现实的无奈。在年轻人都自称"社畜"的互联网亚文化语境里，自我贬低式的"丧文化"是年轻人借助自嘲抒发情绪的一种网络狂欢方式。因此"丧茶"的这种蹭热点式的"情绪营销"通过融入目标人群的语境，提升了品牌的辨识度。

第五节 代入感的创造

一、何为"代入感"

关于代入感我们在前文已经略有提及，简单来说，代入感就是读者在阅读内容时，把自己想象成内容主体的一种行为，而这导致的结果，就是读者会随主角喜而喜、随主角悲而悲，身临其境地参与到叙事中去，获得更强的心理感受。[①]

在新媒体文案写作中，代入感是指通过文字的描述、声音和画面的植入、转换，让读者尽快融入文案情境而产生的一种身临其境的感觉，可以泛指文艺作品以独特形象来激发受众心灵共振的能力。

新媒体营销中代入感的产生主要是通过移情与共通感等审美心理的基础、网络媒体诉诸多样感官的表达手段，以及大数据精准定位目标人群的传播技术等方式实现。但我们将着重从内容创意的角度来探讨代入感的创造。

二、如何创造代入感

（一）注重揣摩用户内心想法，找准人群的相似性

曾经广受大众追捧的偶像剧里，都具备一个雷同的情节设定——男女主的身份地位存在巨大的差距：要么是"富家千金爱上穷小子"，要么是"霸道总裁爱上普通姑娘"，玛丽苏的剧情里总是与现实社会中所追求的门当户对、势均力敌背道而驰。为什么层出不穷的类似情节能够深深吸引观众的视线呢？编剧为何如此偏爱这种万年不变的套路呢？

究其原因主要有两个方面：其一，拥有艺术化、戏剧性特质的电视剧具备娱乐功能，编剧要营造出偶像剧中高大上的造梦空间感，以满足观众内心对梦幻爱情的渴求；其二，编剧还需要设计一位具备普通人属性的角色，来平衡另一个完美人物的设定，进而能够增强观众追剧时的代入感。如果剧情是"豪门千金与富家少爷的爱情故事"，太过于梦幻的氛围与普通观众的真实生活差距悬殊，很难让观众产生代入感，普通人的设定便是用以弱

[①] 周兴杰. 网络小说阅读的"代入感"：心理机制、配置系统[J]. 湖南科技大学学报（社会科学版），2019（2）：138-146.

化与受众之间的距离感。

以上案例说明，想要让大众产生代入感的第一个关键，便是围绕目标人群的相似性展开。在广告文案的创作中要学会巧妙融入大众熟悉的元素，类似于从家庭、性格、职业等方面切入，从而建构起品牌方与消费者之间的情感共鸣，又或者说在创作文案时，直接设定一个与目标人群相似的角色，借以第三者的视角抒发情感，用第三者的口吻来讲述故事，便能使相似群体自觉代入其中，角色属性与读者之间的距离越小，越能够引发强烈的代入感。

因此，为了使新媒体创意内容具有代入感，首先在创意研发的阶段就一定要明确目标人群属性，了解人们心中所想的内容，时刻揣摩受众的内心想法，才能使代入感从有血有肉的生活体验中自然产生。

（二）制造情景体验

在新媒体营销的文案中，代入感的重点就是要把用户带进一个特定的、与产品相关的情境之中，让用户产生身临其境的感觉。在内容上，可以向受众暗示、强调关联性的情境，使受众实现"触景生情"之感，即引发其与该情境相关联的情感共鸣与回忆。

试想一下，如果要以白领女士为目标受众群体推销一台榨汁机，怎么用文案增强消费者的代入感呢？除了生硬地介绍榨汁机的功能特征以外，不妨这样试试看，将文案置于受众熟悉的生活场景之中。

按掉昨晚设定的第四个手机闹铃后，你明白你必须起床上班了，伸个懒腰迎接新的一天吧！烤面包机烤出两片焦脆适宜的全麦吐司，这时候，你可以切开一颗饱满多汁的橙子，将它金黄的果肉放入榨汁机，加入少许牛奶，按下按钮。在等待的时候，你可以按照昨晚美妆博主的推荐给自己画上一个完美的眼妆。静待 5 分钟之后，"叮"的一声脆响，一杯果汁牛奶就做好了，每天一杯新鲜的果汁下肚，难怪同事总是跑来问你用了什么厉害的面膜……

（三）第一人称视角

在创作营销文案时，还有一个更难的问题，就是无法和用户面对面，用户可能看到的只是单薄的文字和几张图片。所以这时候为了提高沟通的效率，很多文案便是以"我"作为角色，跟用户"直接"沟通。因为以第一人称沟通，不仅作者写起来最容易，读者阅读时也会感觉是在和自己对谈，接受信息最为流畅，代入感自然也就提升了。

（四）提出问题制造悬疑

对于问题，大部分人的本能反应就是去理解它、回答它并且解决它。通过提出问题，用户便自然而然地就进入了预先被设置的思考路径。引起重视后，用户要付出思考、作出反应，于是很容易产生代入感，能够直接进入到文案要表达的主题中去。

比如国外的戴亚肥皂广告文案："难道你不喜欢使用戴亚？难道你不希望每个人都使用它？"还有一则经典的洗发水广告文案："你的头皮健康经得起指甲测试吗？"文案所提出的问题可以是选择题或填空题，疑问式、反问式或只是陈述句后加一个问号，只要运用得当，都能够带来代入的效果，让人进行不断思考和探究，将营销者提出的问题转化为用户的问题，从而急切地为解决"自己的"问题寻找方式，掉入营销者的"套路"之中。

(五)抒发情感、切合受众价值观

好的文案,能够代替受众抒发出受众心中隐藏的情感。人们也许都有过这样的体验,当看到某个文案时,会拍案叫绝地惊叹:"它怎么说出了我想说、又不知道怎么说的情绪,表达出了我想表达、又不知道如何表达的价值观?"当创作的文案可以变成受众"内心的声音",击中社会中的普遍情感和价值取向,并用极具煽动力的表现形式对其进行外化,那么,建立在代入感上的内容营销也就成功了一半。

比如2020年夏天芒果TV推出的女性励志选秀综艺《乘风破浪的姐姐》,节目开场的文案成功地引发了社交媒体上的广泛传播。

有人说
每个人的历史
从出生前就开始了
爱与烦恼
幸福与秘密
时间与魔幻
永恒交替
女人,从母亲开始
就是我们一生中最早记得和最后忘却的名字
三十岁以后
人生的见证者越来越少
但还可以自我见证
三十岁以后
所有的可能性不断退却
但还可以越过时间
越过自己
三十而励
在时光的洗练、时代的铿锵中
我们不断更新
对世界、对生命提问的能力
三十而立
我们从每一寓言里,辨认自己
也认识他人的内心,他人的真理
三十而骊
骊色骏马,飞云踏海
我们关心成功,也关心失败
更关心每个人要面对的那座山
我们关心美好,关心热爱
更关心日新月异的未来
努力与翻越,不馁与坚信
肆意笑泪,青春归位

一切过往，皆为序章

直挂云帆，乘风破浪

如果你仔细分析该文案，会发现，大量的煽情性的文字都契合了当下关于女性价值、女性主义的热门议题，文字中较为饱满的情绪和口号式的念白，极易点燃受众的情绪沸点，让目标受众将这段文字作为自己内心的剖白而产生代入情绪。总而言之，只要创作的内容能够成为受众抒发情感、表达情绪、输出价值的载体，那么在内容的营销上内容创作者就已经找到了捷径。

第六节 权威感的塑造

一、新媒体权威感的重要性

海量的信息充斥着消费者的生活，各种来路不明的信息让消费者晕头转向。但是，越是在复杂的环境中，越需要清晰、权威的声音。因此，这一部分的核心内容是，如何增强内容的说服力，这是实现营销效果非常关键的因素之一。如果自己说的话都没有人愿意相信，那又如何让受众为自己的内容买单呢？

因此，成为权威，或者塑造一种权威感，是增强说服力的有效手段。权威感实际上是对人类的又一心理特性——惰性的利用。人们处在纷繁复杂的社会中，忙忙碌碌地生活，面对浩瀚的信息海洋，不可能有时间对接收的每一条信息进行调研、甄别、鉴定，此时自然会对某个看起来像是权威的对象产生依赖心理——权威说这是本季最流行的穿搭，那就可以省去早上费神搭配衣服的时间；权威推荐说这本书非常值得一看，那就省去在网上苦苦搜寻内容的时间。权威甚至可以决定多数人的价值观，影响人们的意识形态。比如，某个意见领袖对某个社会热点事件所下的定论，会使他的追随者将这个定论视为金玉良言，甚至左右社会风气——不必费心去考虑对错，毕竟时间有限，跟着权威的价值判断走吧，毕竟他看起来是如此的睿智和靠谱，不妨让其代替自己去思考……

这就是我们所说的转移的策略，将受众对某个对象的信任感转移到与其相关的内容上。转移的策略包括使用一些和某个领域权威的人、组织、机构相关联的象征性的标志、形象和观念。这是一种暗示的策略，目的是说服受众。一旦被营销之物在某种程度上获得了权威的背书，受众的大脑会因为这种符号暗示意义而放弃一部分主动判断的权力，而对营销的物品产生好感。

医疗机构、国家机构、科学机构等相关符号一般是权威性的代表，所以，在内容营销中融入一些这些组织的形象或标志，受众所获得的信任感会非常强烈，这种信任感甚至会远超内容创作者苦心提出的论据和事实。例如，一个极其重要的法案即将进行全民公投，而普通大众对相关领域的知识掌握不多，对该法案是否值得通过持模棱两可的态度。这个时候，新浪微博上一个法律界赫赫有名的专家"大V"，对该法案嗤之以鼻，并罗列出了诸多理由。那么在对是否通过该法案进行投票时，看过该"大V"信息的人就会坚定地投否定票——"我记得这个专家的态度""我相信他的专业度，如果他说不行，那这个法案应该就存在明显的漏洞。"这就足够了。

权威感的运用就好像是超市货架上的指示牌，让人们更方便快捷、在无须自己过度用脑的情况下就可以完成目标。这对于好简烦杂的人来说，是一种再普遍不过的思维方式。当然，对于内容市场的新手来说，想要内容能够迅速被他人认知，搭上权威的"便车"也不失为一个好方法。一种塑造权威的方式，是对于自我的营销。例如，在内容宣传中罗列出自己的相关成就——在创作投资理财的内容中，表明创作者哈佛大学经济学博士身份；表明是 Vogue 杂志（著名时尚杂志）的资深编辑，受众就愿意看其分享的日常穿搭技巧。

就像在购买物品时，很多人并不能说出 IBM、雀巢品牌的具体内涵，但仍对 IBM、雀巢十分忠诚并愿意为这些品牌付高价，因为这两家企业分别是全球 IT 与食品业的领导者。这就是为什么不少国际大品牌到中国后没有做太多的宣传推广，但能够立刻获得经销商与消费者认同的原因。这两家企业在行业内的领军地位奠定了专业权威的基础，质量和品质有保障，从心理上给了消费者一种值得信赖感，消费者认可品牌实力，自然而然愿意为产品买单。

这就是权威感的最大力量，即在最短的时间内从受众那里赢得一种最宝贵的东西——信任。

二、如何塑造权威感

无论是新闻传播、品牌推广还是新媒体宣传都需要注重权威感，因为权威在一定程度上代表着公信力。在新媒体时代，如何建立品牌的权威性呢？

（一）定期发布品牌分析或研究报告

研究报告、行业白皮书等往往数据充分、图表翔实，抓住了现代经济发展的脉搏和热点，能够体现极高的专业性。很多 4A 广告公司都拥有自己的市场调研部，它们会定期发布每一年度或季度的广告市场调研报告。例如，针对新媒体时代的各种新动向，很多广告公司的调研机构立足前沿，最先发布"移动应用广告调研报告""社交媒体广告调研报告""App 广告调研报告"等前沿报告。

（二）选择符合品牌理念的企业形象代言人

品牌形象代言人是指代表品牌通过在传播中进行陈述或用行为表现来介绍、支持品牌的人物或组织。品牌形象代言人的作用是引起品牌形象联想、体现品牌个性、提升品牌辨识度、增加品牌权益，通过对其知名度、职业、形象、个性、品行的联想，产生对品牌的美好印象。

（三）利用意见领袖为品牌背书，塑造信任感

在传统的媒介形式下，无论是大品牌还是小品牌，广告影响消费者的概率是一样的。新媒体出现后，媒介环境已经发生了变化，消费者变得不那么相信媒体。那么，消费者究竟相信谁呢？学者们通过研究发现，品牌通过传统媒体引领舆论导向的时代已经一去不复返，品牌的信任链正从"用户—品牌—用户"转向"用户—意见领袖—用户"，借助意见领袖的力量，是赢得消费者信任感的有效法宝。

（四）开发专属的营销相关理论模型或工具

最高级的营销不是建立庞大的营销网络，而是利用品牌符号，把特定的营销网络铺建

到特定的社会公众心里,把产品输送到目标受众面前,使消费者选择消费时认可这个产品,投资商选择合作时认可这个企业。

营销的关键点在于为被营销的对象(为了方便陈述,这里统称为品牌)找到一个具有差异化、个性,能够深刻感染消费者的核心价值,它让消费者明确、清晰地识别并记住品牌的利益点与个性,是驱动消费者认同、喜欢乃至爱上一个品牌的主要力量。

一般来说,一个成功的营销者大都具有两个储备库:一个是知识库,一个是数据库。例如,当需要为大众汽车制定广告企划方案的时候,它可以直接从数据库中调出与汽车行业相关的数据展开市场分析。充实的数据支持无疑提升了方案的可靠性,也增强了营销行为的权威性。

成功的营销或许没有可以照抄的公式,但成熟而专业的营销者一定会从过往的经验中提炼出策略模型,就像是自己的独门秘籍一样,可以帮助下一次创意更好、更快地产生和实践。

(五)获得权威认证和标识

增加产品的附加值,最常见的方式是取得权威认证、行业奖项。例如,通过行业内具有发言权的权威机构或组织单位的专业认证,获得专业性证书,从而建构起用户心中对于品牌的权威感,提升用户的信任度。举个例子,中国奶粉品牌君乐宝在营销内容中一再强调其获得欧盟双认证,以及在2015年通过了BRC食品安全全球标准A+顶级认证,在2016年随着BRC认证系统升级后再度通过AA+最高级认证等。大多数受众可能并不真正能懂得这一堆让人眼花缭乱的认证到底是什么,但是没关系,被"权威感"击打得眼花缭乱的消费者,将使期望的营销效果得以实现。

权威标识一般是在国家权威相关部门推出相关标准后,企业达到对应标准才能使用的对应标识。比如"有机食品"标识(如图3-8所示),表明该食品在生产和加工过程中严格遵循有机食品生产、采集、加工、包装、贮藏、运输标准等规定。又比如老年人吃的保健品上通常具有"保健食品"标识,是由国家市场监督管理总局批准的我国保健食品专用标志,业界俗称"蓝帽子"(如图3-9所示),在一个规范的法治社会中,将权威标识放在营销内容的显著位置,将会更迅速地赢得消费者的信任。

图3-8 "有机食品"标识

图3-9 "保健食品"标识

(六)附着权威

就像许多品牌为了扩大知名度、打开销量会入驻大型商城一样,自己成为权威也许道阻且长,但站在巨人的肩上却可以迅速地登上高处。

在一些书籍的宣传文案上经常会看到某些相关领域权威人物的背书,比如一本商业方面的书籍如果打上"马云推荐""比尔·盖茨推荐"的宣传语,一个线上知识付费的内容打上"罗振宇也在订阅"的标签,也许会立刻提升消费者对其内容含金量的信任程度。这就是塑造权威感的一种方式,附着权威,帮助内容创作者实施"转移"策略。

(七)大多数人的选择

最后介绍一种简单又常见的权威感塑造的方法,就是宣称"大多数人的选择"。对于有惰性的人,多数人的选择是一种最为直接、方便的信任感建立方式——"我不知道怎么(懒得)判断好坏,但既然大多数人都这样选择了,那应该不会太坏。"

因此,诸如容声冰箱的"连续八年全国销量第一",香飘飘奶茶的"一年卖出三亿多杯,杯子连起来能环绕地球一圈"的广告文案,都被视作借助大多数人的选择完成权威感塑造的典型。多数人的选择,就是利用规模化的人群作为产品质量的证明,权威感自然就得到提升,也可以称为社会认同效力。

社会认同是人们在做决策时的一条捷径,它的力量很强大,尤其是在多次曝光之后,人们甚至会将其当做确信无疑的真理。在信息无比庞杂的网络世界,消费者在面对浩瀚的内容海洋时,急需一些线索告诉他们该信任谁、该相信什么、谁能迅速提供帮助等。与线下相比,在互联网上的选择相对公开透明。比如在社交媒体平台,一个内容的"点赞"数量是非常清晰可见的,可作为对内容质量进行判断的参考标准。在社交媒体视域下,整个内容产业的商业模式都可以建立在社会认同的基础之上,在这一背景下,社交标记可能比依靠真正的知识和经验打造出来的真实权威更加重要。

马克·舍费尔在其《热点——引爆内容营销的6个密码》中提到了8种通过社会认同感打造提升内容权威感的方式。

①请求推荐。不少微信公众号的博主都会兴起"转发、分享有奖"的活动,这其实就是一种请求推荐的方法。但这种方式真正带来的粉丝转换率在实践领域存在一定争议,因此不可滥用。

②利用朋友和家人。

③发动员工。如果是有组织的内容生产,那么必须让所有组织中的人都明白,营销的效果关系所有成员,激发他们的分享活力。

④凸显别人的推荐。马克·舍费尔提到瑞德福大学的盖瑞博士曾给他的《社交媒体解惑》一书评论道:"马克写了本了不起的有关市场营销的书。"马克·舍费尔在很多售卖这本书的网站上都张贴了这句话,包括亚马逊在内。这对于销量提升很有帮助。

⑤推广权威标记。比如你的获奖经历、学历水准、社会认可度等,都可以拿出来作为你的内容的包装。

⑥关注强大的用户评论。用户的优质评论是提升社会认同感的有效证言,但值得注意的是,不要刻意屏蔽和害怕少数负面的评论,适度的平衡实际上增加了评论的可信度。

⑦追踪订阅人数。一些平台的内容生产者会发布一些"账号粉丝数量破百万"的庆祝性的内容,这也是显示自己的内容是"大多数人选择"的一种手段。

⑧搜集别人称赞你的推文。并将这些别人的溢美之词适当的公布出来。①

---

① 马克·舍费尔. 热点——引爆内容营销的6个密码[M]. 曲秋晨,译. 北京:中国人民大学出版社,2017.

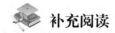 补充阅读

在线客户服务和数字营销咨询公司总裁杰伊·巴尔（Jay Baer）说过：如果推特粉丝量或是脸书点赞数与你的公共形象毫无关联，你觉得我们还会谈论它们吗？我们这么关心推特粉丝或是脸书点赞不是因为媒体的力量，而是它们代表的是我们的公众得分。每个正规的社交媒体顾问都会跟你说，关键并不在于你有多少推特粉丝或是脸书点赞，而是你怎么运用它们。从行为驱动、转化、收益、忠诚度、支持度的角度而言，顾问的话当然是正确的。那么推特的粉丝量毫无意义，对吗？错。现实情况是，社交媒体的数字是一项非常公开的竞争。你以为政客们为什么会花钱打造远强于其他候选人的粉丝群，还厚颜无耻、蠢笨无比地吹嘘这一优势？因为这涉及公众对他的评分和认知。

我们可能不喜欢，甚至可能不愿意承认这一点。但是，如果认为推特粉丝量对公共舆论如何看待你或所在机构毫无影响，就有点虚伪了。它不是一项重要的性能指标，而是一项关键的流行度指标。

想到那些实际技能和天赋与所获利益并不相符的博主，只是靠着对推特粉丝量作假或是给博客网站上的社会认同造假也能获得很大的影响力，就令人感到不安。时间的短缺以及日常生活的压力使人们无法与那些重要的人或"似乎很重要的人"交流。这种情况带来的影响就是，点赞数和粉丝量这类看似权威的标记影响了人们怎样看待你的地位和影响力。即使这样会错得很离谱。①

*你怎样看待杰伊·巴尔的这段话？能否举例说明社交媒体对于内容营销中权威感的塑造的重要影响？

第七节　对话感的重要作用

关于在新媒体营销中制造对话感的积极意义，我们在第二章已经稍作讨论，本节内容将就此话题更系统、更深入地展开。因为在商品极大丰富的今天，赤裸裸地叫卖方式已经无法真正打动消费者了，能够真正打动消费者的是我们经常看到的一个词，叫"走心"。"走心"在此处可以解读为让受众理解你在说什么、接受你在说什么、喜欢上你所说的东西、最后将你所说的内容热情地分享出去，而积极和他们展开"对话"就是使你所说的东西听上去"走心"的方式。来看看普通文案和"对话感"文案的区别。

某旅行箱原文案："结实耐用，容量大，多种颜色可选"；对话感文案："你有多久没有去旅行了？"

某蓝牙耳机："××蓝牙耳机，音质好，携带方便，外形美观大方"；对话感文案："猜一猜，耳机线在哪里？"

某扫地机器人："××扫地机器人，强有力的清扫力，超低噪音"；对话感文案："忙你的吧，家务交给它，××扫地机器人！"

某品牌衣柜干燥剂："××衣柜干燥剂，轻松除湿。"对话感文案："你不知道，衣橱

---

① 同①.

有多潮，××衣橱干燥剂。"①

对话感的句子让干巴巴的文字变成朋友间的聊天对话，人们或许会厌恶广告，但不会厌恶朋友间轻松的聊天。但是，我们并不希望大家把对话感简单地理解为写出"聊天一样的文案"，它有着更为深层次的含义，下面我们将从对话感产生背景谈起，来理解新媒体营销语境下的对话感是什么。

一、对话感的产生背景

（一）技术赋权与公众参与权

互联网等新兴媒体技术一定程度上改变了单向、垂直方向进行的大众传播活动，带动了大众传播向互动、水平方向传播的转变。社交网站、微博、微信等社交媒体进一步挑战了集中化的大众传播模式，基于表达、分享、抄送和个人推荐的社交媒体形式强势回归。互联网与社交媒体成为强大的"扩音器"。正如温顿·瑟夫所说："它给人微言轻、无人理睬的小人物提供了可以向全球发言的话筒，它用以鼓励和推动多种观点和对话的方法是传统的单向大众媒体所无法做到的。"②新媒体的确对公众赋予了表达与参与的权利，这种赋权在公众利用新媒体技术参与内容生产这个传播活动中表现最为明显。

公众参与主要表现在两个方面：一是以"用户生成内容"参与内容生产，二是通过公众的互动与反馈参与内容传播。互联网的本质特征是连接与开放，保证了新闻信息的快速分享和传播，社会公众获得了集体设置议题的力量。用户生产内容改变了内容生产及传播过程中生产者与受众的关系，把单向的不对称的传播变为新型的对话式传播模型。

因此，整个内容生产或制作过程更加生动、更富有对话感。甚至从根本上抛开生产者，使新型信息时代变成信息来源与受众之间的一种无中介合作。对话感的营销正是从外部形式上消除传统营销"中介参与感"的一种方式，仿佛那个虎视眈眈地窥视你想要大赚一笔的营销者不见了，剩下的是你和文案之间直接的、自然亲切的对话。

（二）网络化社会与参与式民主

网络社会是信息社会学家卡斯特提出的解释当今社会的一种社会形态，是一个以网络为基础的动态的、开放的社会系统。在卡斯特看来，网络社会形态能够带来社会权利关系重组以及社会结构改变，将人们从原有的权利关系网络、历史、文化、地理的限制中脱离出来，走入新的互惠式社会连接。

大众传播时代的权利之网已经变为关系之网，内容生产的线性逻辑已经转向关系逻辑，以往的命令式逻辑已经转为协商逻辑。

在这个过程中，受众通过参与和协商，本着共善的原则达成共识。反过来，协商式民主一定程度上则为基于交往、对话、交流的传播实践提供了空间和机遇。

传统媒体时代，内容生产中的"对话性"作为一种潜在的特征，很难被挖掘，也较少被重视，长期处于被遮蔽的状态。而且基于社区交往的对话活动与基于信息传播的单向传

---

① 夏小沫. 对话感才是文案最高级的形式[EB/OL]. [2019-3-28]. https://www.jianshu.com/p/a2c814a1074d.
② 罗伯特·哈克特、赵月枝著. 沈荟、周雨译. 维系民主? 西方政治与新闻客观性[M]. 北京：清华大学出版社，2005：314.

输关联性较弱，公众参与对话并没有真正实现，传统的营销很少通过让大众参与其中以达到让大众接受认可的目的[①]。而新媒体对受众参与信息生产和传播的授权，使营造对话感成为新媒体营销中的有效手段。因此，在本文的语境中，我们可以把构建对话理解为诱导受众进行互动、激发参与感的营销行为。

二、对话感的重要作用——消除隔阂、拉近心理距离、增强参与动机

在缺乏对话感的营销实践中，营销者与消费者之间存在着"卖方"与"买方"的心理隔阂与距离。因此，如果能在品牌推广的过程中，合理运用多种对话形式，针对目标消费者诉求产品信息，引起消费者的注意，号召其参与到营销活动中，成为营销的"内部成员"，拉近双方的心理距离，才能消除其对营销行为的排斥感。

比如，有道词典在为宝马汽车提供推广服务时，就将有关宝马的问题嫁接到首页"每日英语"的"每日一问"栏目中，上线第一天，参与答题的人数超过10万。这则广告通过融入有道词典用户对"每日英语"的使用体验来推广，使营销内容成为对有道词典用户有价值的信息，从而消除了用户对普通营销手段的排斥心理。

实际上，这种引导受众参与问答的营销行为是非常有效的，人们完成某种行为的积极性可以来源于胜任感——这是个人动机，当你觉得你能够为他人的问题作出解答时，胜任感便油然而生。而哈佛大学法学教授约查·本克勒与纽约大学教授海伦·尼森鲍姆还发现，除了个人动机以外，还存在社会动机。社会动机主要分为两大类：一类围绕着联系和成员，另一类则围绕着分享和慷慨。而有道词典为其平台赋予了社交属性，使得参与答题的用户之间产生联系，拥有了属于某个群体的成员资格，而社会化媒体也为他们分享的内心渴望带来了回报[②]。这也是为什么知乎上的答主们总是耗时耗力地完成问答并慷慨地将其公之于众的原因。这是社交媒体时代赋予受众的权利，必须强调的是，人类的个人动机与社会动机在社交媒体出现之前就已经存在，想要分享的动机才是驱动力，而技术仅仅是一种方法。

三、如何营造对话感

（一）强化共通性和互动性

对话的先决条件是共通性，也就是发话者与受话者首先必须在思维方式与话语体系上一致，尤其是在所知、所设和统觉背景方面要求一致。所知是指过去的一切经验，所设可以理解为设立对话的场景，统觉背景是人的文化程度、理解时所需的背景知识。共通性决定对话性，一定程度上影响着用户产生的对话感，决定着营销内容输出的有效性。

在社交媒体日趋成为网络生活主体的今天，互动技术打破了原先凝结在广告中的信息不对称关系，将营销从传播者的独白意识中抽离出来，将孤独的念白变成互动性极强的对话。

[①] 张诗婷. 对原生广告对话性不足的符号学反思[J]. 编辑之友, 2019（10）: 61-65.
[②] 克莱·舍基. 认知盈余——自由时间的力量[M]. 胡泳, 哈丽斯, 译. 北京: 北京联合出版公司, 2018: 88-89.

因此，在新媒体营销中，通过精密的受众画像增强与受众在所知、所设、统觉背景等方面的共通性，再通过一定的技术手段增强互动性，从而制造对话感。

（二）制造对话所需要的场景

我们一再强调内容消费场景的重要性。消费者本身是没有目标的，而场景的构建可以使他们脑海中逐渐建立起一个明确的消费目标，将抽象的营销内容变成具体的对话。这不正是我们想要的吗？值得注意的是，有效的对话不靠"声高"，而是"推己及人"，对消费者耐心倾听、细致洞察。与消费者对话的关键就是要创造消费者熟悉的场景。此处的场景可以被理解为一种人为建构且"被建立"的环境，它不仅是指向空间位置，更涵盖与人们特定的行为模式、心理特征相关的情景或氛围环境。

比如江小白的文案始终围绕着消费者所处的场景和心境创作。

最想说的话在眼睛里、草稿箱里、梦里和酒里。

成长就是将哭声调成静音，约酒就是将情绪调成震动。

我在杯子里看见你的容颜，却已是匆匆那年。

江小白从用户视角出发，将喝酒这一抽象场景分解为"5W+2H"这7个具体的问题，即喝什么酒（what）、为什么喝酒（why）、何时喝（when）、何处喝（where）、什么人喝（who）、怎么喝（how）及喝多少（how much）（如图3-10所示）。这些元素在重新组合后会形成一个个与消费者密切相关的"故事"，通过营造强烈的现场感和参与感引发他们的情感共鸣，使品牌以一种更为具体生动、可以感知的形象出现在消费者面前，降低其接受的门槛。[①]

图3-10　江小白"5W+2H"图

（三）简化文字，语气自然

营销的文案是带有强目的性的文案，不是在与消费者闲聊，因此，言简意赅肯定比啰唆拖沓的对话感更让人容易接受。对于新媒体环境下的内容消费者来说更是如此。

比如用"奥运"代替"奥林匹克"，对于大家都已经熟知的词汇，简化其称谓可以让对话看起来更简洁。

[①] 杨小涵. 广告文案的对话策略——以江小白广告文案为例[J]. 新闻研究导刊，2018(15): 230-231.

"你 get 了吗？"就比"你是否能领会我们的意图？"语气更自然，更适合用来在新媒体语境下营造对话感。

另外，在适当的时候运用疑问句让受众进入对话也是一种打造对话感的有效尝试，毕竟人们最熟悉的聊天搭讪开场白通常也是由问句开始，例如："吃了吗？""在干吗呢？"

总之，一段舒服的对话不是靠华丽辞藻的堆砌，几乎没有人在日常生活中喜欢文绉绉的、充斥着大量成语或诗词的聊天方式；对话感的打造并不难，你只需要将受众想象成一位你熟悉的朋友，你就知道如何用自然、简洁、亲切的语气来营造一段对话，而避免"把天聊死"。

本 章 总 结

本章的内容在于解决一个内容创意与营销领域最为核心的问题：如何提升内容的吸引力。我们从标题入手进行了探讨。在新媒体海量内容喷发的环境里，受众的注意力十分稀缺而宝贵，标题作为"第一眼"代表，能够在极短的时间内（我们在文中把这个时间设定为 0.5 秒）决定一个内容的成败。本章也为大家提炼出了更加符合新媒体环境下消费者喜好和需求的标题取拟方式。比如尽可能与受众产生联系，悬念的设置，对社会、新闻热点的贴合度，数字的运用等；也提出了需要避免的标题误区，例如，对标题长短的合理把控，与受众心理、内容的贴合度等。

在标题的取拟中我们一再强调，别让受众觉得你的内容与他们无关。因为内容消费者都是"自我为中心的"，正如"WIIFM"原则所提出的那样，在进行内容的创意时，不妨站在受众的角度自我提问——这个内容会和受众产生怎样的联系？是否会为受众带来任何的有益之处呢？如果你的答案是否定或者是犹豫的，那么你就需要担心一下营销效果了。在此我们引入了"八大原力"和"九大后天习得的需求"，作为将内容营销与受众需求挂钩的理论参考，教会读者如何运用文案引发受众的共鸣。

更重要的是，本章援引了多个经典的、时新的文案案例，用以参考如何在新媒体时代打造出契合消费者喜好、容易引发关注和分享的经典内容。在这其中，我们强调了能够帮助内容脱颖而出的出奇制胜的方式，并重新定义了在新媒体时代"奇"的定义和表现形式；而情绪的刺激也是帮助内容赢得竞争的重要法宝，我们将人类最容易被调动和利用的情绪归纳为了后悔、回忆、恐惧、期待四种，并一一提出相对应的利用策略。

除此之外，代入感的运用也是能够充分调动受众情绪、引发共鸣必不可少的内容营销武器。而对于好简烦杂的受众来说，通过塑造权威感，可以减少受众耗费在甄别信息方面所花的力气，借助权威的力量，能够让内容营销实现事半功倍的效应。而在一切媒体传播皆为对话的社交媒体时代，将内容营销变为一场传受之间、受众之间的热烈对话，无疑能让新媒体时代的互动性发挥出最大的价值。

总而言之，新媒体时代的内容营销是一场融合了情感需求、差异化需求、互动需求、场景需求的高难度竞争。在不断发展变化的技术和越来越缺乏耐心的受众所制造的传播生态之下，内容的吸引力构建成功与否变得越来越充满不确定因素，一个爆款内容成功的原因似乎常常让人感到意外和偶然，但是，作为专业的内容从业人员，依然要不断地在这些看似不确定和偶然中发现规律，才能够从中探索出一条制胜市场的发展之路。

课后思考与练习

请任选一种本章所提到的提升文案吸引力的方式，将你现在身边任一物品作为对象，为其设计一则内容营销的策划方案，包括具体的文案、传播渠道、受众、效果预测等。

第四章 新媒体内容创意之文案创意策略

沃尔特·费希尔说过:"一切传播皆叙事"。按照这个说法,新媒体营销的本质也不过是叙事而已。叙事,直白地理解,就是讲故事。新媒体创意、内容生产和营销的核心,也应该围绕如何讲好故事,说服受众,达到营销目的。文案创作可以看作讲故事的核心支撑,也就是业界经常呼吁的"内容为王"的内核。而对于本章所讨论的新媒体内容和创意营销来说,其文案创作的本质是商业化写作,是向受众销售观点、销售产品,而非"文学竞赛"。因此,在这个目的的支配下,盲目追求文采的华丽不如思考如何讲故事,如何清晰明了地表达观点、提升说服力。想写好文案,就必须弄懂其背后的写作逻辑。本章将会讨论厘清有助于完成新媒体内容与创意营销的叙事逻辑,即文案创作逻辑,并辅以经典案例。

美国著名编剧大师罗伯特·麦基和托马斯·格雷斯的著作《故事经济学》里提出一个概念:"市场营销的目的是打动消费者,而不是打扰消费者。"[①]在以营销为目的进行新媒体文案内容创作的时候,创作者要明白什么样的内容可以"打动"受众,什么样的内容可能会"打扰"受众。

本章对于文案的探讨,不是希望学习者将技巧、方法当作金科玉律。要知道那些总结出的方法论不过只是锦上添花罢了,优秀的创作终归是需要走心的,而不是像背题一样将文案的创作套路化。我们希望的是能够剖析出优秀文案创作背后的创意逻辑。

第一节 寻找故事里的"开关"

孩提时代,一个有趣的故事就能够让人安静下来聆听;青年时代熬夜追剧、看小说,也是出于对内容、情节走向的狂热好奇心。因此"听故事"的热情深埋在人们的基因里。而在文案创作中,创作者往往会选择演绎化、情节化的方法,将想传递的信息暗含在具有剧情感、代入感、悬念感的情节当中,以引发受众的关注兴趣和传播欲望;也更容易将一部分受众转化为消费者。可以这样说,好的文案打开了传播的阀门。如何讲好一个引人入胜的故事,除了强大地表达技巧以外,了解听故事的人是谁,以及他们喜欢什么、害怕什么、想要知道什么,也是非常重要的一环。

以受众需求为基础的文案内容创作,不能简单依赖灵感乍现,而需要遵循一定的写作规律,这些规律中隐藏着触发受众注意力、兴趣点、传播欲的内容"开关"。接下来,我们将通过一些经典的案例,来看看到底哪些"开关"能帮助创作者的文案直达受众的内心。

---

① 罗伯特·麦基,托马斯·格雷斯. 故事经济学[M]. 陶矇,译.天津:天津人民出版社,2018:30.

一、内容选题策略

（一）寻找痛点

一般来说，受制于碎片化的内容消费习惯，新媒体营销文案不同于一般文学创作，并无大量的篇幅去展示自我，而需要在有限的时间内尽可能抓住受众的注意力，并将他们转化为消费者。这要求作者如同一个高明的射击者一样，快而准地"打中"受众的核心需求或情绪，使他们在极短的时间内注意到文案并产生兴趣，最终完成内容营销的目的。除了一些外在的吸引方式，比如字体的选择、平台界面的设计、交互技术的运用等，一个最本质、最直接的方式，就是在作者的内容与创意中，融入目标受众的痛点，也就是我们接下来要讨论的直戳痛点的文案创意方式。

要想写出直戳受众痛点的文案，首先要明确两个概念：第一，什么是痛点？第二，如何找到痛点？

1. 什么是痛点

痛点，即社会生活中有待解决的问题。这种问题刺激着大众，使他们对现状惶惶不安，渴望寻找突破困境的方案；也可以理解为内心欲望与现实情况的冲突。他们对遭受相同"痛"的群体有强烈的交流欲望。我们可以把痛点的来源分为两大类，一类源自"恐惧"，另一类来源于"情绪需求"。

新媒体的文案写作如能切合"大多数目标受众的痛"，站在目标用户的角度分析其真实需求，那就很容易引发关注和共鸣。对于上述两大痛点类型，我们还可以继续细分——恐惧型痛点可以囊括生理需求（如健康保障、食物保障）、安全需求（如人身安全、财务安全、食品安全）等方面，偏向物质层面；而情绪需求型痛点则主要包括对未知事物的求知欲望、个性表达的欲望、社会情感需求欲望、社会交往的压力与困惑等，更多体现在精神层面。

在一些"标题党"的微信公众号文章中，经常可以看到新媒体内容创作者使用"恐惧型痛点"，如"99%的中国人都不知道这样做会致癌，再不知道就真的晚了！"实际上就是想要利用耸人听闻的表述方式制造关于健康保障的痛点。

"除了安全，什么都不会发生""家里有十个好叔叔，也斗不过车里一个怪蜀黍。不心存侥幸，就不会身处险境！"神州专车曾经使用过这样的营销文案，其叙事就是围绕人身安全这一痛点展开。在一些和网约车相关的社会新闻事件发生之后，网约车在提供便利出行的同时，伴随产生的安全隐患问题被社会广泛关注，成为社会痛点；神州专车的文案恰好利用这一痛点，即受众对于乘车人身安全、骚扰与财务安全等方面的痛点，而其文案叙事也恰好隐喻了种种可能发生的危险故事，先让人产生足够的恐惧感之后，再为你提供解决方案——其背后的潜台词不言而喻：选择神州专车，人们就不会陷入那样可怕的故事情节之中，安全痛点得以解决。虽然神州专车的这一系列文案存在恶意诋毁对手的不正当竞争争议，但其文案对受众心理的利用却有值得讨论的地方。

除了涉及安全等人类基本需求而产生的痛点以外，在飞速发展的现代社会，繁忙都市居民在情感上的需求缺口也是文案创作者们喜爱使用的题材。纵观 2019—2020 年的短视频平台，"励志鸡汤型"博主似乎"忽如一夜春风来"，并且增粉迅速。其实他们的故事型文案里十分善用情感需求型痛点。以抖音平台影视自媒体账号"李程远不远"的内容为例，2019年12月1日起该账号开始发布"三十而立"系列纪录片，主题为"第一批步入30岁的90后如今过得怎么样"，每一期的主题人物自带直戳痛点的属性——"当年的学生会主席如今过得只是'还行'""当年的校园偶像在现实面前认了怂"。

截至2020年1月，该账号共推出了6期内容，5期内容点击量破百万条，其中《学生会主席》《校花》两期点击量突破2 000万条，点赞破百万。这两期主题都讲述了在大学里风光无限的年轻人在步入社会之后，在社会压力下引发的情感需求痛点。由数据来看，建立在目标受众（刚步入社会或即将步入社会的青年人群）情绪痛点的故事文案是足以引起共鸣的。该账号的主人李程远本人是光线传媒主持人，同时也是视频部总监，丰富的媒体实践经验使其对受众心理有一定的理解。截至2020年1月，该抖音账号粉丝突破160万名。专业人士入场抖音、微信公众号等自媒体平台，为未来想从事媒体行业的人提供了讲故事的范例。

要引爆受众情绪痛点的一个核心要点，就是要让受众觉得你讲的故事与他相关，提供给受众足够的熟悉感，才能产生沉浸式的阅读体验。"李程远不远"讲的故事充斥着大量与现实接轨的细节，例如某条视频讲述曾经在大学里意气风发的年轻人，目前的身份认同感落差："是小领导，管四个人，工位比新来的小孩多一个隔板。"用情境化的叙事反映着当下许多逐渐步入中年的职场人士的不上不下的身份尴尬。一味地煽情并非痛点激发的按钮，细心观察生活，将有血有肉、生动现实的细节融入内容创作之中，让受众产生"熟悉感""代入感"，才是后续激发其对内容中所传达的情感感悟能力的核心。

抖音平台此条视频下的热门评论说"酒杯的碰撞都是梦碎的声音"（网友：大飞哦，评论点赞数4.5万[1]）、"谁不是曾经野心勃勃，但一路走来，得到的越多，就越畏首畏尾。追寻理想？几个菜啊，喝成这样"（网友：56525266，评论点赞数1.5万[2]）。可以看出，受众产生了痛点共鸣，受到了内容的情绪动员，而受到情绪动员的受众，是支撑内容实现二次传播效果的有利条件。

《国家宝藏》总导演于蕾曾说："不要低估年轻人的审美，他们永远会为最优质的内容感动。关键并不是平台的区隔，而是讲故事质量的区隔。"不管是专业大制作还是小众自媒体，不管是几个小时的电影还是十几秒的短视频，只要能够精准刺激痛点，就能为讲好一个故事打下扎实的基础。

2. 如何找到痛点

对痛点的准确定位，必须建立在对受众心理的有效把控上。在下面的内容中，我们将分别从受众的补偿心理、比较心理、身份认同心理、选择心理出发，来分析有效寻找受众痛点的相关策略。作为内容创意和营销者，始终要谨记：受众的欲望很多时候并没有那么强烈，也没有写在脸上，而是一种他们自己可能都未必能够察觉的酣睡状态；而我们要做的，就是对建立在受众心理基础上的痛点予以刺激，将受众从"酣睡的欲望"中唤醒。

（1）补偿心理

补偿心理实际上是人在适应社会过程中的一种心理调节和适应的机制。补偿的对象可

---

[1] 数据统计时间为2020年9月26日。
[2] 同[1]。

以是他人、组织也可以是自己。一般的补偿心理是建立在内疚感之上的。那么现代人一般对什么样的对象会存在内疚感呢？得出了这个答案的营销者们，自然会大做文章。例如支付宝9.9版本上线时，推出的GIF海报文案。

　　千里之外，每月为爸妈按下水电费的"支付"键，仿佛我从未走远，为牵挂付出，每一笔都是在乎。

　　这则文案正是利用了"补偿心理"中的"补偿他人"，向观众传递一种理念：虽然现状是漂泊在外不能陪在父母身边，但是可以利用支付宝支付水电费弥补内心的缺憾。中国社会向来对亲情、孝道都是比较重视的。古语有云"父母在，不远游"。因此，这种伦理基础之上存在的情绪痛点极其容易被点燃。尤其是在目前高速发展的经济社会，大城市奋斗的中青年很难在事业与"尽孝"之间找到平衡，由此滋生的愧疚感被支付宝的内容点醒，然后再"贴心"地奉上补偿方案，一场关于亲情与补偿的叙事就此完整。

　　而房产租借为主要业务的自如，在其广告暗示的应该被补偿的对象则是"自己"。其广告海报"你可以住得更好一点"，展示了当今在外漂泊青年的普遍痛点："不想花时间，跟房东周旋"，因为"我还得去改变世界呢"。先是拔高了租房者对自己的身份认同感，通过暗示受众应该更加承认自己的社会价值，进一步暗示如果不善待自己的自我亏欠感，从而导向"住得更好一点"的合理性。

　　（2）比较心理

　　人性不喜欢落差感而偏爱优越感，"人有我无"不行，"我有人无"才好。把握"比较心理"这个痛点，刺激、放大受众的落差感，或者带给受众更多优越感。利用这一心理进行文案创作，让受众了解文案背后的产品可以弥补真实存在的落差感，或者帮助他们提升优越感。

　　学历落差是现代社会人与人之间竞争所产生的痛点。网络上不少叫嚣着"学历无用""高学历都在给低学历的人打工"的人，实际上是希望依靠凸显"低学历"比"高学历"更优秀，来平衡学历不足带来的落差与自卑的一种比较心理。蓝翔技师学院（简称"蓝翔学院"）的招生宣传打出了"三千块哪能招工人？三千块只能招大学生"的宣传语，虽然有夸张的成分，但却清楚易懂、言简意赅地为潜在客户表达了一个观点：报考蓝翔学院可以帮助他们用收入弥补学历上不足而产生的落差感，帮助他们在收入上超过大学生，成为"比较"中的获胜方。当然，并非所有人都随时保持旺盛的竞争欲望，有时候内容创作者需要通过暗示，为目标受众创造出竞争对手，并保证可以帮助受众战胜对方。

　　（3）身份认同心理

　　每个人都有自己想成为和不想成为的样子。对于"我是谁"的身份认同，是人们构建自我认知、提升自信心、建立与社会之间的关系的基础。而符合自我期待的"身份认同"与符合社会期待值的"身份认同"之间，有时候会存在差异。这种差异可能会让人陷入一种焦虑之中，这就是基于"身份认同心理"的痛点，在营销中可以利用这一点来讲好一个故事。

　　2019年3月8日，为迎合"三八"妇女节的热点，耐克发布了一则主题为"我应该做一个什么样的女生？"推广活动，文案内容如下。

　　"我应该做一个什么样的女生？"

　　"皮肤白白的？"

"文静的？"
"讨大人喜欢的？"
"是不是没必要学什么三步上篮？"
"我应该要害羞吗？"
"我应该和大家喜欢一样的东西吗？"
"腿上有肌肉，就不好看了吗？"
"离运动场远远的？"
"我应该变成别人想要的样子吗？"
"不要让别人来告诉你，该怎样做女生。"

2019年，耐克发起"撒开脚丫"公益项目（Boundless Girls），帮助女孩通过运动打破偏见，释放潜能。

在关于性别平等的呼声日益高涨的今天，女性的身份应该如何界定，成为社会广泛关注的议题。耐克这个文案显然就是以女性的身份认同痛点为基础，以充满代入感的疑问句为手段，引发受众代入成为"发声"的主角——一个被鼓励打破刻板印象、挣脱陈旧束缚的新女性形象。将对抗精神、脱序精神融入女性的身份痛点中去，是一种类似喊口号一样的情绪煽动方式，试图通过引发受众的"故事主人公"情怀实现共情。

通过以上的种种案例得知，将目标受众融入故事中的最佳做法，就是通过将故事中的主角化抽象为具体、化概念为细节、化群体为个人，让受众产生强烈的故事体验感、人物的共情感、代入感。《经济学人》杂志的广告很巧妙地利用一句话文案讲了一个故事，文案内容如下。

I never read *The Economist*.——Management trainee.Aged 42.
（我从来不看《经济学人》——管培生，42岁。）

一个42岁依然只是一个管培生的职场失意者，是从事这个行业的人能想到最可怕的未来，《经济学人》这本杂志的广大阅读群体瞬间被具体化、细节化、个人化。这个故事言简意赅却耸人听闻——因为它让故事的主角有血有肉、清晰可见地呈现在受众的头脑中：一个42岁还依然一事无成的中年人，还可能背负着养家糊口的压力，就因为他没有阅读该杂志的习惯。虽然理性告诉我，这很夸张，但从讲故事的角度，它是具有感染力的。因为它很可能激发了本身就存在的职业身份痛点，尤其当这种痛点源于真实生活经验的人（比如你正在为职业发展而感到茫然和无奈）的进一步恐慌情绪，那么，这个故事就奏效了，营销就成功了。

（4）选择心理

生活中人们难免会有处于两难境地的情况，这时候就需要文案写作者基于这个痛点，为进退两难的受众提供新思路。还有一种情况，就是通过比较，让受众明白相同成本（包括时间、精力、金钱）下，你的产品是更具有性价比的选择。下面以花呗《活成我想要的样子》为例。

活成我想要的样子

在我心中
什么都可以省

热爱的不能省
——王康，快递员
用花呗分期买了一把萨克斯

去工作前
我想先去看看世界
——林玉苹，毕业生
用花呗开始了自己的环球旅行

自由的感觉
永远比定居更好
——小磊&艺嘉
用花呗换过四个城市

等一份机会
不如自己创造机会
——夏欣&刘旬&皓达创客
用花呗买了办公桌

活成我想要的样子
年轻就是花呗

花呗以真实姓名、第一人称视角口述的方式，表达了"你可以通过花呗过上想过的生活、活出想要的模样"的故事。花呗文案叙事中的"选择"是站在一种更为宏观的角度，暗示受众在人生的岔路口可以通过使用花呗实现更优质的选择，以获得更佳的人生体验。

总之，好的痛点型故事文案可以尝试从以上四种心理出发叙事，构建起痛点基础上的情感共鸣，以此达到"打动观众，而非打扰观众"的目的。

（二）体验"原型"

20世纪80年代，西方原型理论正式进入中国文学研究领域。西方文艺理论中，原型是指事物的本原或原始模型，这是一个涉及哲学、神学、心理学、文学艺术的概念。[①]本节借用这一概念，可将它理解为"故事引擎"，也就是一些经过时间、市场考验，容易吸引受众注意、引起受众兴趣的故事框架、故事情节以及讲好故事的套路。

无论在什么年代，受欢迎的故事往往拥有一个经历时代考验的经典"原型"内核。比如几百年前《水浒传》里面的108个梁山好汉，和21世纪在电影院里看到的《复仇者联盟》一样，大致上都是我们喜闻乐见的英雄豪杰、义薄云天的故事原型。每一个新媒体内容营销的优秀数据的背后，几乎都有一个经典而有魅力的原型，而原型就是大众的情感链接、文化偏好。

---

① 程金城. 原型的批判与重释[M]. 兰州：甘肃人民美术出版社，2008.

正如荣格所说：人生有多少个典型场景就有多少个原型。内容创作者们可以从人生场景中提炼出相应的故事并将其赋予戏剧夸张的手法，就能形成吸引人的原型。"好莱坞十个故事引擎"将原型提炼为：房内怪物、组队寻宝——这些原型可能源于人们儿时热衷的幻想或游戏场景；另外还有愿望成真、天降横祸、成长之路、终身伴侣、侦探解密、失败者逆袭、挑战制度以及超级英雄。而《救猫咪——电影编剧爆点》中还总结了10种影片类型，也可以理解为故事的原型，分别为鬼怪屋型、金羊毛型、如愿以偿型、麻烦家伙型、变迁仪式型、伙伴之情型、推理侦探型、愚者成功型、被制度化型、超级英雄型。[①]原型故事往往需要一个原型人物支撑。因为人物是故事的核心，人物的选择决定了故事的走向与精彩程度。公众号"IP蛋炒饭"则总结出九种故事原型，分别是有缺陷的人与神奇伙伴、人性本真者的日常生活、对抗恐惧的化身、和自己的阴影作战、寻找圣物的寻宝团、无名小卒被选为盖世英雄、王者归来、天真无邪者的大获全胜以及悲情英雄的救赎[②]。

  通过对这三种方式的归类总结，我们基本可以判断出，受欢迎的原型中，大致隐藏着平凡人对于实现不平凡的梦想寄托。因此，在新媒体内容中，一种最为常见的原型莫过于凡者成功，就如同人们从小热爱灰姑娘被王子眷顾的故事、长大了钟情完美的霸道总裁爱上无比平凡的姑娘的情节一样，社会世俗观念中不可能成功的失败者逆袭的故事，让每一个普通人掉入创作者铺就的美梦温床中，通过潜意识里的代入感而获得情感抚慰，精神上获得鼓舞。

  还是以抖音短视频为例，一些受欢迎的、获赞量高的内容，一般会注入一种逆袭的引擎，套入经典原型。比如在故事开始抛出一个问题——"大专学历在北京能生存吗？"然后从看似不具有竞争优势的"大专北漂"入手，讲述一个即使资源不足，依旧靠着自己能力逆袭的故事（抖音用户朱佳航于2020年5月2日发布《大专毕业，能来北漂吗？开开告诉我们，梦想这件事，不关乎起点，关乎当下，和未来》，获赞7.3万条[③]）。套用经典原型，或许不一定能造就爆款内容，但可以为内容的质量和关注度"保底"。正如网络文学类型中的"爽文"一样，新媒体内容创作者深知受众的"爽点"，就会让受众深陷其中、乐此不疲。正如抖音博主史雯婷（抖音账号：史别别，抖音粉丝4071万名，《北漂日记》总共更新23集，累计1.9亿次播放，总视频118条，单期视频最高点赞247.8万条[④]）说的一样，抖音上最喜闻乐见的故事模型：一个人，遇到了哪些困难，他或她做了什么选择和努力，最后取得了怎样的成绩。同时，在使用这一故事模型的时候，细节和场景要丰富，数据需要真实翔实。使用这样的模板进行微创新，最终出来的成果，一般会在及格线之上。史别别在视频文案中加入了大量的细节和场景，增强文案的效果，例如"做的第一条视频，只有两位数的赞""拍视频，结果砸碎手机屏幕""第一次做视频，不会剪辑、加字幕、去水印"等，这些都是她前期真实遇到的困难，也为她后面"愚者成功（视频"火"了，收获100万条赞）"剧情作了铺垫。

---

① 布莱克·斯奈德. 救猫咪——电影编剧宝典[M]. 王旭峰，译. 杭州：浙江大学出版社，2011：25-26.
② 陈格雷. 个人IP的九种发展模型（从罗永浩还钱说起）[EB/OL]. 2020-09-29. https://mp.weixin.qq.com/s/XjuX0_YBiHqs3FniPCRTzw.
③ 数据统计时间2020年9月15日。
④ 同③。

故事按照"普通人辞职在家——研究抖音头部账号——视频几乎无人问津、遇到了很多困难——不断学习、精益求精——做到单条抖音视频点赞破百万"的发展脉络，其实本质上讲述的就是"愚者成功"的故事。当然，因为短视频的特点需要第一句抓住受众的目光，所以将最后的结果前置，将"100万赞"这个成功结果放在最前面，吸引受众对后续的故事产生兴趣。当然，不是所有小人物奋斗的故事都一定能成为爆款，胜负的关键在于细节。细节是否经得起推敲，是否能引起共情，是否足够特别等。由此可见，虽然本节讨论的是"原型"或"套路"，但内容的成功并非依样画葫芦那样简单，文案的内容选择、叙述策略、传播途径，每一个环节都是十分重要的。

有些新媒体内容团队，会在社会文化现象中找到"原型"进行再创造。比如抖音短视频平台很火的"儿子与跆拳道爸爸的故事"（抖音账号：惊天碉堡团，抖音平台958.7万名粉丝，多条视频单期点赞突破100万条，2019年9月21日发布《潜力都是被逼出来的》点赞量达349.3万条[①]）和后面出现的同类账号打造的"灭绝师太妈妈"（抖音账号：妈妈再灭我一次，抖音平台粉丝266.6万名，2020年1月11日发布《你给妈妈做过饭吗？》点赞量达333.3万条[②]）。故事的矛盾都集中在家庭矛盾，主角都是一个"武艺高强"的家长（是跆拳道爸爸黑带的父亲，如灭绝师太一般的妈妈）以及一个"问题""不乖"的孩子。教育竞争和压力是目前中国社会的热门话题，"学区房""虎妈""狼爸"也是和教育息息相关、频上热搜的词汇。因此，抓住大多数人关注的话题或痛点作为原型，再辅以夸张的艺术表现形式，就是良好的故事引擎。

再次强调的是，按照拍电影或写小说的逻辑，内容创作者得让观众先熟悉、爱上你塑造的人物角色，才会为这个人物的命运或喜或悲。毕竟人们对陌生人的事情总是会冷漠一些，而对自己熟悉或者相似的人会更容易共情。所以，足够的细节铺陈就是要为此作支撑，不能让故事和人物显得很空、假和脸谱化，否则就算让内容中的人物上刀山下火海，受众也不会为之动容。

当然，在使用故事原型时，要注意将经历时间考验的原型与时代元素结合，生成富有体验感的新故事。并非简单的搬运、借鉴，生拉硬拽拼凑出的故事不仅不能创作出打动观众的内容，还会引起观众反感，不能达到预期的效果。

二、内容叙述策略

文案的生成逻辑是选题—创作—传播。上文我们关于原型的选择，是围绕内容选题策略进行了介绍，接下来我们在具体的创作逻辑上再进行一些策略的推敲。但要注意的是，这三个文案生成的环节都是息息相关的，不仅要根据选题的特点制定创作方案，更要考虑后续的传播力，让整个文案生成形成闭环。文案创作的策略有许多，无法在有限的字数里一一囊括，所以我们接下来会从很常见的三个方面，即设置悬念、挑战思维、调动感官来举例论述。

（一）设置悬念

设置悬念是新媒体内容创作最常见的写作方法之一。不仅可以对已有素材进行更好地

[①] 数据统计时间2020年9月15日。
[②] 同①。

表达，同时也是助力内容成为社交媒体传播友好型的有效因素。内容爆炸的时代，设置悬念显得很有必要，道理人们都懂——悬念会让受众产生好奇和兴趣，对内容产生探索欲。

例如，抖音平台一些"名侦探"就拥有较高的人气。抖音博主名侦探小宇（抖音粉丝1501.4 万名，悬疑剧系列目前更新 11 集，总播放达 3.2 亿次[①]）2019 年 12 月 9 日发布的悬疑剧系列第一集《在家突然发现，好像有人在盯着我》，视频点赞达 183.9 万条[②]。B 站 UP 主打泥泥（粉丝 123.9 万名，获赞 397.6 万条[③]）的悬疑类互动视频，也多期播放突破百万。足以窥见受众对于带有"悬念基因"内容的消费热情。

以微信公众号为代表的文字新媒体为例，好的标题是激发一次打开率的重要因素；而以抖音为代表的短视频新媒体，标题或者内容简介中的第一句话就显得同样重要。不管最终呈现形式是文字或者视频，在最容易吸引受众注意力的第一步就开始设置悬念是一个有效的技巧，作者通常会在标题、标签、文案主体的首句或首段等位置设置悬念，受众会尝试寻找答案，为内容赢得一次打开率；而受众也会在悬念获得有效满足后对发布者产生好感，产生向忠实受众转化的可能性。可以从创作者的创作角度进行悬念设置，也可以从受众角度进行悬念心理设置，[④]设置悬念的具体操作方法与激发痛点有异曲同工之处，下面会用相关案例展开分析。

设置悬念不等于无底线、无道德地夸大，以虚假、低俗的内容博人眼球。例如，挂羊头卖狗肉、恶俗的"标题党"就是臭名昭著的悬念设置误区，也是一种舍本逐利的行为。即使短时间内可以依靠这种不正当的竞争手段赢得了内容的一次打开率，但受到欺骗的受众会对内容的发布账号失去信任感；会对内容从业者的长期生存发展形成致命的打击。简单来说，好的文案既要用悬念制造期待，又要用内容满足期待，才能实现内容创作与受众的双赢。

制造悬念需要哪些具体操作呢？

范培松在《悬念的技巧》中指出，悬念有两层含义：从受众接受心理看，是指受众在阅读或者观看叙事性作品时，悬而未决之处产生的了解情节发展和关注人物命运的系列心理；从作者创作的表现角度看，悬念是叙述的手段和技巧。从上述可知，悬念在整个叙事活动中，既涉及创作过程，又关乎接受过程。[⑤]

悬念设置对文案质量至关重要。我们可以从创作手法及受众心理出发探讨悬念的设置策略。

1. 基于创作手法的悬念设置

在文案创作中，创作的悬念设置主要体现在故事的叙事方式。可以选择在开局、中间和结尾三处设置悬念，这三种设置悬念的方式不是孤立存在的，可以由创作者自由组合使用。

（1）开局设置悬念

①直接提问法。用问题暗示悬念，以达到快速抓住受众的注意，引起受众的兴趣的目

[①] 数据统计时间 2020 年 9 月 16 日。
[②] 同①。
[③] 数据统计时间 2020 年 9 月 22 日。
[④] 余苗. 悬念设置在《诗意中国》中的创新应用[J]. 中国广播电视学刊，2019（4）：52-54.
[⑤] 同④。

的。例如："马拉多纳去世，阿根廷举国哀悼三天，一个足球运动员他凭什么？"[1]看看这个标题，给出了足以引发疑问的前置条件：一个足球运动员的去世，却让一个国家举国哀悼三天，并非常见之事。因此受众会因为想知道"凭什么"而打开内容。

②先讲结局法。它属于短视频创作的一个常见技巧，先给出一个让受众困惑、好奇、期待的结局，让受众带着寻求线索的心理去寻找背后的真相，像拼图游戏一样，激发受众把事情全貌拼凑完整。"为什么""怎么做到"就像拼图游戏中最后一块拼图，是让受众打开内容并沉浸其中的"助燃剂"。例如，剧情解说类视频开头抛出有违常理、悬疑感满满的结局；或是个人成长类视频会将所获成果前置，然后再分享自己是通过哪些努力达到这样的成果。先讲结局法在讲究传播效率的碎片化内容消费环境中尤其适用，可以快速而有效地凸显内容关键点，高效地抓住用户注意力。

这一段文案选自《唐唐说奇案》系列的《11年越狱4次！日本越狱王缩骨功疯狂挑衅监狱！》。视频文案首先把"白鸟由荣四次从看守严苛的监狱中越狱成功"这一结局讲述出来，就像是拼图游戏一样，有违常理的结局会激发受众拼完事情全貌的欲望，"为什么"就像是最关键的最后一块拼图，是刺激受众打开内容的"助燃剂"。

③标题技巧法。尤其对于微信公众号这样以文字为主的新媒体平台，好的标题才能将潜在受众转化为具体的阅读量。标题中存在"自相矛盾"的因素，而且，往往会涉及受众真正关注、感兴趣的问题。例如，咪蒙的一篇文章题目为《说来惭愧，我的助理月薪才五万》，"助理"都可以"月薪五万"，给了高薪的老板却感到"惭愧"，这样几个看似矛盾的词组合在一起，就是悬念的由来。而在当今社会，升职加薪的事业痛点是非常普遍存在的，以此作为标题悬念的核心，是很容易抓住受众目光的。

如果带着这样悬而未决的疑问，受众点开了这篇文章，去寻找他想要的答案，这样的标题就算是取得了初步成功。

（2）中间设置悬念

一个完整的故事应该包括开端、发展、高潮、结局四个板块，在中部设置悬念是指在发展到高潮的进展阶段不断制造悬念的升级。文字类平台考虑内容完读率、视频平台还要考虑完播率。因此，内容的中部，在受众可能存在倦怠想要离开的时候，适当地用悬念给予刺激，留住受众。

内容创作者可以在内容中间设置碎片化悬念。碎片化悬念是通过碎片化叙事来完成的。即通过细节的展示让人感觉迷惑不解，当结局到来时，这些碎片式的疑点才会拼凑出完整的答案。不同的碎片画面相互映衬，悬念层层递进，高潮情节不断强化，答案仿佛近在眼前、一触即发，但却无法立刻获得——这能产生极为丰富的内容消费体验。拍摄过《盗梦空间》《穆赫兰道》《信条》等经典影片的好莱坞电影导演诺兰就非常擅长设置碎片化的悬念。细碎的悬念铺陈在电影中，答案若隐若现，但又并非昭然若揭，需要受众带着越来越强烈的好奇感看到最后才有可能揭晓。甚至待影片结束后，常常有意犹未尽的受众回过头去再次细品细节、拼凑碎片，完成对电影的深度解析，试图从更多维度去寻找答案。高超的悬念铺陈方式，让诺兰的影片多次获得票房和口碑的双赢。同时需要注意的是，不要

---

[1] "果壳"微信公众号文章，2020年11月26日发布。

只专注设密,也要适时解密或为核心悬念提供线索,让受众时不时尝到一丝丝谜团似乎快要揭晓的"甜头",这样才能构造一个跌宕起伏、又让受众不至于感到无助而厌烦的故事世界。

（3）结尾设置悬念

结尾设置悬念的方法是给故事一个开放式结局。尤其是在短视频等新媒体影视作品创作时,相比一个给定的闭合结局,开放式的结局给人在意料之外却又在情理之中的结尾,留给观众更多想象空间。比起将前因后果详细叙述,适当留白,或许更让人意犹未尽。

2. 基于受众心理的悬念设置

悬念在整个叙事活动中,从创作者角度,是一种表现技法;而从受众角度,则是一种维持观众情感体验的手法。布斯在《小说修辞学》中把受众的兴奋机制分为三种:一是认知层面,人对于真实具有强烈的认知好奇心;二是情感层面,人具有主动或者被动地希望自己所爱和所讨厌的人和事得到符合自己期望值的需求;三是体验层面,人具有主动或者被动地去体验或完成某种事情的强烈愿望。在此基础上,受众的悬念心理上,可以对应地将这三类归为认知悬念、情感悬念和体验悬念。合理地运用这些悬念的生发机制,可以使创作出的文案达到更好的效果。[①]

（1）困顿思维：认知悬念

认知悬念可以通过利用受众的困顿思维来实现。困顿思维是一种思维状态,"困",是对已经发生和未发生的事情迷惑不解,毫无头绪;"顿"迷惑揭开时的恍然大悟。[②]使用困顿思维创作的文案,让人有"山重水复疑无路,柳暗花明又一村"的感受,更容易给受众留下深刻印象。

一些短视频就利用困顿思维。一开始让受众觉得一头雾水,随着主角或受众的抽丝剥茧,剧情不断推进,最终解密,体会恍然大悟后的畅快感。我们前面介绍了悬念情节的设置,那么,不是悬疑类视频是否可以使用困顿思维？当然可以。例如,以宜家在法国投放的一条广告为例。一对母子来到宜家添置新家具,小男孩全程像小大人一般,挑选家具的材质、考虑家具的实用性、测量家具的高度,而母亲也全程放心交给儿子。困惑由此产生——看上去不足 10 岁的小男孩为何会举止如同成年人？接下来的小男孩种种举动更与其年龄定位不符,比如与店员暧昧攀谈、承包体力活（推推车、将家具转移到车上）,甚至主动刷卡付费的剧情让受众的困惑升级,最后镜头一转,本来准备开门上车的是小男孩,下一秒坐在驾驶座上的却是一位成年男子。原来,剧情中的"小男孩"实际上已经成年,与母亲一起采购家具是为了其独立居住作准备,因此,在母亲心目中有着不舍。观众视角中的小男孩,实际上只是母亲心目中留恋的那个童年时代的他。种种疑惑就此解开,宜家也恰如其分地给出广告文案"有些东西永远不会改变",既总结短片情感内核,同时还可理解为隐喻宜家家具的经久耐用。剧情中的惑贯穿全篇,最终的解密使得受众感受到畅快的同时,也能够实现情感上的冲击,从而留下深刻印象。

利用困顿思维制造认知悬念,可以从信息差、知识盲点等设置悬念,再以意料之外情理之中的答案解开谜题,使受众最终拥有战胜困顿的满足与获得感。以科普为标签的果壳

[①] 余苗. 悬念设置在《诗意中国》中的创新应用[J]. 中国广播电视学刊, 2019(4): 52-54.
[②] 张洁, 李浩. 利用困顿思维创作悬念广告[J]. 新闻爱好者, 2009(4): 48-49

微信公众号,就是设置常识性悬念的高手。科普性的内容并不好做,要把深奥的东西讲清楚、讲明白,还要适应新媒体的语态、形式等,比较考验功底。而果壳的科普文章可以达到每篇阅读量都几乎在"10万+"的水平,其内容封面中恰到好处的悬念设置,对于其内容的打开率是功不可没的。例如"果壳"在2020年11月29日发表的一篇文章《人类称它死亡的象征,它却是生命的使者》,配图是一只蝙蝠。蝙蝠,从来都不是一般人愿意亲近的动物,甚至成为极其负面的符号。而该标题将其强调为"生命的使者",与人们常识中的"死亡象征"形成鲜明对立,构建在大多数人知识盲点上的信息,足以让一篇讲述蝙蝠对人类有益之处的知识性内容脱掉枯燥严肃的科普外衣,而增添悬念色彩,让人愿意点开内容一探究竟。

(2)情感链接:情感悬念

诺埃尔·卡罗尔直接把悬念和道德情感联系在一起,认为当受众或观众或多或少直觉地估计到局势出现了一种非常可能的但道德或情感上非常不愿意的结果时,比如,坏人可能成功或好人可能失败时,就能感到强烈的悬念感。[1]

近年来泰国创意短片异军突起,且风格多样,情感成为这些内容的核心驱动力,几乎所有的悬念最终都会落地情感。《我的爸爸是个骗子》就是利用情感悬念这一技巧进行创作。在女儿写的作文中父亲的形象是"全世界最棒的人、最帅、最聪明、最机灵、最善良,是'我的超人'",但突然话锋一转指出父亲"说谎",是一个骗子!此时受众产生了情感悬念。然后女儿解开了答案,父亲为了让女儿快乐成长,独自扛下了生活的压力,笑着对女儿撒了很多谎,例如"爸爸不饿""爸爸不累""爸爸有钱"。情感悬念的揭开配合短片的视听语言,形成良好的内容消费体验。

(3)体验增强:悬念浸泡

体验悬念,可以理解为将受众代入进作品。以抖音博主黑泽的"大学恋爱"系列视频[2]为例,文案的故事设计充满了生活气息,受众可以一定程度上通过点赞投票,决定未来的剧情走向,成为未知后续剧情可能出现的阻碍型或助攻型配角。因此,整个过程的体验悬念是逐步增强的。以2020年年初播放的网剧《爱情公寓》第五季第十三集《弹幕空间》为例,视频本身包含互动选择题,不同的选择导致的剧情发展和最终的结局也不同。增强体验悬念,受众会因为对剧情的影响力而增强体验感,从而使得剧情的悬念感被强化。相信让受众参与式的"体验悬念"会随着技术的发展而不断升级增强,并在新媒体内容创作领域得到更广泛地使用。

(二)挑战思维

挑战受众的传统思维模式,颠覆过往认知,是文案创意常用的技巧之一,可以通过逆向思维、横向思维、多向思维等多种思维方式并用来进行创作。本节首先讨论在文案创作实践中比较常用的、效果最容易实现的逆向思维法。

---

[1] 余苗. 悬念设置在《诗意中国》中的创新应用[J]. 中国广播电视学刊, 2019(4): 52-54.
[2] "大学恋爱"系列视频作者黑泽,是真人恋爱养成类视频,观众可以通过为选项点赞,作出系列选择来决定后续剧情走向。2018年11月20日发布第1集,总共41集,于2019年2月14日完结,截至2020年2月4日播放量共计8903.3万次。

面对具体事物人们在思考的时候总有固有思维，而逆向思维法要求创作者"反其道而行之"。内容创作者在文案写作过程中可以通过反转剧情、另辟蹊径以及化劣势为优势等方法进行逆向思维。

1. 逆向思维法：最常见挑战思维的方式

（1）反转剧情

所谓的反转剧情，是指创作者从事物属性、因果关系、惯性思维等多方面寻找事物对立面，以受众意料之外的剧情走向，加强文案吸引力。

2017年3月，DDB中国与央视联合发布公益广告《器官捐献——心跳篇》。在广告中，不同的人轮流抱起哭闹不停的婴儿，试图安抚他。这些人有慈爱的奶奶、温柔的阿姨、可爱的姐姐、幽默的叔叔……但都失败了。最后，一个留着胡须的硬汉接过了婴儿，神奇的是，婴儿渐渐安静下来，露出了开心的笑容，甚至主动用小手去抓硬汉大叔的手指。视频最后的文字揭开了谜底——妈妈的心脏，在数月前移植给了他，并点出了视频的主题"加入器官捐献，爱，让心跳不止"。视频开始铺陈的情节打破了人们对"婴儿应该喜欢什么类型的人"的惯性思维——在人们的生活经验积累出的惯性思维中，粗犷的硬汉不会是婴孩喜欢的对象，因此人们会对婴儿作出的"选择"感到意外，意外之后又给出相对合理的解释，是一种令人酣畅淋漓的内容消费体验。简洁干净的画面、简单的人物对比，使得受众注意力全程被牵引，最终在意外之后，合情合理地烘托出器官捐赠意义这一主题，将宏大主体浓缩到具体的、微小的人物和简单的视听效果上，是一种比较高级的叙事技巧。

2018年，在社交媒体引发传播热潮的日本反鸡汤短片《人生没有奇迹》，影片开头是一个即将面试的女孩在公交车上给一位老人让座，按照一般影视剧的"套路"，女孩的善举应该会在后面的剧情中得到回馈。短片也在不断戏弄式地暗示观众，这个被让座的老人实际的身份应该是对女孩的面试结果起着重要作用的人。但随着剧情的发展才知道，一切都是误会，是女孩和观众的惯性思维之下的"心存侥幸"。普通人的人生没那么多奇迹。两分半钟的短片多次反转，层层推进。观众之所以能够频繁落入剧情设置者的圈套，就是因为被太多影视剧、小说里的类似剧情培养起了惯性思维，而该短片的逆向思维正是建立在这样的惯性上，才能够发挥功效。因此，逆向思维的创作方式，首先就是要细心观察受众的惯性是什么，为创意提供支撑点。

（2）另辟蹊径

所谓另辟蹊径，就是对一个话题换一个视角、换一种方式阐释。在激烈的市场竞争中，强化自己的差异化特征，也是赢得市场地位的一种有效方式。许多产品在做文案的时候，都会强化自己的差异化定位来迅速吸引消费者。比如飞鹤奶粉以"更适合中国宝宝体质"来精准定位自己区别于进口奶粉的差异化优势，效果卓著。2019年，在喊出"更适合中国宝宝体质"的口号之后，飞鹤营收达到137亿元，同比2018年增长32%。

（3）化劣势为优势

所谓化劣势为优势，就是说在文案创作时不回避自己的缺点，主动找出产品的不足，针对现存的问题，化被动为主动，这也是一种挑战思维的方式。

以国内两大凉茶知名品牌王老吉、加多宝的"爱恨情仇"为例。2012年，加多宝手中的"王老吉"商标被持有者广药集团收回，并需要在媒体上向王老吉公开道歉，对于加多宝来说，困局在前、劣势明显：一是多年经营的凉茶生意由于商标意识不强，最终构成违法行为，让利于人的同时，还亟须一场拯救声誉的危机公关；二是改头换面为"加多宝"之后，如何让消费者将这个陌生的名字与之前已经售卖多年的知名产品再度发生联系，开启一场东山再起的市场攻坚。在这样的背景下，加多宝推出了"对不起"系列文案（如图4-1所示）。

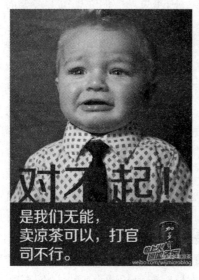

图4-1 加多宝"对不起"系列文案
注：图片来源加多宝凉茶官方微博。

加多宝的聪明之处在于，借力竞争对手形成文案，以道歉为名，将败诉、违法等负面因素转危为机、化劣为情，突出自己17年老品牌、比肩可口可乐的情怀优势，以弱势一方的角色获得大众更多的同情。弱者优势也是当今社交媒体环境下比较常见的一种受众心理，即大家更容易对表现弱势的一方呈现出非理性的情感偏移。

2021年11月19日，白酒品牌江小白在其官方微博上连续发布了100条海报文案，并与多家企业互动，庆祝品牌10周年。

这些文案的一大亮点在于将网上对品牌的负面评价，转化为营销亮点，例如：

有网友说，'狗都不喝江小白'，我们同意，狗确实不能喝酒，猫也是。

随机找10个喝过江小白的人，9个会说江小白不好喝，如果真是这样，靠着那1个人，10年我们卖了1090730528瓶，剩下的9个人让我们有了前进的动力。

商家一般会对消费者的负面评价唯恐避之不及，但也可以参考江小白的这个案例，基于逆向思维，将负面信息进行合理利用，也体现了品牌的幽默与大度。幽默感在社交媒体时代是一种非常宝贵的分享"燃料"。品牌这种取材于大众的幽默感是一种聪明的手段，使得内容自带具有分享价值的社交货币，形成良好的用户自主传播效果，实现了缺点逆向思维法中的褒贬逆向。

2. 其他常见思维法

除了逆向思维，本节还将以案例分析的形式介绍一种对于新媒体内容创意来说同样有效的思维模式——横向思维。

比起逻辑严密、严格遵循定式的思维步骤来解决问题的纵向思维，横向思维则是一种敢于打破固有的逻辑思维顺序的思路。横向思维甚至将问题原有的逻辑打破重构，以颠覆性的、解构再造的思维方式去解决问题，很多时候会取得意想不到的效果。著名的田忌赛马的故事，就贯穿着横向思维模式——孙膑提出以下等马对战对方的上等马，以上等马对战对方的中等马，以中等马对战对方的下等马，就是打破了固有的思维方式，重建了比对逻辑，成为经典。

我们来看另一个经典的案例。在雅典，游客会从帕台农神庙的古老立柱上抠下碎片，当纪念品带走，当局该如何应对这种违法行为？这道题目的答案是：当局将一些修补神庙用的大理石碎片散放于神庙周围，让游客误以为这些碎片来自古老立柱，一定程度上减少了游客的违法行为。如果按照纵向思维的逻辑惯性解决立柱被破坏这一问题的思路，必定要围绕着立柱本身展开。传统的思维顺序通常会给出不要破坏立柱——保护立柱——把立柱围起或是派人守卫这样的思维顺序。但横向思维的答案的区别则体现在，不将解决问题的方式局限在问题本身，不拘于线性的、常规的思维方式，也不急于给问题下定论，而是先把传统逻辑放置一旁，将思维发散出去，将保护立柱的方法脱离立柱本身，以获得全新的思维灵感。文案创作者需要在生活中有意培养自己横向思维的能力，并灵活运用于文案创作当中。要建立起横向思维体系，我们应该做到以下几点。

①对于一个命题给出足够丰富的策划方案，可以开启头脑风暴模式。

②多借助逆向思维的启发。

③包容新的想法，无论是来自于自己头脑中天马行空的胡思乱想，还是他人的不同观点。

④尽量充盈自己的信息量，扩大自己的内容接触面积，使自己的信息来源尽量多元化；跳出自己的思维舒适圈，用异质化的信息给予自己思维上的新鲜刺激，以获得更多的灵感。

3. 挑战思维的具体方式

如何在文案创作中使用这些包括逆向思维在内的创造性思维，以达到挑战思维的效果？常见的方法很多，比如选取一个核心词汇进行联想发散的"头脑风暴法"，但由于篇幅有限，本节选取常用的曼陀罗思考法以及思维导图法进行简要介绍。

（1）曼陀罗思考法

曼陀罗思考法又称九宫格法，是日本学者今泉浩晃首次提出的。简单来讲，该思维方式就是以九宫格为基础，以最中央的格子为核心向四周发散。用李清照的《如梦令·常记溪亭日暮》为例（如图4-2所示），介绍曼陀罗思考法的基本框架。格子中央先填上了李清照词中的5W要素中的who（是谁）这一核心进行发散，生成了包括what（发生了什么）、when（时间）、where（地点）、why（原因）在内的相关要素。但这不是思维的终点，核心之外的任何一个格子都可以再次成为核心，生成新的九宫格。思维由此扩散开来，形成无数个创意可立足的词汇，思考不再限于单层次，而成为思维网络。大家可以发散思维，对图4-2的空白格子自行补充联想的词汇，还可以根据补充的内容形成新的九宫格，将网格尽可能地扩展下去。

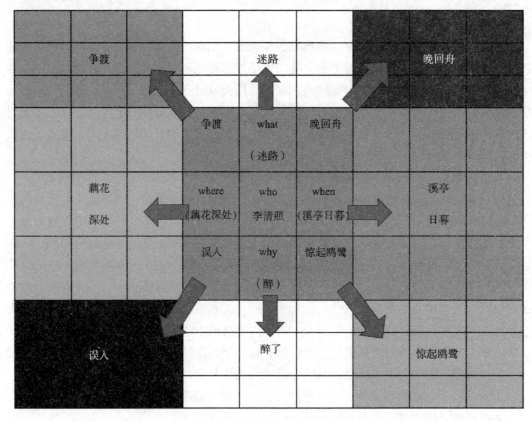

图 4-2　以李清照词为例的曼陀罗思考法示意图

（2）思维导图法

在使用思维导图法之前，需要一定的词汇积累，在日常学习中可以通过训练来测试和增加词汇量。

思维导图是模拟大脑的发散性思维，有一个主题向外发散，有逻辑地将多个信息单元链接在一起，简单高效（如图4-3所示）。当然，就如同九宫格法一样，每一个延伸出来的词汇又可以作为中心词汇，进行新层次的发散。简而言之，无论是九宫格（曼陀罗思考法）还是思维导图法，在进行延展的时候，不能单纯地讲究词汇数量，还要注意每一个词汇的创意性、新颖性、延展性、逻辑颠覆性等。

（三）调动感官

通感又称联觉或者移觉。所谓的通感就是利用形象的语言使感觉产生转移，比如将听觉、视觉、嗅觉、触觉等相互挪移，将代表感觉 A 的词语换移为感觉 B。中国古代文学中就已经可以看到通感手法的使用痕迹，例如诗句"天街小雨润如酥（酥：一种奶酪）"，打通了触觉与味觉的通感；"君子之交淡如水"，则是将意觉转化为味觉的通感。通感让人们的感官被充分调动，使得抽象的文字变成了具象而熟悉的感官体验。因此，可以作为文案创作的一个有力武器。

但需要注意的是，文案初学者容易陷入一个误区，过度追求文采的华丽、过多使用形容词，这在文案创作上几乎是无效的，甚至会有反效果。形容词过于抽象，很难调动感官为受众构建画面感，因此无法使文案鲜活而失去感染力。

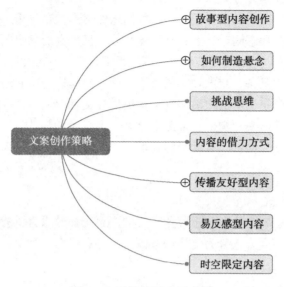

图 4-3　思维导图法示意图

好的内容应该是自带画面感和音律感，受众可以很容易理解作者所表达的意思，获得更好的审美体验。尤其是对于内容的营销来说，降低受众的媒介或然率（关于媒介或然率的概念我们在第一章第一节中已有阐述）的有效手段就是尽量降低受众对内容的理解成本。

也就是说，调动感官需要用具体代替抽象，多用动词、名词而非形容词描述故事的细节；巧妙精准的比喻、拟人等修辞为故事增色，能更好地调动感官，受众的体验会更顺畅美妙。例如，同样是耳机文案"环绕立体音质，极致奢华享受"，对受众来说就会觉得太抽象，而替换成"戴上耳机，去听一场现场音乐会"，就不仅将耳机环绕立体音质表达出来，而且"听音乐会"这种具体的实践体验也可以化抽象为具体。

三、文案传播策略

在这一节，我们将讨论创作者如何将精心打造的文案产品"销售"出去。乔纳·伯杰教授在《疯传：让你的产品、思想、行为像病毒一样入侵》一书中，提到了让事物疯狂传播的准则，就提到了"社交货币"和其他的借力方式[1]。下面我们将社交媒体时代引发"疯传"的最实用策略归纳为借助社交货币、内容借力两大点来展开讨论。

（一）提供社交货币

社交货币源自社交经济学的概念，它是用来衡量用户分享品牌相关内容的倾向性问题。学界一般认为社交货币一般有五种分享的心理动机，分别是：寻找谈资、表达想法、帮助别人、塑造形象和社会比较。

---

[1] 乔纳·伯杰. 疯传：让你的产品、思想、行为像病毒一样入侵[M]. 刘生敏，廖建桥，译. 北京：电子工业出版社，2014：40.

社交货币是分享的驱动力，而分享也是社交媒体存在的内核。但值得注意的是，并非技术激发了分享欲，而是为分享欲的迸发提供了实现的可能。人类的分享欲是天生的。比如在信息只能从报刊中获取的中世纪英国，人们依然会走入咖啡馆，就报刊上的内容进行高谈阔论的分享，并寻找志同道合的分享群体。分享是社会的黏合剂，人们依靠分享绯闻和八卦建立关系、形成群体；而在信息技术高速发展的今天，人类进入了泛社交化的时代，几乎所有的内容平台都具备一定的社交属性。因此，分享这一功能的重要性达到了前所未有的高度。提供具备分享价值的文案，就是在提供社交货币。而这样的文案一般具备如下特征：与社会目前的价值观相契合、来源于社会热点议题、与日常生活相关性强、能让受众从中获得价值、能成为谈资、可以帮助到别人、受众可以借转发来塑造自己理想的社交形象等。

（二）营销借力

"好风凭借力，送我上青云"。想要让自己的文案传播效果直上青云，就要知道如何聪明地借助他力。营销借力方式分为传播场景借力、热点借力、互动叙事借力、媒体平台借力等几种。

1. 传播场景借力

场景传播，可以理解为在特定情境下个性化信息、服务的精准适配。[①]

通过传播场景建构，有利于生产出的内容满足受众欲望、响应受众需求、为受众创造价值。传播场景借力，就是为受众提供当下场景中适合消费的内容，并通过场景叠加延长受众卷入时间，在多层联动和场景互动中激发受众共鸣、共情和共振，使受众归属感得到强化。[②]可以把"场景"二字分开来看，"场"字代表场合，"景"字代表情境，也就是说作者要用文案向受众强化在某种场合需要或者适合消费某种对象的诱人情境。比如"今年过节不收礼，收礼只收脑白金"就向受众暗示了过节送礼的这样一个消费情境，但这不够新颖，可能很难激起更大的水花。看看英国百货 Harvey Nichols 在圣诞期间推出的文案：Sorry I Spent It On Myself（抱歉我为我自己花钱了）。告诉消费者，在节日的时候，除了将一大笔钱用来取悦亲朋好友以外，更应该给自己送上一份精致的礼物。该百货公司推出一项服务，只要消费者在购买东西的同时搭配购买包装好的小商品，就能获得相应的折扣，强调带有"仪式感"的消费场景，而那句"抱歉我为我自己花钱了"的文案，实际上以消费者的口吻，强化节日这一"场"，以及善待自己的消费之"景"。

消费者在什么时候会使用你的产品？使用过程中会有什么需求或痛点？这是内容创作者借力场景时需要放入脑海的关键。比如地铁公交上，看手机无疑是大多数人打发时间的方式，但是信号的不稳定是这一消费场景的常见痛点。因此，新加坡图书出版商 Math Paper Press 利用了这一场景中的需求，把图书中的段落植入离线页面中，当用户访问网站断网时，就会看到这些段落和售卖书店的地址，对场景需求的精准满足，无疑成为有效的营销手段。

某面膜品牌更是在其产品包装上为消费者列出了一周七天的使用场景。例如：周一在

[①] 钱琳. 场景化：移动音乐传播的新途径[J]. 传媒，2020（16）：60-62.
[②] 同①.

下班之后使用该面膜,周二在练完瑜伽之后使用,周三在泡澡时使用,周四在运动跑步后使用,周五晚上则在参加派对之前使用……通过场景的搭建,暗示产品与消费者生活的强关联性,受众心理上对产品的归属感也就被构建起来了。

2. 热点借力

热点是时下人们最关注的、乐于分享的话题。不管经验是否丰富,内容创作者都知道要"蹭热点",不知道社会大众在关注什么、讨论什么的新媒体人,一定不够优秀。除了热门社会话题以外,重要节日也是一种可以利用的热点。节日是一种特定的社会文化,会引发一个地区或民族的大多数人的共同情感。比如对于春节来说,关于亲情的故事就是受众最乐于消费的一大热点。但热点之所以"热",也就意味着众人皆知,容易陷入重复使用、千篇一律、受众审美疲劳的困局。因此,如何"热"的同时兼顾"新",是文案创作必须思考的问题。2019年年初刷爆社交媒体的动画电影先导片《啥是佩奇》,利用了春节受众对团聚、亲情等内容消费欲望的这一热点进行借势营销,同时也体现出了审美上的独特性。《啥是佩奇》将当时的亚文化"网红"小猪佩奇(在中国的互联网亚文化群体中,人们将这一卡通形象戏称为"社会人",小猪佩奇的解构再造,是亚文化语境中的审美体现)与春节这两个当下的热点素材巧妙结合,用来讨论两代人,甚至三代人之间的代际冲突、城乡文化冲突这种容易引发关注的社会热点问题,并用幽默冲淡了沉重,用爱串起悬念。虽然是"蹭热点",但因为切入角度新颖、创作手法高明,瞬间引发多社交媒体受众的自发传播,关注流量激增,达到了对《小猪佩奇》春节档电影的营销目的。

故宫是近年来一个热门的超级IP,瑞幸咖啡在与故宫联名时"巧借东风"。瑞幸咖啡的主题店开在故宫太和殿左侧的箭亭,文案创作者便以此为背景构思了六阿哥射小鹿的剧情,而瑞幸咖啡的logo正是白色的小鹿。

借力热点,不仅能通过营销来增加自己的品牌热度,还可以摆脱负面舆论的"绑架"。2020年2月,因受疫情影响,全国高校组织在家上网课,而钉钉App被一些学校选中作为授课平台,部分学生将学业压力带来的负面情绪转移到平台身上,纷纷在应用中心给钉钉App打"一星好评"。就此情况,2020年2月17日,钉钉在B站发布视频《钉钉本钉,在线求饶》进行公关,以说与唱结合的形式,内容幽默风趣,表达了自己的无奈与无辜。讨喜的歌词,配合洗脑的旋律,同时钉钉吉祥物"钉三多"做出哭泣求饶的姿势,两日内视频观看突破500百万次。面对热点,"钉钉"及时响应并巧妙借力,顺利摆脱了负面的舆论环境,转负面影响为积极的营销效果。

3. 互动叙事借力

5G时代内容之战,VR电影成为"兵家必争之地"。例如《精灵鼠伙伴(Buddy VR)》[①]就利用了不同于其他VR电影的手段,它尝试与观众一起制造交互性影像的方式,进行传者与受众的互动叙事:在电影中,观众可以通过控制手柄,给小老鼠巴蒂投食、交换写有名字的小纸条以及与巴蒂一起玩耍,在观影过程中,会感觉和小老鼠巴蒂成为真正的朋友。VR具有很好的互动性,新媒体内容与VR技术结合产生互动叙事,给观众沉浸式体验。

除了VR电影外,B站等视频网站还出现了很多互动类视频,如2020年1月9日UP

---

① 《精灵鼠伙伴(Buddy VR)》于2018年斩获威尼斯国际电影节最佳VR体验大奖。

主"打泥泥"发布在 B 站,名为《【互动视频】你能在规矩森严的古代活下去吗?》的内容,播放量 125.1 万条,点赞 5.6 万次,收藏 1.1 万次,投币 9546 个,转发 9375 次[①]。受众通过选择答案通往后续情节或"求生失败,重新选择"。视频开篇可以进行身份选择"贵人""大臣"以及"小太监",画面与背景音乐选自热门清宫剧,给观众戏剧化的代入感。面对场景选择了错误的答案,不仅有"斩立决""打入冷宫"的画面,也会进行"答案解析"。题目设置有一定难度,例如"茶宴之上,皇上派人送茶,这时候你应该喝什么茶? A. 六安瓜片 B. 三清茶 C. 龙井茶"。在选择和试错中,内容更显趣味性,不同的选项会导向截然不同的"人生结局"。

互动叙事加强了受众对创意和内容的沉浸式体验,对于娱乐性的提升是有好处的。对内容走向的"胜任感"可能会让受众将内容视作自己的思想产物,从而提升分享欲,优化内容传播效果。但值得注意的是,互动性的内容消费可能会过度倚重游戏性而降低叙事的深度、连贯性、完整性等内容消费体验,形成泛娱乐化的内容生产特征,是创作者在进行此类内容生产时需要谨慎考虑的问题。

4. 借力媒体平台

再优质的文案内容如果缺少媒体平台的支持,难免会有"明珠暗投"的情况发生,使得传播效果大打折扣。因此,内容方一般会费尽心思地想得到平台的流量扶持,也就是俗称的"上热门""上首页推荐"。

商业化的文案创作不是自娱自乐,不可闭门造车。要想获得良好的传播效果,有时候需要获得平台青睐、弄懂平台的规则、知道平台的"风口"在哪,才能借助其东风扶摇直上。例如 2020 年 2 月 12 日,抖音发布"美食创作者扶持计划",每月发布多于四条的美食原创视频,同时添加官方指定的话题#美食趣胃计划#即可成功加入,内容质量和综合数据(观看、点赞、评论、转发等)较高的账号,就有机会获得官方流量扶持。按照官方公布的奖励,美食人气排行榜和美食新锐排行榜前 10 名的优质账号,会分别获得 1 万元和 5000 元的"dou+"(即通过抖音的智能算法推荐给 5000 名潜在感兴趣者)奖励。有了平台的奖励政策,好的内容才能够获得事半功倍的传播效果。另外,加入专业的 MCN 机构也会架起内容与平台之间的桥梁。这些将在第六章对 MCN 机构的业务进行详细介绍。

第二节 传播友好型内容

传播友好型内容,即受众乐于传播的内容。在信息过剩、数字爆炸的时代,人人都是自媒体,对受众注意力的争夺之战日趋激烈。"内容为王"并不意味着好的内容就会如预想般自然传播。在新媒体的大环境中,"酒香也怕巷子深"。前文已经对好的文案写作策略进行了探讨,本节运用前面谈到的方法和技巧,结合马克·费舍尔在《热点:引爆内容营销的 6 个密码》一书中的观点,我们总结了传播友好型内容的三种主要类型:实用干货型、个人标签型、关系维护型,并探究了传播友好型内容生成的三种方式:注入易传播因子,注入 KOL 的光环,以及注入高质量粉丝的热情。

---

① 数据统计于 2020 年 9 月 16 日 17:00。

一、传播友好型内容的三种主要类型

（一）实用干货型

实用干货型并不存在统一的标准，而是根据不同受众所关注的不同领域而发生变化。它可以是抽象的宏观的问题，如个人成长、自我价值的实现、社会的进步、科技的发展等；也可以专注解决一个具体的问题，例如"如何零基础自学日语""如何30天瘦10斤""3个笔记绝招让学习效率疯狂翻倍"等。身处现代社会的压力与焦虑之下，人们本能地会对实用干货型内容产生兴趣，即使转发并不等于会去做或者做到，他们也可能会先用"码住（收藏）"在心理上获得一定的满足；或是希望通过转发让他人获利，从而获取社交货币。

（二）个人标签型

传播的内容是受众对个人精神形象的定位以及展示，以便打造个人标签及在"同好"中赚取社交货币。学者常转发最新的观点、文章等学术圈动态；年轻人对娱乐资讯、时尚类内容的高讨论度等，他们都渴望标签可以变成社交货币，对他们的"人设"进行补充以及帮助他们搭建与他人的理想关系的桥梁。社交媒体为人们精心设定或调整自己的"人设"提供了便利，进一步地激发了人们的这种需求。因此，新媒体从业者应该了解所运营的新媒体平台的受众类型，在文案创作时从为他们打造"个人标签"的角度去展开创意。

（三）关系维护型

身处社会中，人往往不是孤立存在的个体，而是处于各种关系网络之中。例如员工会自发或"应要求"转发公司发布的相关新闻内容，这就是个人与他人、个人与组织之间的关系维护型内容。要注意的是，这种类型的内容要基于自身质量的基础上，通过利益相关者扩散才能长久达到传播友好型内容的标准。

二、该为传播友好型内容注入点什么

（一）内容注入易传播因子

内容的传播因子根据不同的受众偏好而形式多样，比如聚焦热点与情怀的选题、善用个性元素、引爆情绪、提供社交货币等。这些技巧大多在前文进行了详细的介绍，此处不再赘述，仅选取"善用个性元素"这一传播因子进行案例分析。所谓个性元素，就是区别同类型内容的特点。例如，虽然同样是美食博主，李子柒不仅有"美食和美人"，更有独树一帜的古风元素。新奇有趣的个性元素会给受众发现宝藏的感觉，进而想要分享出去。

年轻人是新媒体用户的主力军，因此新媒体文案语言切忌不可曲高和寡，要善用个性元素，要懂得并会玩网络最新、最热的梗和段子，并以他们喜闻乐见的形式，发布在他们活跃的平台上。

（二）注入 KOL 的光环

特定领域的关键意见领袖的话语权是非常值得重视的，他们的评论对于营销效果影响至关重要。例如，以某位健身达人为标签的瘦身食谱推广，其广为知晓的领域权威感，会在第一时间吸引对相关内容感兴趣的消费者,并成为值得分享的话题原始驱动力。在具体文案内容创作中,创作者可以根据主题选取领域KOL,这就要求创作者事前做好工作,对所涉及的领域有基本的了解。

(三)注入高质量粉丝的热情

粉丝基数固然重要,但根据现在各大平台的推送算法,账号的内容并不能保证及时分发到每一个粉丝。因此,比起粉丝基数,粉丝黏性、忠诚度以及转化率显得更为重要。忠诚的粉丝不需要依托平台的算法分发获得内容,而是会自主订阅、积极消费,并且转发和分享他们认可的内容。

2019年以来,不乏有很多明星涉足抖音、淘宝等直播带货。他们虽然拥有可观的粉丝数,但是却常有"翻车"现象,直播很长时间,但购买人数寥寥无几。因此流量与销量并非永远相通,毕竟消费者越来越聪明了。比如一个明星在影视领域积攒起来的流量,未必可以转化为商业领域的消费流量。这里所指的高质量粉丝,必须在内容创作、产品和服务、社群维护等方面都下功夫,才能获得。只有拥有了忠实粉丝的首轮传播,让内容更好地进行第一轮曝光,才能为内容升级成"传播友好型"内容奠定基础。

第三节 易反感型内容

易反感型内容,是指在营销过程中,出现传播效果的逆反效应,激发受众的不满、抵触、排斥等情绪的新媒体内容。

想要避免自己创作的内容引发受众反感,需要创作者回溯到内容创作、传播、营销的具体环节中,去寻找使受众产生反感情绪的原因,才能有效消除或者降低逆反效应带来的不利影响。

本节总结出三条常见的"易反感内容"成因,分别为:预期心理落空、伦理与情感相悖、精神操控;并提出提升内容好感度的策略:预期心理满足、重视情绪体验、凸显人性化和重视消费体验。

一、易反感内容成因

(一)预期心理落空

受众在体验新媒体内容的时候,有自己的预期心理。媒介的使用与满足理论研究提出:受众对媒介的使用总是带有动机和想要获得某种需求。内容消费也是如此,如果因为某种原因(比如标题、标签、预告片、账号名称等)产生了消费预期,但是没有看到自己的预期内容,就会产生反感心理和不良后果,平台会因此失去一部分流量,博主也会失去一部分粉丝。

(二)伦理与情感相悖

2019年1月,新媒体人咪蒙旗下的微信公众号"才华有限青年"发表推文《一个出身寒门的状元之死》,讲述了一个寒门出身的高考状元,在努力奋进、坚持道德原则的生活中,却由于社会的种种不公与桎梏饱受挫折,最终因病去世的悲惨故事。该文章声称采用的是纪实的方法，只是因为出于隐私保护的考虑对主人公的相关信息进行了模糊处理。

但是该文章的真实性很快受到了网友的质疑，尽管"才华有限青年"坚持自己的文章"绝对真实"，但最终还是因为该内容违反了《即时通信工具公众信息服务发展管理暂行规定》而遭到删除，同时发布账号"才华有限青年"也被禁言60天。

可以想象，该文章本来是想借助煽动公众情感赢得关注与流量，却由于其暴露出虚构事实、恶意煽情、引导社会不良情绪而引发舆论的反噬，同时也受到相关法规的惩处。

在注意力昂贵的新媒体环境下，煽情主义似乎成了吸引目光的方法之一。但实际上，无论是利用他人的苦难还是利用社会痛点虚构苦难，恶意制造阶级对立、社会矛盾的煽情手法，都会造成受众在伦理和情感上的反感，被市场抛弃。

（三）精神操控

精神操控，也就是俗称的"洗脑"。一些无底线的博主喜欢极端利用某种社会议题或价值观，然后加以情绪煽动，使受众成为自己极端情绪的"信徒"。这种方式或许一时奏效，但是在越来越成熟的新媒体内容市场，受众的媒介素养和价值导向的辨识能力日益提升，一味地试图使用煽情手法对受众进行精神控制，将极有可能造成反噬。

2018年央视《新闻周刊》对杨冰阳（网名：Ayawawa，知名情感博主）进行了点名批评，指出她贩卖性别焦虑，教人为"奴"，突破道德底线。而此前，她曾因发布关于慰安妇的不当言行被新浪微博禁言。借用《中国妇女报》官方微博的一句话："情感教主的邪说与时代精神完全背道而驰。"2019年6月7日，被禁言半年之久的Ayawawa"复出"，公众号观察者网就此事发布文章《Ayawawa复活了？》，文章下方受众反应激烈，"这种人怎么还能复活？！"（网友侯芳，留言点赞1820次），"这种人的微信公众号就该永久查封！毫无正能量的说辞！"（网友小赖同学，留言点赞717次），"坚决封杀，永不留情"（网友蓝色的天空，留言点赞465次）。①

由此可见，此类易反感型内容的生产者很容易被理智的受众识破诡计并举报，轻则被禁言批评，重则封号。

二、提升策略

（一）预期心理满足

例如一位想要减肥的女士，认真地看了一篇文章的"干货"分享，最后才发现是微商在卖减肥产品，预期心理会落空，有一种被欺骗的感觉。因此，这样的文章就可以被判定是易反感型内容。

因此，在B站等视频平台，博主接了品牌方的推广，会在视频开始的地方说一句这样的台词"这是一条恰饭②视频"，这种事先说明，反而容易得到观众的理解，认为博主真诚值得信任。同时建设了一个"接下来会看到广告内容"的预期心理，不仅不会引起强烈反感，反而会因为博主们将广告进行了原生化的处理，使其成为一条符合平台风格、具备消

---

① 数据查询时间2020年9月18日。
② 恰饭：本意吃饭，主要是指内容创作者接广告赚钱养活自己。

费价值的内容（比如在抖音上它是一条有趣的视频，在知乎上它是一则信息量丰富的文章等），从而使受众获得高于预期的消费体验。

（二）重视情绪体验

前面我们提到，新媒体从业者不可以为了追求"爆款内容"，丧失伦理道德底线。比如通过贩卖情绪价值，试图煽动性别对立、职业对立、仇官仇富等社会不良心态；通过情绪动员来操纵舆论，吸引更多关注，甚至生产毁三观、无底线的内容来哗众取宠，妄图精神操控受众。在生产新媒体内容时，需要平衡内容可消费性与社会伦理观念、受众情感等方面，否则最终也会被舆论反噬，被官方封禁、被受众抛弃。

负面情绪像是引线，能够迅速引爆舆论，但也极容易玩火自焚；积极向上、笔触平静而温暖的内容就像是社会的抚慰剂，虽然少了一些血脉贲张，但不代表不会赢得受众青睐。2020年以来，抖音、微信公众号等平台记录下许多抗疫一线的英雄事迹，给国人精神鼓舞，同样获得了很多观看、转发与点赞，成为特殊时期受众对抗恐慌、获得慰藉、形成社会向心力的一剂良药。

（三）凸显人性化和重视消费体验

新媒体内容营销需要创造经济效益，但优化内容消费体验的人性化处理，往往可以借助一时的让利而创造更大的经济效益。2016年，农夫山泉开启了无条件关闭广告的模式，受众从以往被迫接受到现在可以自由选择，而且广告的内容制作精良。根据品牌方提供的数据，真正选择跳过广告的观众不到30%。本来广告给人先入为主的印象容易被划入易反感型内容，但农夫山泉在保证内容精良的前提下，通过凸显人性化的商业手段，反而赢得了受众的好感，提升了广告的完播率。

对于新媒体市场而言，受众的消费体验能够决定内容的存亡。例如对于碎片化内容消费习惯的受众而言，控制时长，其实也是一种消费体验的提升策略，这要求传播者把握内容消费的"黄金时间"，不要贪婪于内容展示而引发消费反感。根据DCCI的调查数据，可以接受高于45秒前贴片广告的视频用户只有3.8%。因此，内容营销者要积极致力于对用户消费体验反馈渠道的搭建，加强对受众消费体验的调研力度，从而保证营销效果的实现。

总而言之，如果为了易传播而将内容建立在毁掉原则底线，不顾社会习俗、伦理道德、受众体验的基础上，那么因此而获得的短期利润也终将被连本带利地收回。

第四节 时空限定内容

在语言当中，语境的时空限定体现了对话必须以言者的话语为中心。当字面上的时空限定消失，言者就无法给文章提供明确的时空限定，受众就无法在一种强制性的语境中同作者"展开对话"①。无论是文字类、影视类或者其他类型的新媒体内容，不同的时空限定组合都为新媒体文案创作定下不同的基调。时间可以分为限定时间和非限定时间，空间同样可以分为封闭空间和开放空间，并将其排列组合出四种组合：时间空间双重限定、非

---

① 俞建章，叶舒宪. 符号：语言与艺术[M]. 上海：上海人民出版社，1988.

限定时间+封闭空间、限定时间+开放空间、时间空间皆非限定。本节选择具体案例，对四种组合进行介绍，并揭示其对文案创意效果的影响。

一、时间空间双重限定

时间与空间双重限定的组合，即将主人公的行动限定在一个特定的时间和空间内，使得受众的思维也被"限制"在特定的时空内，更容易形成紧张的叙事氛围。比如《泰坦尼克号》就是时间空间双重限定类型的电影，受众在观看影片时，会清楚感知激烈的情节发声在短暂的时间与特定的空间：一艘在短时间内即将被淹没（时间）的巨轮上（空间）显得更为紧凑、精彩。

总而言之，当时空被限制时，受众的注意力更容易不被复杂的因素干扰，故事中人的心理活动、情绪波动由于限制而更容易得到凸显，推动故事情节发展。

二、非限定时间+封闭空间

在这样的故事中，空间被封闭，随着时间的流逝，人物和空间之间的冲突可以逐步展开。微信公众号"GQ实验室"推出了一篇《一个坐月子的男同志的二月月报》，描述人们在家办公和学习的状态，选取部分内容如下。

本月到岗速度日渐提升，为自己感到骄傲。
第1天，从床上到书房，20步到岗。
第6天，从床上到沙发，10步到岗。
第15天，起床打开电脑，1步到岗。
第21天，听到闹钟解锁手机，睁眼到岗。

文章运用了非限定时间封闭空间的组合，以"月报"的形式，用幽默风趣的语言，记录了大部分人在家工作、生活的细节。漫长的时间里，狭小的生存空间仿佛被生活赋予了更为多重的含义，细节被放大、空间被细节填充和延展，该文章获得了阅读量"10万+"的认可。

三、限定时间+开放空间

限定时间，开放空间的叙事架构，很容易联想到《盗梦空间》等好莱坞大片。主人公需要在梦醒之前的限定时间穿越在多重梦境空间中完成指定任务，时间限定给主人公必须马上行动的理由，也更容易带动受众，体验紧迫感。这类技巧不仅仅只能用在科幻大片中，在新媒体内容中使用得当，同样可以如鱼得水，给受众"大片感"的新奇体验。在创作此类型文案时，内容创作者需要首先设置主人公不得不马上行动的动力目标，并不断提示时间流逝的速度，同时让剧情曲折化，每次感觉临门一脚就要达成目标，却又阴差阳错与最终目标擦肩而过，以此营造紧迫感和刺激感，而空间的不断变化则带给受众更丰富的情境体验。需要注意限定时间不宜过长，否则会削弱受众的紧张感，让体验大打折扣。

四、时间空间皆非限定

这种时空设置模式常见于公路片。故事建立在主人公在漫长的旅程中，时间与空间都相对开放。艺人柳翰雅打造的网络综艺《奇遇人生》就是此类型的，正如宣传海报所言："用探索世界的方式探索自己"。每一期节目根据嘉宾的过往，定制独特的人生探索之旅，有意识地模糊时间和空间的概念，呈现出一种逃离现实时空束缚的人生体验。时间空间皆非限定模式讲述的故事，因为其未知性，带来受众新奇的审美体验。

本章总结

通过第四章的学习，可以基本掌握符合新媒体内容营销需求的文案创意的基本策略，包括：故事型内容创作技巧、传播友好型内容、了解易反感型内容，以及时空限定内容。其中，故事型内容创作技巧是内容创作者的"入场通行证"，因此花了较大篇幅介绍。

好故事是传播的阀门。因此，本章从内容的选择、叙述以及传播三个方面介绍故事型内容创作的方法。在内容选择环节，通过直戳痛点和体验原型来催化有吸引力的内容生成。基于用户的补偿心理、比较心理、身份心理、选择心理等多种心理寻找痛点，提供了多种经典的故事原型。这些技巧对于"新媒体新手村村民"来说是很好上手操作的"新手手册"。在内容叙述环节，通过设置悬念、挑战思维、调动感官让故事更加精彩。除了打磨优质内容本身外，聪明的内容创作者懂得外部赋能。在内容传播环节，利用提供社交货币、内容借力等方法，提升传播效率，为好故事争取更多的受众。

在第二、三节，介绍了传播友好型内容和易反感型内容这对相对的概念。作为内容创作者，都应努力生产传播友好型内容，尽量避免生产易反感型内容。在本章的最后一节，介绍了一个概念——时空限定内容。时空限定可以分为时间空间双重限定、非限定时间＋封闭空间、限定时间＋开放空间、时间空间皆非限定四种。内容创作者在实践中可以灵活使用一种或多种技巧，为文案内容增色。

掌握了方法论，对于成为一名合格的文案创作者来说，只是习得了武功秘籍中的基本功而已，我们还应该能对现存的新媒体内容营销文案具备评鉴和思辨的能力，并将所学到的技巧运用到实际的文案创作中。总体来讲，本章将实践要求极高的新媒体内容文案创作用理论的框架加以梳理，分析出其中的逻辑和框架，目的是便于大家借鉴、学习与掌握。但事实上，新媒体内容创意与创作的实践逻辑又岂是一个章节，甚至一本书能够囊括得了呢？新媒体技术在不断发展，对新媒体内容实践技能的逻辑和本质也应该在不断的创作和体验中加深认知、改革创新、融会贯通。一个合格的新媒体人，应该在不断的实践中"打怪升级"，最终成为"大神"。

课后思考与练习

1. 寻找一篇阅读量不超过500条的微信公众号文章，为其重新拟定10个标题，并寻找一定数量的受众为这10个标题进行投票，选出"第一眼最想打开的标题"和"第一眼最不想打开的标题"，并分析为什么。

2. 寻找一个带有横向思维特征的新媒体广告文案，并分析其横向思维是如何体现的。

第五章　新媒体营销之传播策略

第一节　分众的力量

基于互联网时代的大背景之下,面对受众昂贵而涣散的注意力,业界愈发重视所传播内容的短期知名度和长期价值提升的共存,最理想的(性价比也最高的)传播效果是能够令消费者口口相传、交互分享的二次(多次)传播。

其实分众的相关概念、价值、运用的讨论,贯穿着本书的各个章节。比如在第二章节对受众的探讨中,也不乏分众概念的身影。这是因为随着信息技术的不断发展、新媒体市场竞争的愈发激烈,分众的实践可能性和价值将愈发得到彰显。分众这一概念只会越来越被强调和重视,成为新媒体创意、内容生产和营销中最不可或缺的概念之一。因此,在讨论新媒体时,大家都无法回避分众。在本节的内容中,我们将更为系统化地展示新媒体营销中分众的力量。

一、分众与分众传播

(一)分众理论简述

首先来规范一下概念,什么是分众化的传播?在新媒体时代下,将全体受众根据其特征以及差异化来制定区隔,分成子组群,并向各个不同的组群传递具有针对性、区别化的信息,就是分众化的传播。以大家目前熟悉的实践手段来看,现在最前沿的分众其实就是基于大数据算法生成特定的用户画像,将受众细分成多个具有相似特征的群体,提供个性化的服务。

分众传播最初是由美国未来学家阿尔文·托夫勒在《第三次浪潮》[①]中提出的。其实托夫勒划分了三种信息传播系统,分别是人际传播、大众传播和分众传播。[②]在托夫勒的表述中,分众传播是指专业化的媒介组织运用先进的传播技术和产业化手段,根据社会不同特征群体选择特定媒介,为其进行的信息生产和传播活动,具有较高的达到率以及良好的性价比。

从新媒体的发展来看,分众传播是媒介技术发展到一定阶段的必然产物。在媒介技术支撑下,受众有了多元化的信息接触选择;媒介所提供的服务和内容呈现供大于求的局面;从业者拥有了能够区别受众群体、识别目标受众的能力等,这些都是分众传播能够得以蓬勃发展的必要条件。分众传播与"旧媒体"时代的大众传播相比:相对于大众传播受众的广而全,分众传播是窄而精的;相对于大众传播的传者话语权的强调,分众传播更多强调

---

① 阿尔文·托夫勒. 第三次浪潮[M]. 黄明坚,译. 北京:中信出版社,2018.
② 刘文涛. 从分众传播的角度思考博物馆展览——以南京博物院的展览实践为例[J]. 中国博物馆,2019(4):79-84.

的是对受众地位和重要性的关注。随着技术和媒介生态的发展和演变，分众传播的特征也在不断发生着变化。总而言之，分众传播是新媒体时代从业者必须认知和掌握的理念和实践技能。

（二）从咖啡馆到社交媒体——分众的必然性

物以类聚，人以群分。世上本就没有完全相同的两片树叶，也没有百分之百一样的人，人们彼此之间天生就存在的差异性，决定了社会人有着多元化的需求。而大家从来都喜欢寻找需求一致的人来交流和分享，也就是俗称的"同好"。实际上，当英国咖啡馆文化开始盛行时，咖啡馆对于当时的人们来说，与其说是满足口腹之欲的地方，不如说是满足社交需求的场所。端着一杯咖啡高谈阔论，成了当时英国伦敦市民的流行文化。但有意思的是，伦敦的咖啡馆也呈现出了分众的面貌：圣詹姆斯教堂和威斯敏斯特周边的咖啡馆是政治家聚集的地方，文学界人士多在科文特加登的威尔咖啡馆聚集、生意人偏好皇家交易所附近的咖啡、劳埃德咖啡馆是商人和船主光顾的地方、医生喜好在上巴斯东咖啡馆聚集、科学家在希腊咖啡馆、律师偏好乔治咖啡馆……①如果你是当时的内容传播或营销者，你就应该以咖啡馆为参照，完成你的分众。只不过，新媒体时代的分众将伦敦的物理区隔方式变成了更为细致、更多元化、虚拟化的受众区隔。但人们可以从伦敦的咖啡馆到今天的社交媒体上的各个虚拟兴趣群组总结出来：分众的需求不是被互联网技术创造的，其存在于人的天性中，但被技术赋予了其被满足的最大可能性。因此，分众的概念在互联网时代得到井喷式的发展。甚至有学者认为，从大众传播到分众传播，不仅是技术的进步，也是文化的进步，并且还是社会的进步。

二、分众传播的积极影响和问题

（一）积极影响

1. 构建多元社群：变大众化为小众化

传统媒体时代，以广播、电视、报纸、杂志等作为传播主体的大众媒介所传递的信息通常都是以类似的方式和内容直接面向广泛受众。而伴随媒介技术革新、社会结构多样性发展和多元主义社会观的建立，分众传播逐渐兴起。差异化的社会子群因具有独特的兴趣形成了风格各异的圈层文化，各个圈层中的人员彰显极强的身份认同和群体归属感。圈层文化为分众传播奠定了基础，为产品生产者提供了价值参考坐标，持续不断地为社群经济提供动力。分众传播满足了小众化需求，推动了新兴或未被发现的利基市场②的发展和开拓。例如，作为新媒体典型代表的 B 站平台既能发表原创视频，又能对视频进行分区管理。当下，B 站的影响力早已超越传统二次元内容的范畴，形成了囊括动画、科技、美妆、游戏、影视、时尚、生活等超过 7000 个多元层次化的垂直兴趣圈层，为品牌精准沟通创造了条件，具有个性化特征的用户能够通过融入各自圈层找到文化归属感。珠宝品牌潮宏

---

① 汤姆．斯丹蒂奇.从莎草纸到互联网：社交媒体简史[M]. 林华，译. 北京：中信出版社，2019：129.
② "利基市场"又名"小众市场"，是指在较大的细分市场中具有相似兴趣或需求的一小群顾客所占有的市场空间。

基邀请 B 站知名手工 UP 主@才疏学浅的才浅亲身体验"花丝镶嵌"非遗技艺,在视频中以简洁、接地气的方式展现了花丝镶嵌的制作全过程,揭开非遗文化的神秘面纱,既助推深厚且小众的非遗文化迅速出圈,也提升了品牌声量,为品牌传播造势吸引了众多粉丝。

2. 促进内容创新:变单一性为多样性

分众化传播趋势促进了传播者身份的变革,由原来纯粹的生产者逐渐过渡为具备用户思维的"产品经理"。以不同社群中用户的特定需求为导向,将程式化、单一化、同质化的内容以故事化、浓缩化的表达方式和差异化的多媒体手段更加多元地表达出来。由于以往大众媒体受众定位的泛化,使得目标用户变得抽象和空洞,节目雷同、产品同质等问题时有发生,媒介内容的创新驱动力较弱,既是对媒介资源的巨大浪费,也是对内容市场生命力的损伤。分众传播为生产者提供了新的生产组织结构,打破单一的生产、传播逻辑,使得媒体内容能够发挥最大化效果。对于新媒体营销者来说,用户画像的逐渐清晰使其可以针对特定的小众群体量身定做具有差异化的内容。专注于推广无糖饮料的品牌元气森林,通过以目标消费者为核心的深刻洞察,初创三年便得到小切口市场的大估值。面对年轻群体中个性化的消费者,以当红偶像明星代言、流量明星直播带货、合作 B 站影视剧、花式植入热门音乐节目、联合国货美妆品牌等方式,元气森林实现了用户属性与品牌定位的高度匹配,借助不同的新媒体渠道以差异化的营销传播方式与年轻人对话,和年轻人玩在一起。由此可见,在分众传播时代下,多元化营销手段和内容已经逐步取代单一性的传统电视广告。

3. 鼓励用户参与:变被动性为交互性

不断迭代的传播技术促进了"人人皆有麦克风"时代的衍生和发展,以往传统媒体时代被动接受信息的受众变成了主动选择的用户。基于互联网高时效、快互动、匿名性等特性,为分众传播系统中节点化生存的用户带来了生产、传播、消费的便利。因为技术赋权下分众化传播的积极作用,不同程度增强了用户的自主性和能动性,在开放式生产格局中推动了多元主体的参与。产品生产者不仅局限于 PGC,还注入了新鲜的血液,比如 UGC、PUGC。新媒体营销不断趋于分众化,使得生产者与消费者之间由原来的隔空喊话到零距离对话,在促进消费的同时,也因为即时性的反馈帮助传播者优化产品内容,进而提升用户体验感。

4. 明确目标群体:变漫灌式为滴灌式

新媒体时代下,我们不得不面临大量信息飞沫化[①]传播的问题,导致有效内容被信息洪流吞噬,从而无法捕捉用户注意力,甚至无法触及用户。因此,传播者要借助分众传播的力量,精准定位目标用户,将海量信息分流,提升信息到达率,避免优质内容面临休克的风险。随着产品生产、消费和营销目标市场的不断细分,大众媒体时代大水漫灌式的营销传播模式已不合时宜,精准化、个性化的产品生产、推送已经成为新媒体营销的基本技

---

① "信息飞沫化"是指在信息爆炸的时代背景下,各种媒介渠道和平台向公众传递的信息就像空气中的飞沫,人们很可能完全感觉不到它的存在。

能之一，滴灌式的精准营销①已是必然选择。在大数据技术的支撑下，智能化的信息分流技术进一步飞跃，作为传播系统中重要且活跃的因素，信息分流是实现传播效果的关键之处，比如今日头条，就在此基础上构建了适应当前用户消费习惯的平台模式。

 案例

智能的传播平台今日头条用户分众、信息分流②

今日头条的智能传播平台主要分为三大核心平台，分别是大数据技术平台、智能生产和传播平台以及用户沉淀平台，核心在于根据用户特征、实时场景和文章特征做出个性化的信息内容推荐，每个用户的推荐内容都是不同的，实现了"千人千面"的说法。

在大数据的支撑下，今日头条首先会考虑用户的个人特征，根据用户短期的点击、转发和评论等行为给用户按照兴趣、职业、年龄、终端、地域分布以及情感倾向等特征进行画像，将用户分众。其次，考虑用户所处的实时场景，例如，每天早晨推送更多与工作相关的信息，中午则会偏向于推送餐饮类的信息，晚餐后便致力于推荐诙谐幽默且逗趣的视频。利用此类方式，按照不同时间、不同地点、不同用户将海量的信息分别推送，达到优质的分流效果。

（二）存在的问题

1. 形成信息壁垒，用户选择受限

新媒体平台通过实时抓取、搜集、分析用户的大量网络行为数据，而后生成差异化的用户画像，智能算法根据数据匹配实现了用户分众化的内容推送，每一位用户所阅读的文本信息、所观看的短视频等内容都与他们本身喜好存在高度的相关性。虽然在一定程度上减少了冗余信息，提高了信息到达率，但正是基于只提供与之相关的内容而影响了用户在其他领域获取信息的有效性。在一定程度上，不成熟的算法推荐机制会让用户的信息关注领域越加固化，使得他们的选择存在局限性，逐渐失去了与社会和其他群体之间的交流和互动，阻碍了知识结构的扩展和优化。比如，非常火爆的抖音短视频，通过算法机制的不断追踪和记录用户数据做好精准定位，进行分众化传播给不同群体投喂信息。视频细分为美妆、美食、时尚、时装、休闲、二次元、影视等多种类型，当有用户收藏《速度与激情》这部电影解说视频时，抖音可能就会向他们推荐若干条好莱坞动作电影的内容，这使得用户的视野在一定程度上有狭隘的倾向，不利于用户认知世界。

2. 利益驱动生产，社会效益缺失

短、频、快、浅是新媒体时代信息传播的明显特征，如果传播媒介平台想要抓住用户眼球获得流量，便会考虑转换宣传营销模式，想方设法掌握流量密码。许多媒介平台为了最大化地实现传播效果、追求自身的经济利益，针对差异化社群采取各种技术手段刻意满

---

① 根据 MBA 智库百科释义，广义的"滴灌式营销"可以指一切精准的、高效的营销方法；狭义上是指利用互联网为主要营销手段、通过数据分析，吸取体验式营销与精准营销的部分优点，以获取市场份额为主要目标的一种新型营销方法。

② 郭全中，胡洁. 智能传播平台的构建——以今日头条为例[J].新闻爱好者,2016(06).

足用户需求。例如，新媒体营销模式能够对消费者的浏览、购物等行为数据进行追踪，简单来说就是用户在浏览网页信息的整个过程被后台系统实时监控，其个人隐私已经暴露给商家。在拼多多的拼小圈内可以查看相关用户的生活足迹：××今天拼了一单 3.5 元的马桶垫，买了 5.8 元的耳机，19.6 元的衬衣……众多消费者质疑拼多多暴露私人隐私，广播个人购买记录。拼多多通过构建购物版的社交好友圈，在大多数用户不知情的情况下实时自动公开、更新用户购物数据到拼小圈，依托社交关系链的病毒式传播实现消费者复购率的提升。即使通讯录权限关闭，联系人信息也能被读取，将每一位用户的社交价值挖掘得一干二净，蔑视用户隐私权。诸如此类的事件屡见不鲜，许多平台渠道为了追逐利益而忽视了对社会效益的考量。

尽管分众化传播目前存在着一些值得我们关注的问题，但技术革新的步伐不可阻挡，新媒体平台和商家不仅要学会发挥分众传播之所长，还需要及时调整和创新营销策略，尽可能规避分众传播带来的消极影响，实现分众化传播的最优效果。下面我们将围绕此问题展开简要讨论。

三、如何提高分众化传播效果

（一）精确画像，满足用户差异化需求

传统社交媒介传播者会采取定期或不定期地向用户推送信息的营销方式，但营销内容所包含的主题却是千人一面。例如季节限定产品、热销爆款等同质的内容，用户也只能相对能动地从中选择性接触自己偏好的内容，实质上却并未引发用户的共情，其他冗余的信息可能会导致其产生抵触情绪，从而降低了用户黏性。因此，想要充分提升产品与用户需求的匹配度和匹配效率，新媒体营销人员必须调整营销模式，运用千人千面的用户画像开展差异化精准营销，通过收集、归纳，分析用户标签化、数据化的本质，塑造出真实用户和虚拟用户彼此相连接、相融合的用户画像，充分预测用户喜好。

其实，在营销推送系统中，用户画像是一种刻画整体情况与实现标签化的计算模型，更加有益于实现商品的分众化、个性化推送。用户画像模型的具体架构如图 5-1 所示。

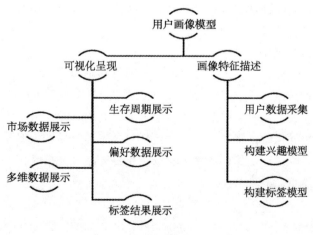

图 5-1　用户画像模型架构①

---

① 黄位华，范欣. 基于用户特征信息智能分析的精准营销推送系统[J]. 现代电子技术，2021(06)：43-46.

从以上模型可以看出，大规模、多维度的用户数据采集和标签化的辅助模型是构建用户画像的关键步骤和要素。用户画像并不神秘，迭代性是其最大特点，因此它需要根据用户行为和消费习惯的动态变化不断更新。只有基于正确合理的用户画像才能更好地促进产品和服务的发展创新，辅助营销类信息的精准化推送。

要想提升分众化传播效果，实现更高效精准营销，必然离不开用户画像的塑造。精准营销具体可视的呈现形式之一便是用户画像。例如，网易云音乐上线的人格主导色小测试功能，通过播放8个片段音乐，用户可以选择联想到的画面和感受，得到属于自己的人格主导色，然后由程序自动生成的分享页面中的图文设计契合用户心理需求，促进了分享传播和社交关系的建立。在微信小程序环境下的电商交易，社交媒介用户画像的差异化精准营销将为企业认知用户、营销用户起到更加重要的、积极的作用。①以上所讲的精准营销是指以大数据技术作为精准营销的基础，通过挖掘和分析大量用户数据来预测他们的兴趣爱好和需求，实现广告的精准投放。这就要求广告主能够刻画出一个个生动活泼的用户形象，尽可能全面地了解和掌握用户行为习惯，挖掘并满足他们内心实际的需求，以及能够提前一步探析消费者的心理需求。想要实现"向对的人推送对的信息"，使得内容更懂用户，对消费者个人形象的精准描摹是关键的一步。

（二）元素多样，打造沉浸式营销场景

除了要实施千人千面的分众营销策略之外，还需要把握住品牌积累用户流量的新入口——场景。不断升级的各大平台和高速发展的媒介技术，使现阶段新媒体营销可采取文字、图片、视频、H5、VR等呈现形式。伴随着对用户消费行为分析的深入和细致化，不难发现在内容中嵌入场景元素是移动媒体时代最显著的特点。

"场景"这个词本来大多出现在影视戏剧等艺术中，指场面、情景，是经人为选取或布置的空间，可以向观众直接传达某种讯息或渲染气氛。

场景营销的发迹首先依托于智能移动终端、可穿戴设备等硬件的普及，以及H5、LBS（地理位置定位）等程序和技术的应用。用户通过任何一款App都可以简便地上传或分享定位、链接、照片等其他场景细节，而分享平台甚至分享行为本身都是场景。在新媒体时代，任何屏幕都是品牌的场景入口。②

传播者可以通过挖掘用户的实时场景，将营销内容巧妙灵活地嵌入其中，既可以完成实时推广，又能提升消费者体验，还可以通过互动得到不同群体反馈。学者高磊进一步指出，场景是物理空间与社会关系的结合体。对于人而言，社会关系则是场景的全部核心。③以国内知名零食电商品牌"三只松鼠"为例，通过灵活调用和设计组合情感、地理位置、文案等多种元素制定差异化的营销策略，其中包括：品牌形象场景化促成用户情感投射；用户选择场景化实现品牌精准定位；产品体验场景化提升品牌美誉度；文案场景化创造生活情境，直戳用户敏感点。④

---

① 郑镇宁. 基于社交媒介用户画像的差异化精准营销[J]. 经营管理者，2021(09)：66-67.
② 秦子茜. 新媒介环境下的场景营销分析——以分众传媒为例[J]. 东南传播，2017(11)：131.
③ 高磊. 数字化时代场景营销的四大关键要素[J]. 广告大观（理论版），2017(06)：58-63.
④ 张智. 移动传播时代下的场景营销——以"三只松鼠"为例[J]. 新闻研究导刊，2020，11(19)：77-78.

另外，在场景的设计过程中，互动体验是不可缺失的关键要素之一。用户能够在使用场景中彼此沟通分享，有助于他们更深入理解产品和更好地感知品牌。我们来比较以下两个场景。

场景一：你打开视频 App 看剧，点开一集后，视频开始前有一个 30 秒的汉堡 A 的广告。

场景二：当你在看剧的过程中，画面中出现的演员在吃汉堡，同时屏幕下方出现汉堡 B 的互动广告。[1]

你会更加倾向于以上哪一个场景？显而易见，结合了用户使用场景的汉堡 B 的互动广告更能俘获人心。营销的重要作用是激发消费者需求，但消费者的某些需求是需要借助特定的场景才能被有效激发，明确场景对于提升营销效果十分重要。消费者的某些需求需要借助特定的场景才能被有效激发。同时，营销内容所具备的创意元素、载体和素材也是诉求的表达方式。在新媒体传播素材中，文字和图片已经不能满足当下的流行趋势，积极采用个性化、趣味化的动画、视频和 H5 符号元素更能激发消费者的关注。分众传播的受众是相对确定的，传播者可以通过调查问卷的方式来进行调查，事先知晓消费者对于内容的需求或偏好，包括展现形式、内容、发送频率等。与目标用户一起来设计和优化内容，才能真正走进和融入消费者的生活场景，将营销的作用上升到帮助用户解决方案的高度。

（三）变革思维，增强用户的主体地位

以品牌传播为例。传统的品牌传播，主要是以品牌产品宣传为中心，企业通过各种手段来传递产品信息，实现用户对品牌记忆的沉淀，驱动消费行为的产生。但品牌方考虑更多地是运用灌输概念式的广告将产品特性和品牌风格传递给用户。重复的文本信息试图改变消费者认知，但忽视了他们的内心真正的需求。在广告投放渠道的选择上，品牌导向往往以品牌特性为出发点，选择受众数量众多的大众媒体，而忽略了受众属性的复杂性和其媒体接触的偏向性。例如，在世界杯期间，Boss 直聘模拟了球迷为球队呐喊助威的场景，声嘶力竭地喊着广告词，但这则喊麦式广告透露出一股传销味，招致满屏漫骂声。铂爵旅拍复读机式的重复广告词"婚纱照，罗马拍！婚纱照，希腊拍！婚纱照，巴黎拍！婚纱照，伯爵旅拍！婚纱照，想去哪拍就去哪拍，伯爵旅拍！婚纱照，想去哪拍就去哪拍，伯爵旅拍"，这则洗脑式的广告词虽然给品牌带来了极大的曝光度和知名度，但是也引起了不少用户的反感。这很显然是广告商将效益放在了首位，一味追求信息到达率，而忽视了对消费者的深刻洞察。

分众传播时代，品牌要尊重并适应用户信息接收方式和阅读消费习惯的改变，放弃传者主导的思维，要与消费者建立彼此信任的桥梁，依靠用户实现营销传播作品的二度创作。用户从来不是一个明确、统一的整体，而是一个个有着具体需求的个体。品牌要积极维护消费者的主动权、选择权和互动性。营销者应该适应和尊重分众时代下用户的主动选择和自我判断，走"相信群众"和"依靠群众"的营销传播路线，传者和受众之间的界限逐渐消弭，二者所扮演的角色也趋于融合。

以图书出版为例。在产品策划之初要强化用户思维，以读者需求驱动产品创新，将营

---

[1] 杨雨丹，路龙. 用户导向的品牌传播应用战略——手机广告的精准营销策略研究[J]. 品牌研究，2017(06)：43-51.

销思维贯穿出版策划中。营销人员要根据市场环境的变化及时调整传播策略，充分挖掘图书价值特性，优化渠道布局，在价格策略、渠道策略、传播策略中统筹规划，做到流量、渠道、促销的整合发力，达到事半功倍的营销效果[①]。

在品牌营销过程中，应该将消费者的情感或情绪反应作为衡量标准，不能仅仅执着于对产品本身的打造，还要站在消费者立场去思考通过品牌形象的传播和营销，能够满足消费者什么样的精神或情感需求。例如，品牌"多芬"从 2006 年就开始的"self-esteem（自信养成）"计划，通过策划多种主题，主要表达对于女性自我意识以及自信心的建构。针对当今社会普遍存在于女性群体中的"容貌焦虑"现象，表达女性自我意识以及自我认同感重构的重要性，实现女性自我解放的价值呼吁。品牌作为一个象征性的符号，本身就是虚拟的存在，真正使品牌口口相传的是符号背后所蕴含的意义、品牌形象与消费者价值需求相契合的一系列重要特质。因此，提高分众化传播的着力点在于用户，以对特定社会文化之下，受众心理的深度洞察作为产品策划设计、传播营销的导向，精选营销内容，时刻掌握用户需求、心理的动态和行为变化，并随时调整服务。

第二节　内　容　包　装

在前面的章节中我们提到，这是一个"人人都是传播者"的时代，传播门槛的降低使得内容市场产量激增，受众的内容消费已经在逐渐逼近人们的生理极限。内容想要脱颖而出难上加难，"酒香不怕巷子深"的时代已经过去，好的内容缺乏合理的"吆喝"手段，依然会造成内容的"休克"。同时，这也是一个"让大家告诉大家"的时代，真正的传播效果的实现，要依靠受众自觉自愿地分享来延长内容生存周期。因此，内容创作者必须时时刻刻站在受众的角度思考："什么样的内容是受众友好型的内容"，这是用来包装内容、让内容更好更快地到达受众的思维核心。如果个人觉得好的内容形式有千百种，很难一一囊括的话，那么不妨换个角度，作为受众来说，在这个信息过载的时代，什么样的内容接触方式不属于受众友好型呢？我们挑选了两种模式作为例子。

一、不受欢迎的内容

（一）重复而单一的内容

前面在谈分众传播弊端的时候谈到过这样的问题，大家应该都不缺乏这样的经历。如在某些平台，会反反复复接收到类似的内容，仿佛内容的营销者刻意要将受众封闭在信息茧房[②]中一样，让人不胜其烦。这是为什么呢？最主要的原因，是现在各大平台都在依赖推荐系统对消费者进行内容的推送，而许多推荐系统的算法不够精良。比如，它会因为你在短期内的某些内容消费，而简单地对你下定义。如你在奥运会期间，消费了比较多的体育方面的内容，即使你并不是一个体育迷；或者说，你确实很喜欢体育，但是你同时也会

---

① 李文，马玉伶. 出版社营销体系建设研究[J]. 出版参考，2021(05)：78-80.
② "信息茧房"是哈佛大学法学院教授凯斯·桑斯坦在《信息乌托邦——众人如何生产知识》中提出的，是指人们关注的信息领域会习惯性地被自己的兴趣所引导，从而将自己的生活桎梏于像蚕茧一般的"茧房"中的现象。

愿意消费有关音乐和娱乐八卦方面的信息。但是，系统误解了你，将你简单定义为一个体育爱好者，而向你持续不断地推送单一的体育方面的信息。从短时间来看，也许它的服务是有效的，你会对相关的内容有一定程度上的消费热情。但是，随着你的消费热情的逐渐衰退，单一而单调的内容重复会让你在该平台的内容消费体验越来越差，你将不大可能成为一个忠诚的消费者，也不大可能成为内容病毒式传播的一份子。

（二）受众到达障碍的内容

上一章节我们谈到过达到率的概念与重要性。降低到达率的操作方式就像是给内容通往受众的路上设置了路障，也可以将其称之为"受众到达障碍"。比如说，受众对于题文不符的"标题党"的厌恶之情已经不用赘述，但有时候，内容生产者并非刻意要用故弄玄虚欺骗受众的方式进行内容的营销，而是由于不知道如何正确地包装内容，而使内容被推荐系统误解，影响其对目标受众的精准推送。比如闫泽华曾在其书中举过这样的例子——一个内容将标题取为："感恩一起战斗的日子，感谢我的战友"，那么它的文本特征就将被系统识别为"战斗""战友"，而将其推送给关注此类内容的受众。但事实上，这个短内容实际上是在讲某个艺人在戏剧杀青后的感言，真正关注这类内容的受众由于错误标题的障碍而无法接收到这个内容。[①]因此，由于内容包装失误，这篇内容在其初始的分发阶段就折戟沉沙了，无奈进入内容休克[②]的状态。

除了被系统误解以外，错误的"包装"还有可能使你的内容被受众误解，下面来比较两个文章标题。

第一个标题：遇见，向前的力量。

第二个标题：封城63天，武汉都经历了什么。

如果你只有一秒钟的时间决定打开哪一篇文章，你会如何选择呢？第一个标题，从文本上来看，关键词的指向是很模糊的，第二个标题，关键词比较明朗，文章主要内容也交代得比较清晰。实际上，这两篇文章都与有效控制住疫情后的武汉相关情况和事实的梳理有关。但是，第一个标题的打开率就不如第二个标题。截至此部分内容完稿时，第一个标题所对应的内容阅读量也确实比第二个少了约2万次，而这两篇文章分别属于《南方人物周刊》与《澎湃新闻》的微信公众号。这两个平台在影响力和知名度上势均力敌，都是比较主流的内容平台，但相似内容在阅读量上的差异说明：对内容的包装水平优劣与阅读量应该是有很大关联性的。在内容发布者或内容本身不具备极具差异化的竞争优势时，想要脱颖而出的最好方式并不是依靠比拼文学造诣，而是看谁能够迅速引起受众的注意。

因此，虽然人们时常在说，这是一个内容为王的时代，但也有内容的营销者指出，如果不懂得如何为自己的内容做合适的包装，好的内容不一定会带来好的传播效果。那么，什么是内容最有效的包装，而使得系统或者受众能够迅速识别出内容特征呢？除了为文章注入容易被系统正确识别的关键词以外，下面将探讨一种互联网平台很常见的包装手段，那就是标签。

---

① 闫泽华. 内容算法：把内容变成价值的效率系统[M]. 北京：中信出版社，2018：63.

② 2014年马克·舍费尔（Mark Schaefer）根据品牌之间为了吸引消费者的关注而大量生产内容，最终导致信息过剩，从而导致更多的内容反而无法吸引更多的受众注意，这一现象创造了"内容休克"（content shock）一词。

二、如何包装内容——利用标签

(一) 标签的作用

实际上，所有人对标签的运用都不陌生。标签是人们对纷繁复杂信息的一种常见的整理方式。比如我要通过翻阅一本厚厚的书籍查找资料，其中有部分页是我需要的信息，我会用一种类似便利贴的书签，贴在需要的页码上，并写上关键词进行标注，这样我要查找相关页码时，就一目了然，省去不少翻阅的力气和时间。再比如，你有一个多年的挚友，委托你帮他介绍工作，你要如何向用人单位推荐他呢？或许会包括一些可以量化的因素，如拥有××重点大学的硕士学历；参与过哪些项目；拥有哪些资格证书；再辅以一些主观的要点，比如为人踏实、好学、上进等。如果是要为这位朋友介绍一位相亲对象，你要提及的信息就可能发生变化，转而介绍他会做一手好菜，是个爱做家务的勤快人，喜欢旅游、多才多艺等。

上述的例子，都可以看作是人们出于某种目的，对特定的对象"贴标签"的方式。标签实际上就是帮助理解多维事物的一种降维手法。总的来说，能够有效利用标签进行营销的前提有两个：一是了解你需要营销的是什么，二是了解你在向谁营销。如果你并不了解你的那位挚友，你就无法精确地提取他的特征进行推荐，但如果你并不了解你在向谁营销，可能你所提取的特征就无法发挥作用。试想你向招聘单位推荐挚友时，称他热爱做家务，平时喜欢旅游，对方可能会听得一头雾水，因为，这些信息与单位的需求不符。

因此，依据你的受众日常的内容消费轨迹，为其贴上相应的特征标签，以完善其用户画像，以便精准地依照其要求进行内容的营销，是一个非常关键的步骤。本书第二章已经对如何获取用户画像作了比较详细的阐述。另一个关键的步骤，就是将你所要营销的内容进行标签化处理，使其快速、精准地被系统和受众所识别，完成有效的分众传播。

(二) 标签的几种类型

1. 专业生产与用户生产

那么，如何为内容贴标签，标签的来源是什么呢？总体来说，可以将标签的来源分为两大类：PGC（专业性生产）与 UGC（用户生产）。

第一类专业性的标签生产，是指由专家系统来对内容特征进行抓取提炼之后，用适合的标签来完成对用户的推荐。音乐搜索引擎潘多拉是这种标签生产方式的典型代表，基于标签化处理的音乐基因工程也成为其专利。具体来说，就是从其曲库中抽取数百个标签，然后对歌曲进行标签化的包装，每一个标签根据其对歌曲的代表程度，会被赋予不同的权重，进一步优化内容的可识别性。在标签化的过程中，专业人士的参与至关重要，包括音乐家和对音乐感兴趣的工程师。这些成员会亲自听上万首来自不同歌手的音乐，然后根据旋律、节奏、编曲、歌词等不同属性进行标注，这些标注就是所谓的音乐基因。潘多拉就是根据专家的标注，计算音乐与用户之前喜欢的音乐之间的标签相似性，来给用户进行音乐推荐。

专业化的标签来源，可以保证标签的权威性和专业度。在专业的把关机制下，内容属性得到了精准的表达。但是，这种完全基于内容属性的标签生产方式，同样存在着缺陷，比如依赖专家进行人为的标签选择,在效率和数量上始终存在局限,可能不一定能够全面覆盖内容的特性,而且人们对事物的理解总是有一定的主观性和局限性。尤其是对于一些较为抽象的内容而言,专家生产的标签不一定就能符合受众对该内容的认知,有可能会影响内容的精准化营销效果。那么这时候,我们可以采取第二类的标签生产方式,即让用户自己为内容贴上标签。

比如豆瓣网就采取的用户生产,即 UGC 的标签方式。一部电影,用户可以根据自己的理解为它贴上内容属性的标签,用户在点击这部电影的时候,也会看到其他用户为该电影贴上的标签。这种 UGC 的标签生产方式优势和劣势都相当明显。优势在于,它通过"集思广益"的方式,有效地弥补了专家生产标签的覆盖面有限的问题,所有用户的参与使得标签的范围在理论上可以无限扩大。但与所有 UGC 一样存在同样的缺陷,用户生产的标签,相对 PGC 显得更为随性,因此,也更为粗糙。比如豆瓣上对于《肖申克的救赎》电影的标签,就出现了"感人"或"感动"这样的同义词,影响了标签的价值密度。因此,对用户生产的标签,还是需要进行一些把关和过滤,才能使其发挥最大的作用。

除了这两种基于内容属性的标签生产方式以外,在社交媒体日益发展壮大的今天,内容营销者们还创造出了新的标签模式来进行内容包装。比如微信的"看一看"功能,提供的就是基于社交关系属性的标签模式:告诉你某篇内容已经有几个好友读过(如图 5-2 所示)。这是一种比内容属性更加具有说服意义的标签形式。根据研究公司 eMarketer 的数据,社交分享是营销者们眼中极其有效的营销手段。因为 70% 的消费者会依据朋友们在社交媒体上的推荐信息而作出消费决策。因此,对于受众来说,内容是否被朋友转发,会作为这个内容是否值得消费的重要参考因素。这就无怪乎现在的微信公众号的许多内容生产者们,都会在文末使劲吆喝读者们为其文章点击一个"在看",以保证受众愿意用自己的社交分享替内容背书。

图 5-2 《环球时报》微信公众号的"好友读过"展示界面

2. 话题标签

除此之外,人们还经常在社交媒体上看到一种话题标签的模式,比如新浪微博就提供了话题标签的形式来组织内容。具体的操作方式为:在新浪微博右上角的"发现"选项卡中点击"微话题"的分类按钮,然后点击"创建话题"按钮可以让用户对相应的话题进行风格、类别、特色、地域、模式等标签细节的设置,创建好之后,话题会以两个"#"之间加上文字的方式出现。例如,关于"得知'五一'要放五天假"这一话题的标签。围绕这一标签的内容,被分为"综合""实时""热门""视频""问答""图片""同城"等类别,用户可以选择自己感兴趣的类别,进行话题相关的内容消费。新浪微博平台上"得知五一要放五天假"这一话题标签的阅读量达到 9685.5 万次,讨论量达 1.4 万次,使用该标签的原创人数达到 3966 人。

社交媒体的话题标签可以被视作流量的风向标。新浪微博还为该话题标签的实时热度、讨论趋势、原创人数趋势等设置了数据图(如图 5-3 所示)。因此,如果你是一个内容生产者而且感到创意枯竭，社交平台上的话题标签或许可以为你指明受众的关注点。另外，给内容配上合适的话题标签，也是吸引受众关注、分享的有效手段。2013年，卫生纸品牌 Charmin 就在推特上创建了 #tweetfromtheseat#（在座位/马桶上发推特）的话题标签，以吸引在厕所使用社交媒体的用户参与该话题。该话题标签为品牌吸引了巨大的流量，完成了有效的推广。该话题标签的创意亮点在于，使用了"tweet"（发推）这一动词，直接暗示参与行为，加上滑稽有趣的"内涵"，成功吸引了年轻用户的注意力，实现了借助受众进行营销的良好效果。

总而言之，话题标签可以有效地组织受众参与传播，有研究表明，合理使用标签可能会让内容在社交媒体上的传播量增加70%。

三、如何包装内容——"可视"的包装

对于人类的大脑而言，阅读文字需要耗费的脑力超过看图片。事实上，科学家告诉人们，大脑在处理文字的时候，依然习惯于把它转化为极其微小的图片来帮助理解和消化。有研究表明，在内容中加入"可视"的元素，一般是指图片，可以大大地激发受众的分享欲。脸

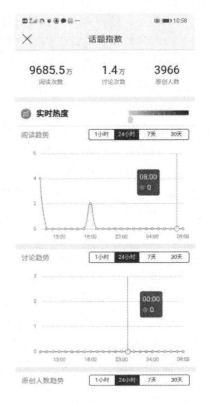

图 5-3　新浪微博话题标签 #得知五一要放五天假# 话题指数

书上带图的内容分享量是不带图内容的两倍之多，这也是为什么许多内容生产者会采取图文并茂的方式来让受众加深印象。

内容的封面图和导视图是内容的第一层重要包装，可以决定该内容被关注还是被忽略。今日头条甚至采用双封面图的方式来审慎地对待图片对于内容被打开率的影响。在图片的选择上要注意的是，图片需要和内容相关，并且要具备视觉上的吸引力。如果图片选择不清晰、像素太差，则会让受众对内容的期待值大打折扣，可能会严重影响该内容的一次被打开率。另外，据研究表明，人们对以人物为主题的图片的关注度，要远远高于其他主题（毕竟人类对自身的关注是最高的），以普通的风景照为主题的图片，对受众的吸引力则相对较低。

需要注意的是，图片的可视化吸引力，需要带给受众的是视觉上积极的冲击力，而不是惊吓感，使用血腥、暴力或者引起不适感的可怕图片，将会让受众反感，从而逃离你的内容。

第三节　分享的力量

作为世界上最大的零售商，阿里巴巴没有自己的库存；世界上最大的酒店连锁爱彼迎（Airbnb），它不拥有自己的房地产。为什么呢？那是因为它们都利用了分享的经济、分享的技术。

一、"分享"到底在分享什么

"分享"已经成为实现传播效果的基础功能。但是"分享"到底在分享什么?

分享的本质就是与他人共同享受、使用。新媒体时代,用户分享的至少都是自身所认为的"好东西",而不同的用户所认为的"好东西"也有所不同。有的可能是一个非常有趣的视频或者文章;有的是一个脑洞大开的想法;还有的可能是可以彰显自身价值的标签式内容……

从平台角度而言,分享的本质是一次价值的传递,通过用户触发给更多潜在用户的机会。不同平台做分享的目的不尽相同,有的可能为了传播数量的增长裂变,有的可能是"带货",有的则是为了品牌影响力。

无论如何,营销者在进行新媒体内容营销的时候,没有人会不渴望用户的分享,但在此之前首先需要扪心自问一句:到底用户为什么要分享我的内容呢?因此,接下来,本书将站在用户的角度,谈一谈与分享相关的心理驱动力。

二、为什么要分享

(一)趋利心态

1. 给点甜头

分享即获利,这是最容易想到的一种分享的驱动力。比如携程推出的助力抢票活动:时常有朋友给你发链接,让你点一点帮忙助力。而助力的人数到一定量时,你就可以获得 VIP 特权,加速抢票。因此,这是在借助你对获利的需求作为分享动力,你在发送助力链接给你的朋友时,等于自觉为携程完成了一次推广营销,同时携程还可以通过你的分享获得你社交关系网上的用户数据,对于你和携程来说,这似乎是个双赢的买卖,因此此类推广活动总是乐此不疲。

抖音在 2020 年春节推出"邀好友领 100 元红包"活动:只要累积到 100 元,就可以直接提现。当用户第一个打开红包时就有"90 元+"甚至是"95 元+",所以大多数用户都会毫不犹豫地去邀请好友,不然会觉得白白损失了 100 元,很不值得。但实际上,当红包数额趋近于能提现的价值时,其数额提升的速率会变得越来越慢,其实 95 元到 100 元的距离并没有想象中那么近。看似轻松的任务和"直接提现"的承诺给了用户安全感,就像是一个诱饵,让用户更加确信这一活动的参与价值。

再如,拼多多"砍价免费拿,包邮送到家"活动:通过"分享邀请好友"来"帮砍价"的任务非常明确,朋友可以帮你砍价。如果你砍好价,明天就可以将货物发送到你的家中。拼多多除了让你感觉离获利只差一点点,创造用户不愿意放弃的沉没成本以外,鼓励用户砍成晒单的机制,更是使潜在的、还在观望的用户感到很多人都参与其中,并且成功者不在少数,会激发你马上参与分享行为。

2018 年 9 月 29 日,支付宝在官方微博上发表了一条"祝你成为中国锦鲤"的消息,并称转发这条微博就有可能成为集全球独宠于一身的"中国锦鲤"(中国锦鲤,是指会获得奖品包括鞋包服饰、化妆品、各地美食券、电影票、SPA 券、旅游免单、手机、机票、酒店入住券等所有奖品的幸运儿）。这一活动吸引了广大微博用户的参与转发，由于社交媒体用户的病毒式扩散，以极快的速度为支付宝带来了百万级别的传播效果，而他们所付出的成本与收获的品牌影响力相比，这就是一次相当划算的低成本营销策划。

2. 警惕驱逐效应

给点甜头当诱饵就可以激发分享了？人们似乎就这么总结出了可以马上效仿的手段，当然答案并没有那么简单。还记得本书前面提到过的"凯叔讲故事"的营销案例么？通过物质来刺激分享与涨粉，似乎并不是时刻都奏效，甚至会产生你不愿意看到的相反效果，学者将其概括为驱逐效应。

1970年，罗切斯特大学的心理学家爱德华·德西做了一个非常经典的实验：让被实验者玩一种名为"索玛"（Soma）的解谜游戏。实验的一开始，德西先让被试者认为解谜才是实验本身，当作出说明并对被试者观察了大半个小时以后，德西离开现场，告诉被试者休息一下并等他回来。实际上，德西通过一面单面镜对被试者观察了整整八分钟，这被告知休息的八分钟才是实验的真正内容。当德西不在的时候，被试者可以自由活动，德西还在实验室放置了杂志、烟灰缸等易于使人分心的物件。其中一部分被试者依然继续在休息时间进行解谜活动，八分钟里他们平均花费四分钟在索玛上。

随后德西对同一批人进行了第二次索玛解谜实验。不同的是，这次有一半的被试者被告知，他们每拼出一个图案就能够得到一美元（那个年代的一美元对于参与实验的学生来说是不错的数目）。同样，他们拥有八分钟休息时间，可想而知，那些得知可以获利的人，在休息时间花在索玛上的平均时长比前一次增加了一分钟。

而后德西又做了第三次实验。这次实验内容还是索玛解谜，但是，没有人会得到任何的物质奖励。这次实验结果表明，前一个实验中获得收入的人们，在八分钟休息时间内，花在索玛上的平均时间降低了两分钟，也就是说，当获利动机被消除之后，玩游戏的兴趣也会被驱逐。

也就是说，如果是真心热爱一件事情，那么热爱本身就是一种内在动机，能让行为本身就成为一种回报。而对于金钱奖励这样的外在动机来说，却并不是最有效的，甚至增强外在动机，还会驱逐像喜欢事物本身这样的内在动机。其他研究者也得出了类似结论，比如将外在的报酬和14个月大的婴孩喜欢的活动联系在一起，而后又将其取走时，这种驱逐效应也会出现。[①]

所以，如果你以物质上的回报作为激发受众分享的原始动力的话，就要小心驱逐效应的产生。最初的奖励或许会使得人们的分享欲得到提升，但当这种奖励一旦消失，受众对于你内容的热情是否也会迅速下降？哪怕是内容质量得到了很大提升，他们也可能由于外在动机的消失而显得意兴阑珊。

因此，对于新媒体的内容、创意、营销者而言，如果你无法提供持续的物质刺激，甚至不断使物质刺激升级的话，就要慎用此招，应该从内在动机上，去给予受众分享的理由。

---

① 克莱·舍基. 认知盈余——自由时间的力量[M]. 胡泳，哈丽斯，译. 北京：北京联合出版公司，2018.

（二）社交回报——分享的内在动机

前面的内容让人们明白了：不是每个可以获利的东西，都会被分享。

每一次社交媒体平台分享的背后，都是人与人之间的交流，体现了人的个性和生活态度，也是对人们社交货币的消耗。技术让个人的分享变得看上去零成本，但自己清楚这不是真正的零成本。被自己打扰的朋友或同事、欠的人情、被人贴上"贪小便宜"的标签等，都是你点击分享按钮将要付出的社交成本。因此，对于想要激发分享的发起者来说，除了将参与分享的"门槛"设置得尽可能低、将可能获得的好处设置得尽可能明显以外，更要给用户一个更自然、更合理的分享理由，降低分享的社交成本，提供社交红利。

比如，在小红书上的一些小众品牌在营销文案中向受众喊话："安利给好友，显得你不仅懂行还有品位"；比如美团或者饿了么点外卖后，有一个"发红包"的选项，可以发红包给朋友，利益共享降低了可能会打扰到朋友的社交成本；比如支付宝的年度账单，最后给用户包装身份或气质标签，满足用户凸显个人正面人设的心理，消费变成了话题，消费项目变成了个人标签，分享欲望自然就被激发出来了；比如朋友圈风靡的各种测试：测测你上辈子是什么身份，测测你今年的运势……在用户测试后会觉得有趣，就忍不住分享到朋友圈，以引发关注。

以上有效的分享方式，其实都不单纯是以利益为核心，而是顺着用户的行为链路和内在诉求的顺畅植入，不是平台抛出诱饵要强迫你分享，是用户自己有内在动机去分享，平台只是在合适的节点，给了一个分享行为的出口。

三、如何刺激分享

社交媒体时代，每一个把做内容、做传播、做营销、做创意当作营生的人，如果不懂得利用分享的力量，那就显得不太聪明。那么，如何才能真正有效刺激分享呢？前面已经讨论过足以刺激分享的外在（简单来说就是给钱）和内在驱动力（简单来说就是给社交货币），下面对如何刺激分享以实现内容和创意的营销效果提出一些实战策略。

（一）有效利用数据

数据是人类第一次自己创造的能源，使用的数据越多，就越有价值。大数据是现代企业非常重要的资源，现代互联网企业积累了大量的用户行为数据，为制定精准的营销策略打下了坚实的基础。利用大数据，商家可以投其所好地实现对目标人群的投送，人们对合乎自己胃口的内容总是更加自愿进行分享。如果能够对大数据加以有效运用，可以精准了解消费者在什么时间、什么情境下更愿意分享何种内容。

（二）加强情感营销，构建分享的社群体系

本书使用具象的语义来分解社群中的"情""感""营""销"。情，就是促进朋友之间的情感联系，社群成员之间增强沟通、交流、关心、点赞、评论、回答等一切互动，在彼此之间建立情感联系，而作为内容的营销者来说，你必须是情感联系的核心。感，即信任。信任是基础，建立信任，你应该首先建立一个别人对你的好印象，也就是说，要建立良好的"个人品牌"展现你的正能量。比如在社群定期发布与营销无关的内容，可以是一个积极、乐观的生活状态，或是友好的和值得信赖的工作方式，再或者是解决问题的能力，对

他人的影响等，也可以等同于你的人格魅力。营，即经营，意味着朋友之间感情的建立是一个积累的过程。如果你想通过在朋友圈发布产品图，立马有人下单，这通常是不太现实的。但如果你注重在某个社群进行日常关系的维护和经营，那就会让你所发布的内容迅速对相关社群人员产生吸引力。销，即销售，是晋升过程中最重要的一步，也是最不重要的一步。因为只要完成了前三步，就会有人愿意为你所推广的内容买单，并为你进行积极的分享。

因此，总结起来：建立社群并在社群中建立情感、信任感、持续地经营它，就能激发社群成员的分享动力，无论是传播效果还是产品转化率、用户支付率，网络推广的效果自然会很好。

（三）疏通分享反馈渠道

网民蕴藏了巨大能量、创造力和才华。如果能有效利用网民的智慧和才干、网络渠道和工具，加强与目标消费者的沟通与对话，及时运用协同创新、内容的创意、营销，传播就会有新的思路。快速消费品巨头"宝洁"之所以能屹立百年，其核心在于不断与消费者沟通，把握和引导消费者需求的变化。进入互联网时代，宝洁"生活俱乐部"建立会员制，消费者通过网上注册成为会员。利用这个平台，宝洁不仅可以开展一系列的促销活动，还可以广泛征求品牌产品的意见，每次推出新产品时，都邀请客户对它的新产品提出改进意见，这样可以大大降低市场调研成本和产品首发试错成本。

目前，小米、vivo、OPPO 等品牌纷纷布局社交媒体，均在新浪微博获得超两千万的粉丝数量，成为企业微博品牌榜上有名的活跃者，除此之外，小米创办人雷军、集团合伙人卢伟冰、锤子科技 CEO 罗永浩等，纷纷创立自己的同名社交媒体账号，以个人 IP 的方式提升品牌的社交媒体活跃度与影响力，逐步构建起品牌的社交媒体矩阵，搭建起与消费者之间的双向沟通渠道。另外，这些品牌营销者在做新媒体营销的过程中，通过网络社区，可以更容易地找到意见领袖，并通过意见领袖影响更多的消费者，实现品牌圈层影响力的提升。

（四）为受众寻找同类人

社交媒体为所谓的"小众化"的爱好者们提供了聚集的平台。在互联网或是社交媒体出现以前，如果你是一个喜欢吃鲱鱼罐头或是喜欢搜集马克杯的人，那么可能你会感到孤独，因为你不知道世界上还有多少个和你爱好相似的同类人。没有互联网的帮助，发掘同类人的发现成本实在是太高了。但互联网的出现，使得这种发现成本大大降低，网络使得各类人群可以轻而易举地发现彼此并进行聚集。你可以依靠在某个贴吧或论坛输入关键词"鲱鱼罐头"或是"马克杯"，就可以找到一大批同类爱好者。

人们可能会成为某种小众爱好者网络组织的成员，而人类是如此地热爱享受自己的成员资格和爱好的共享感。这些都会刺激人们的分享和表达。因此，营销者可以通过构建同类人群体，通过刺激成员资格和共享欲，使受众的分享和表达得以提升。

以小米社区为例，小米社区不仅是小米粉丝(以下简称"米粉")交流的场所，也是小米新产品的发布平台，秉承"因为米粉而小米"的口号，帮助"米粉"找到有价值的产品和技术，也帮助其在社区找到拥有共同爱好的同类人。因此，小米社区不断发展壮大。现已覆盖小米论坛、酷玩群、休闲摄影、小米学院等功能板块，让小米社区成为一个基于强大的社区开放性的互动平台。除此之外，受众在该平台上可以扮演技术参与者的角色，这种"自治"（是指决定做什么，怎么做）和"胜任感"（是指能够胜任所做的①）都会提升受众的分享欲望和社群活跃度。不仅可以为品牌带来良好的传播效果、活跃度的提升，还能为小米社区获得更优质的用户数据提供支撑，进一步了解用户需求，形成良性循环。

（五）强化口碑意识

根据以往研究，当一个企业为消费者服务并获得满意的体验时，消费者会将自己的满意度传达给其他12位消费者，但每一位对企业的产品或服务不满意的顾客会向20位以上的消费者诉说自己的不安和不满意。而在社交媒体时代，这一数值将会不断扩大——想想那些因为消费者的负面体验而上网络热搜的企业或品牌，社交媒体平台受众的疯狂转发，其负面内容可以短时间内覆盖全国，这种情况下，危机公关的难度和成本都非常高。而现在越来越多的受众非常愿意利用互联网分享不满。而消费者积极正面的评价，可以使营销效果加倍，在营销内容中加入真实消费者的正面评价，比如有的博主在"带货"之后，会截取部分受众的积极反馈，放到下一步的营销内容中，借他人之口来提升自己的口碑，是一种非常有效的做法。

（六）AISAS法则

日本电信广告集团在2005年将传统的AIDMA（attention/注意、interest/兴趣、desire/欲望、memory/记忆、action/行动五个单词的首字母命名）的营销原则重新改良，变成了AISAS法则，除保留原有的attention/注意、interest/兴趣、action/行动三个部分以外，还加入了search/搜索以及share/分享两个更符合互联网时代消费者行为习惯的关键因素。也就是说，对于互联网时代的营销者们，分享成为营销法则中的最终环节。没有达成良好的分享效果，营销行为就不是一个完整的闭环，就不能算是一次成功的营销。

在社交化电商出现前，营销中关于注意的过程通常是通过平面媒体、电视等媒介获得的。信息过于零散、分散，被动接受的信息容易被消费者遗忘，因此需要不断提醒。而兴趣更为复杂，只有非常独特的卖点和新颖的营销手段，才能激起消费者的兴趣。搜索引擎的出现，使得互联网用户的搜索行为成为营销环节中需要重视的部分。同时，消费者的搜索行为，也可以成为商家为其画像、了解其需求和爱好的重要数据。整个分享环节在互联网产生之前几乎是一片空白，而目前像小红书这类的社交化电子商务的崛起，很好地弥补了空白。小红书在2013年上线时，通过让热爱购物的用户互相帮助，找到适合自己的好产品，由此打造了一个用户分享优质内容的购物社区。小红书这种方式通过用户间的共享，缩短了用户之间的距离，提高了用户在社区中的粘性。以激发受众分享欲与围观分享欲为基础，小红书迅速积累了一批初始用户（如图5-4所示）。

社交化的营销活动是建立在社交网络的分享机制之上的，通过鼓励用户与共同爱好者建立关系，或参考其他网民推荐的网络，形成圈子社区，使社区每个用户成为品牌口碑的传播者，是一种成本非常低廉的口碑传播方式，也能达到最佳的传播、营销效果。

---

① 克莱·舍基. 认知盈余——自由时间的力量[M]. 胡泳，哈丽斯，译. 北京：北京联合出版公司，2018.

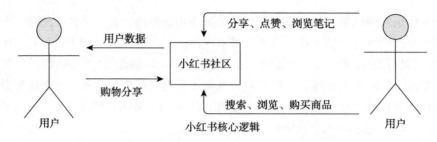

图 5-4　小红书核心逻辑

（七）分享中的感性因素利用

有一个例子，能够很好地让人们认识到分享中感性因素的力量。

夏威夷是举世闻名的咖啡豆生产地。与家人在夏威夷度假时，我专程参观了天堂般的夏威夷农场，该农场生产的咖啡豆赢得了 2012 年夏威夷咖啡大赛的冠军。当然，我也趁机买了些咖啡送给亲戚和朋友。因为这是一次自由行，而不是跟团游，所以当我到达时，我发现农场是空的，在销售处只有一个"抱歉，我们关门了"的通知。过了数千英里的大海之后，不想放弃的我终于找到了农场的女主人。为了不打扰对方，我说我可以在买咖啡后离开，但对方接待了我的家人，让我们体验到分享的魅力。女主人带我们去了咖啡园，介绍了咖啡树。她不仅解释了咖啡的制作过程，而且还分享了咖啡种植和生产过程中的欢乐时光。包括如何防止小虫伤害咖啡豆，如何控制咖啡豆的湿度以及如何控制咖啡的质量。一个小时的角色体验成为我们非常难得的经历。后来，当品尝在夏威夷赢得冠军的咖啡时，她分享了自己的咖啡经历以及为什么她的家人从美国华盛顿搬到夏威夷种植咖啡。在这个过程中，我们不像游客，而是像老朋友来访。因为我想参观朋友的咖啡农场，所以购买咖啡豆就像分享我朋友的辛勤工作和乐趣。这不像购物。直到结账时，我通常不喝咖啡的人实际上花了很多钱在咖啡上。但是，我们一家人很高兴，很高兴地离开了农场去下一个旅行目的地。离开农场后回想起来，农场的女主人没有分享销售的味道。也许这是一个很好的营销方法……由于她的分享，我们对她的农场和咖啡有一种参与和认同感，我们自然喜欢她的咖啡。相反，如果她通过促销来销售咖啡，那么通常不喝咖啡的人就不应在咖啡上花太多钱。[①]

这个案例中，人与人之间真诚的交流与互动，弱化了营销带给消费者的戒备心理，可以说消费决策主要建立在感性因素上。你可能有类似的经验，你本来只是去随便逛逛，但是一个热情可爱的售货员给你倒了一杯热咖啡，并让你坐到一个舒服的椅子上，和你愉快地攀谈了 20 分钟，到最后，你出于一种不好意思或者受惠于人的情感因素，购买了一些计划外的商品。此类案例说明了许多成功的营销案例，都是通过淡化营销目的分享、强化情感因素来达到目的。在新媒体领域，这类分享建立在相互之间的信任和一定程度的用户参与感上，先打通彼此在情感上的通路，降低防备感，不仅能够达到营销的目的，还可以建立起用户对品牌的认同感以及自主传播欲望。

谈买卖，营销方与用户之间似乎是处于对立的姿态，如果在感性的氛围中谈分享，就有机会消弭用户与营销方之间的对立气氛，甚至把用户带到与营销方相同的阵营，不知不觉让用户接受营销。

---

① 郭特利."分享"的营销力量[J]. 新营销，2013(9)：83.

将分享赋予情感力量不失为一种成功的营销方式。个人情感、经历虽是私人的东西，但某些场合下，更容易引起大众的共鸣，实现情感的认同，从而对产品的认同。

人是群居的社会动物，在基本的利己行为之后，分享往往是友谊和相互认可的重要行为。因此，如果营销人员能够有一个让用户参与并善用"分享"营销的过程或氛围，就有可能与用户建立长期的情感联系。

分享不仅拉近了人与人之间的距离，也拉近了营销人员与用户之间的距离。一种能够与用户分享，甚至让用户乐于与他人分享的营销策略，无疑会拥有更高的品牌忠诚度。

第四节 涨 粉

一、涨粉策略

粉丝量对于新媒体从业者的重要性已经无须赘言，但很多新媒体内容从业者常常苦于自说自话，粉丝数量不见上涨。那么如何涨粉？以下是一些涨粉的策略，希望能给大家一些启发。

（一）做好定位是基础

先仔细想一想，要做的新媒体平台是什么样的？做它的目的是什么？

其实，很多人对于这个问题都是不清晰的。盲目地追随热点写了几篇文章后，发现自己很难被归纳到任何一个领域，定位如此模糊的内容生产，又谈何涨粉和运营呢？说到头来，就是因为没有做好账号的定位。其实定位没有想象的那么难。只要明确你是谁？用户关注你能得到什么？然后把你想要表达的写出来就可以了。

定位清晰的内容，其营销力量也更为强大。比如2020的热门综艺《乘风破浪的姐姐》，其节目定位清晰明了，主打提升熟龄女性自我认同感的价值观。因此，吸引了针对轻熟龄女性市场的护肤品品牌梵蜜琳的入驻。

对于品牌梵蜜琳来说，它所强调的品牌定位，与该节目所强调的价值属性基本一致。品牌形象能够借助节目内容得到生动强化。因此，内容或创意拥有清晰的定位，对于营销效果的实现来说是非常重要的，梵蜜琳也借助节目所传递的宗旨和内涵，在目标受众市场中实现了知名度和用户好感度的提升，也就实现了俗称的"涨粉"效果。

（二）优质内容是关键

优质内容是涨粉关键中的关键。

新媒体账号的包装，包括账号头像、简介、名称等，其实也属于内容的一部分。因此也需要做优质设计。持续输出优质内容，不涨粉都难。比如在Youtube平台实现快速涨粉的李子柒，其水平稳定、制作优良的视频就是涨粉的保障，即便在语言不通的海外平台，李子柒的内容在没有英文字幕翻译的情况下，也凭借其优质的视听语言表达，实现了在Youtube粉丝数量高达1010万名（数据截至2020年6月）的优秀传播效果。

（三）品牌联动式营销——官微"互怼"实现1+1>2的效果

2020年7月1日，一则《3人伪造老干妈印章与腾讯签合同》的新闻刷遍全网，就在大家一边嘲讽一边心疼被诈骗的腾讯的同时，以饿了么、虾米音乐为代表的一群官微也开启了互动"吃瓜"模式。

腾讯为主的一群品牌官微这波互动式营销的操作，实际上都是借势营销的行为，而官方账号之间的互动，更是实现了 1+1>2 的营销效果，围观群众一多，涨粉也就顺势而为了。

（四）形式感强，吸引用户

纵观全网，我们发现，很多成功的营销案例就是因为与众不同的形式脱颖而出的。如从 2017 年开始，网易云每年都会推出"年度听歌报告"，将每位用户的年度听歌数量、时长、风格等做了数据整理，最终为每位用户做出了独一无二的听歌报告。这一系列操作形式新颖，引得朋友圈大量分享，并且加深了粉丝的黏度。

（五）互推粉丝是妙招

互推粉丝指的是账户互相推广打广告的过程。本质上达到获得对方粉丝的行为。这一招有一个前提，那就是新媒体账号的粉丝有一定的黏度。除此之外，还需要找和自己量级相当的账号或者比自己粉丝体量大的互推。如果你是一个几千名粉丝的账号，最好去找同等级甚至上万名粉丝的账号，希望对方能够给予带动，加以关注。互推的时候，最好能一句话介绍自己的定位，让对方明白关注你有什么好处。

（六）建立矩阵是门道

什么是新媒体矩阵？简而言之，新媒体矩阵是同一组织实体开设账户并在多个新媒体平台上运营。共同的目的是增加品牌知名度，吸引更多粉丝的关注，最终实现变现盈利。

例如，通过新媒体矩阵式的营销，一篇原创内容，发布五个关联平台，获得更多的曝光度，扩张渠道，得到更大规模粉丝的关注。目前，各大品牌纷纷建立起自己内容营销的新媒体矩阵，比如"万达的新媒体矩阵""海尔的新媒体矩阵""锤子的新媒体矩阵"等。

对于没有影响力，甚至需要实现冷启动的新媒体内容营销组织来说，建立一个新媒体矩阵，一定程度上能够更好更快地为它们打开知名度、实现受众的覆盖率的提升。目前看来，新媒体矩阵主要分为两大类：第一类是多媒体类，比如通过音频、视频、图文的不同"主打"，实现矩阵模式；第二类是多平台、单一媒体类型的矩阵，比如同样的图文内容通过多种平台进行发布。不论是哪种形式，最重要的是要为自己的新媒体矩阵找到核心价值，也就是树立一个统一的品牌形象。

比如主打大健康医疗服务的品牌"春雨医生"，以其品牌同名的移动医患交流 App 为核心，打造了包含微信公众号、新浪微博、知乎等在内的辐射全互联网的新媒体矩阵。这些不同新媒体产品无一例外冠以"春雨"这一品牌名称以及其标志性的四叶草品牌标识，体现出其品牌形象的一致性，增强其辨识度、影响力。与此同时，其产品领域的细分又能体现出不同的消费辨识度。例如其微信公众号除"春雨医生"这一主要"大号"以外，还有"春雨健康科普""春雨育儿百科"等，以实现更为精准的用户覆盖。

（七）新鲜感的刺激

如胶似漆的恋人也可能因为寻求新鲜感而失去彼此之间的热爱与忠诚，你怎么能指望受众能无条件地永远忠诚于你呢？既然忠诚的受众对于内容创作者如此重要，那他们就必须不断考虑受众的留存方式。

为了留住用户，保持新鲜感也是一个重要的途径。

比如奶茶品牌"奈雪的茶"，每个月都会有新产品推出，若用户有流失的倾向，奈雪的茶就会通过线上线下渠道提醒用户过去在奈雪的点滴，同时也会投放新产品的广告以吸引用户。

（八）提升离开成本

让恋人不要离开，光是保持新鲜感还不够，还需要你更加体贴、更加温暖，或是告诉对方离开你的成本有多高，继续待在你的身边是多么值得。

例如著名社交平台脸书在早期的时候发现用户流失非常严重，而这时它就通过提升"离开成本"来降低用户的流失率。作为一个社交平台，脸书吸引用户入驻的资本就是可以和家人、朋友、同学，甚至是兴趣相投的陌生人互动，分享自己的悲喜。因此，当用户想要注销时，系统会自动导出该用户列表中最为亲密的五个人，并询问用户："您确定要离开吗？"或是"很多本应注销的用户担心他们再也看不到这些朋友的状态，所以他们留下了。"果不其然，这一提示上线后，脸书在没有花费一分钱的前提下，减少了至少2%的亏损，留下了300万个用户。

二、"涨粉"手段的误区与对策

（一）让人反感的"涨粉"套路

相信不少朋友都曾遇到一种情况：你去餐厅吃饭，商家承诺你可以打折或送菜，但前提是关注它们的公众号，目的就是吸引更多的粉丝，并且试图以充分利用公众号来开展自己的产品推广活动。另外，还有不少线上的关注扫码、转发朋友圈送礼等活动，是最简单的涨粉手段。

经历了这么多的"套路"，我们发现平台进行"涨粉"推广最常用的就是以下四种方法。第一，通过要求活动参与者在相关的内容评论区发表评论文字，以评论文字点赞的数量、排名进行奖励，从而获得更多的关注度。第二，营销商事先将领取奖励的门槛发布在账号内，参与者回复相应的口令即可获得含有二维码的活动海报，通过参与者转发含有二维码的活动海报到朋友圈、微信群、微信好友等，在扫码关注达到一定人数时，参与者可以获得相应的奖励。第三，营销商将海报、推广文字发送给参与者，参与者通过社交媒体发布这一活动消息，参与者的朋友们通过其朋友圈提供的二维码参与活动。第四，营销商利用打卡返利手段，诱导参与者在一定周期内持续不断地在社交媒体发布含有其账户信息（比如微信二维码）的内容，从而达成其营销目的。

而各个活动的开发者还制定了一些"霸王"条款。比如用户在关注该账号后，在活动结束前不可以取消关注；需要发布在一定人数的群里面；参与者需要在其朋友圈发布一定时限才有效……

用户对于这类套路版的"涨粉"营销手段有什么看法呢？从表面上看，用户参与活动，积累赞与人气，获得想要的回报或赠品，而商家则获得了粉丝、人气，似乎取得了双赢。而实际上，大多数用户还是存在担忧心理。究其原因，就是因为对商家的不信任，对虚拟平台的不信任。当然，也说明用户对套路式营销手法的抵制。诚然，此类营销活动中，大多数商家都会按承诺发放礼品，但不排除少数商家有骗取人气的行为，比如礼品需要到付，或者是空包、假货，又或者是积累赞后商家就凭空消失了……一系列行为让用户防不胜防，最终受害的还是整个市场环境。

因此，在看似双赢的背后，也凸显了这种营销模式的弊端。活动的参与者没有亲自与组织者联系，他们也不了解活动的规则和内部信息，因此很容易被骗。他们的角色类似于在朋友圈中传播的微信业务，无论是否有意，他们都会在朋友圈打扰他们的朋友，并导致他们的微信朋友有反对情绪。在微信社区的推广也是如此，如果频繁地发布广告宣传，不仅会令微信好友感到厌烦，还会被他们从微信群中删除，从而影响到参与者自身的社交互动。

最重要的是，这类涨粉行为的核心是因利而聚，自然就很容易利尽而散，是不可能对涨粉有本质上的助益的。不信回想一下，你因为想要折扣而关注的一些商家账号，有几个还躺在你的关注列表里？即使你还未删除它，你是不是已经成了一个永远不会点开其内容的"僵尸粉"？因此总体来说，这种涨粉行为，对于营销者来说，也是一种高成本、低收益的行为。

（二）正确营销，合理涨粉

新媒体时代的每一位从业者，都应该秉承科技向善的伦理，去合理地利用、开发新媒体平台。如果是像上面所说的以利益为核心的"涨粉营销"，那将违背"向善"这一伦理，不仅会干扰用户正常生活秩序，还不利于长久营销效果。

只有开发者、用户共同努力，才能构建良好的互联网运营环境，从而拥有良好的网络生活秩序。对于各个平台运营者而言，应该制定相应的规定规范运营者的不当涨粉行为；对于运营者而言，应当创新营销方式，摒弃病毒式的打卡营销；对于广大微信用户来说，应当提升自己对于不当的涨粉营销行为的辨识能力，防止自己因一点小小的利益引诱，而遭遇包括隐私泄露等在内的不法伤害。只要三方共同努力，终将建立良好的新媒体营销的涨粉，实现科技向善的价值追求。

"涨粉"不是一蹴而就的，这是一个漫长的过程，需要业内人士去好好研究，好好琢磨。不过只有当粉丝对平台有认同感与归属感，才能维持住粉丝。同时，粉丝量固然重要，但不能为了吸粉而吸粉。新媒体营销不是为了那一串长长的粉丝量，最终还是会落脚到产品和服务上，而粉丝量只是为产品而服务，是"顺便获得"且水到渠成的。

第五节　算法推荐与内容

人们处在一个内容过剩、信息爆炸、受众注意力稀缺的时代，对于内容生产和营销来说，整个市场处于一种供过于求的状况。这就像将受众置身于一个永远也逛不完的超级巨型超市，他们不知道要去哪里找到自己需要的商品，更重要的是，他们中的大多数根本不知道自己究竟需要什么。

为了解决"商品"过载的问题，科学家和工程师们提出过很多优秀的解决方案，其中最有代表性的是分类目录和搜索引擎。国外的雅虎和国内的 Hao123 网站就是依靠分类目录起家。这些目录将著名的网站分门别类，从而方便用户根据类别查找网站，就好像超市货架的指示牌的功能。但是，随着互联网规模的扩大，目录已经难以覆盖用户需求，这个时候，搜索引擎就出现了，谷歌、百度都是人们熟知的搜索引擎，它们的特征都在于，当用户有着明确的需求目标时，能够尽可能地协助他们找到目标。

但是，如果受众今天只是随便走入这家"超市"，或是脑子里只是有个模糊的概念，并无明确的需求和目标，那么搜索引擎也会失效。就好像你今天很无聊，想下载一部电影打发时间，但你打开某个下载网站，面对数不胜数的电影，茫然无措，你或许会问一个对电影很有研究的朋友，让他提供建议，但朋友不可能总是被打扰，这个时候，一个可以替代朋友的、更加自动化、专业化的工具恰到好处地出现了，它比你的朋友更加了解你，它会分析你过往的电影观看或下载历史，经过大数据的运算，从浩瀚的电影库中为你找到几部符合你兴趣的电影，这就是个性化的算法推荐系统。

目前，推荐系统的运用已经逐渐成熟。各大内容平台，比如亚马逊、Youtube、淘宝、抖音、今日头条等，都在使用推荐系统。作为内容行业的从业者来说，如果不了解推荐系统，就等于忽略了关于内容行业非常重要的技术背景和内容致胜武器，因为推荐系统的任务就是在内容过载的环境下联系受众和内容。一方面帮助受众发现自己需要的内容；另一方面让你的内容能够恰到好处地出现在需要它的受众面前，从而实现内容生产和内容消费的双赢。当然，推荐系统是一个庞大、复杂的领域，本书在此不对其展开系统论述，只能在本节对推荐系统进行一个入门介绍，让大家对它有一个基础性的了解，可以让新媒体从业者了解新媒体营销内容在推荐系统的语境下会如何到达受众，如何让自己的内容能够更好地适应平台、更好地实现受众达到，达到良好的传播效果，最终进一步构建起从业者对于内容创意、生产、营销手段的正确认知。

一、推荐系统的工作模式分类

首先我们来简单介绍推荐系统的几种主要工作模式：社会化推荐、基于内容的推荐、基于协同过滤的推荐。

（一）社会化推荐

这种推荐系统的工作逻辑就如同通过向业内的朋友咨询，而得到关于内容选择的建议，从而满足自己的需求。只不过，在社交网络的技术背景下，是基于好友关系的分享和推荐的社交网络关系数据，以及用户的偏好信息。比如，每个用户在脸书的个人首页都能看到好友的各种分享，并且能对这些分享进行评论。推荐系统通过对这些分享和评论所形成的对话进行排序，还可以使用户能够尽量看到熟悉的好友的最新会话。

一份研究显示，在营销领域里，有 74% 的人认为社交媒体是最为重要的内容传播渠道，研究公司 eMarketer 的报告显示，70% 的消费者称他们更愿意根据朋友在社交媒体上的推荐购买相关产品。[①]因此，社会化推荐系统正是基于这种消费心态向用户提供服务的。作为内容的生产和营销者，当然也要清楚这一内容推荐逻辑，促使用户进行分享和评论，激

---

① 马克·舍费尔. 热点：引爆内容营销的 6 个密码[M]. 曲秋晨，译. 北京：中国人民大学出版社，2017.

活你的内容在社会化推荐系统上的生命力。

AgoraPuls 公司研究发现，社交媒体上分享最多的内容有：给予（报价、折扣、交易等）、建议（提示）、警告、激励、团结（强调集体的需要）。

妨碍社交分享的内容特征为：只谈论你自己、过于尖锐或盛气凌人、太隐晦或小众、没人能懂的内容、到处求赞。[①]

（二）基于内容的推荐

著名的视频网站 Youtube 就是基于这样的推荐方式向受众提供服务的。Youtube 建立起深度学习受众行为的推荐系统，将用户在 Youtube 上的历史行为（比如观看历史相似性、搜索行为等）进行召回分析，通过分析构建出适用于用户的视频候选集（从百万量级缩小到百量级），最后送入排序环节，系统基于用户个体特征和视频特征对候选集视频进行打分，最后给用户返回得分靠前的十余个视频。比如你喜欢贾樟柯的电影，这个内容消费习惯被 Youtube 寻得之后，就会向你推荐贾樟柯的其他电影，这就是基于内容的推荐。

Youtube 曾经做过一个实验，比较了个性化推荐的点击率和热门视频点击列表的点击率，实验结果表明个性化推荐的点击率是热门视频点击率的两倍。

作为内容营销者，针对你的目标受众，对你的内容进行精确的标注和包装，才能让基于内容的推荐系统准确识别到你的内容属性，对受众进行准确的推荐。比如一篇关于贾樟柯电影的推送内容，却没有被正确打上导演的标签，而是标注了一堆乱七八糟的东西，那么贾樟柯的影迷可能就不会接收到该内容，如果这是一篇新的内容，那么它很有可能陷入休克之中。

（三）基于协同过滤的推荐

基于协同过滤的推荐算法早在 1992 年就已经提出，而刚刚提到的基于内容的推荐却晚了 9 年（2001 年）才提出，但却在很长一段时间内被认为要优于基于协同过滤。因为绝大部分电商平台的用户数量往往大于商品数量，商品更新频率相对较低，基于物品的内容特征能够以离线运算的方式获得更好的推荐效果。但对于内容产品，比如今日头条这样新闻类的推荐系统而言，其物品是海量和频繁更新的，所以基于用户的推荐也受到同样的重视。

大家会在豆瓣平台上看到书籍介绍下展示的"喜欢×××的人也喜欢读×××"，这就是基于协同过滤算法的应用。它的基础思路分为两步：第一步，找到那些与你在某一方面口味相似的人群；第二步，将这一人群喜欢的新东西推荐给你。如果张三和李四都阅读了《哈利波特》，而王五则阅读了《傲慢与偏见》，那么要为张三做推荐时，系统显然会将李四的消费内容纳入考虑。

一家著名的新闻阅读网站 Digg 就在首页尝试了这样的推荐系统，即先根据用户的兴趣相似度来给用户推荐与其兴趣相似的用户喜欢的文章。根据 Digg 的统计，在使用协同过滤推荐系统之后，用户行为明显更加活跃，总数提高了 40%，其平台好友数增加了 24%，评论数增加了 11%。[①]

---

① 项亮. 推荐系统实践[M]. 北京：人民邮电出版社，2012.

二、好的推荐系统

简单来说,一个好的推荐系统,可以实现用户、内容提供者、平台三方的共赢。不过要强调的是,系统的"好"不是完全天生的,而是可以被"驯化"得更加优秀的。比如用户的活跃使用可以使自己的画像更为精确,从而让系统为自己更好地服务;对于内容提供者来说,精确地"包装"自己的内容,可以让推荐系统实现更精准的用户定位和内容分发。总而言之,之所以要探讨什么是好的推荐系统,是希望从内容从业者的角度出发,在明白推荐系统"好"的标准的基础上,更清楚应该如何去适应它。

接下来,列举几个重要标准来探讨什么是真正好的推荐系统。

(一)用户满意度

某些平台会设置"满意"或"不满意"的反馈按钮,让用户对所接受的推荐作出反馈,而更多时候,会通过点击率、用户停留时间和转化率等指标度量用户满意度。因此,如果你的内容有非常骇人听闻的标题,用户的点击率大幅提升,但是多数人看到内容之后愤而离开,那么用户停留时间或是完成率却十分糟糕,自然而然推荐系统接收到的用户满意度评分也就不太好,势必会对内容推荐产生负面的影响。

(二)预测准确度

在一般人的简单认知中,会认为推荐的"准确度"是评判一个推荐系统好不好的金标准。其实不然,比如消费者本身就很想在一个平台上买一个苹果,这个需求被推荐系统准确预测到了,给他推荐了苹果,那么虽然它准确预测了,却并不能体现它的"好",因为无论它推荐与否,他都会购买苹果,它并没有激发出他的额外兴趣,也没有挖掘到他的潜在需求。举一个更加极端的例子,如果某人预测太阳会从东方升起,这个预测的准确度是100%,但毫无意义,对于任何人来说,都毫无惊喜。因此,一个真正好的推荐系统,要做的不仅是预测,还有拓展,即帮助产品拓展它的消费人群,帮助人群拓展自己的喜好空间。

(三)覆盖率

业内一般用覆盖率来描述一个推荐系统对物品长尾的发掘能力,对覆盖率最简单的定义就是推荐系统能够推荐出来的物品占总物品集合的比例。覆盖率是一个内容提供商们最关心的指标。比如一个出版社,除了关心它最热门的书籍销量外,它的其余书籍有没有被推荐给用户,也是它们关心的问题。如果是一个覆盖率为100%的推荐系统,就可以将所有的书籍都推荐给至少一个用户,为冷门的内容寻找机会。本书在前面的内容中探讨过长尾效应,即冷门内容和小众市场在互联网时代的机遇,这个机遇大部分是推荐系统给予的。如果所有物品都出现在推荐列表中,且出现的次数差不多,那么推荐系统发掘长尾的能力就很好。因此,营销者的内容可以通过高覆盖率的推荐系统寻找到规模较小的那一部分目标受众,这在今天是可以实现的。

(四)多样性

前面提到好的推荐系统是要扩展用户的兴趣空间,挖掘出用户潜在的消费需求。因此,不能为用户制造推荐的"茧房",而是要以多样性的推荐服务挖掘用户在不同节点的不同需求。

（五）新颖性

评测新颖度最简单的办法是利用推荐结果的平均流行度，而越不流行的东西越可能会让你觉得新颖。对于内容提供者来说，新颖性也意味着小众内容的可能性以及长尾效应的实现，也就是说在如今的技术支撑下，大众化的选择未必是内容创意唯一的出路，内容生产和营销来讲，一味地追赶潮流也是大可不必的。

（六）惊喜度

目前并没有对惊喜度公认的定义方式，我们可以把它简单定义为：推荐结果和用户历史上喜欢的物品都不相似，但用户却觉得是满意的推荐，就是具有惊喜度的推荐。因此，历史相似度与满意度是衡量惊喜度的两个指标。比如一个喜欢娱乐八卦内容的受众，被推荐了一则科普类的内容账号，却意外地发现非常喜欢，那么这就是推荐系统惊喜度的实现。从这个标准可以推测，在一个好的推荐系统环境下，不同偏好的群体之间可能会出现许多交集，这对开发受众市场、定位目标受众群体都有一定的启发。

（七）信任度

信任度是指用户对某个平台推荐系统的信任程度，它可以通过提升系统的透明度（比如提供推荐理由）和对用户社交网络信息的利用（比如好友推荐）来实现。

（八）实时性

实时性的判断依据：一方面，就像新闻中的时效性一样，比如在一个社会热点事件热度都已经过去之后，再给用户推荐相关内容，实时性就不强；另一方面，是关于推荐系统处理冷启动的能力，即如果我们的内容对于平台来说是全新的，那么推荐系统如何将其推荐给用户，就是对系统实时性能力的考验。

（九）健壮性

健壮性是指推荐系统抵抗噪声数据攻击的能力。对噪声数据的解释有一个很好的示例。我们熟悉的"水军"打分行为，比如说豆瓣平台对每个内容都会有用户的评分，那么雇用"水军"给自己的内容打高分，或者给自己竞争对手的内容打低分，就是噪声数据。目前，相关专家在不断研发提升系统健壮性的方法，如2011年的推荐系统大会就推出了一个专门关于推荐系统健壮性提升的教程。因此，随着技术的不断成熟，推荐系统的健壮性也会不断提升。从业者在做内容营销时，不可试图采取不正当的手段来赢得市场竞争，这种做法即使短暂生效，长期看来也会给内容从业者带来恶劣的影响，比如有过不良记录的内容生产和提供者很有可能被划入平台的黑名单，导致职业生涯的断送。[①]

总而言之，对于内容从业者来说，推荐系统是他们在互联网时代无法回避的技术和生存环境，因此，他们必须要了解推荐系统的基本工作逻辑，保证在内容的生产和营销等环节中，可以更好地适应生态，甚至驯化"推荐算法"，使其成为实现良好营销效果的工具。

---

① 项亮. 推荐系统实践[M]. 北京：人民邮电出版社，2012.

本 章 总 结

本章通过帮助大家理解分众、分享、内容包装、涨粉以及算法推荐等的含义，来进一步理解新媒体营销中的传播应该如何实现最优效果。

实际上，分众这一概念几乎贯穿本书的各个章节，因为它实在是新媒体时代任何传播都必须注重的、最根本、最基础、最核心的概念之一。本章对其进行了一个全面而深入的剖析，除了汇集了大量最新的新媒体内容传播与营销的案例来支撑我们的分析以外，本章还将分众传播的优势和劣势进行了一分为二的探讨：分众对于实现传播效果的优势作用自然不容小觑，今日头条、B 站对用户和内容的垂直细分都证明了精准满足用户个性化需求，是符合当今内容消费习惯的做法；更多的案例也进一步论证，在信息过载的今天，唯有分众化的传播才是提升内容达到率、引爆流量的不二选择。但同时，分众传播对受众内容选择的全面性、深入性、多元性的阻碍也是显而易见的。因此，本章提出了针对分众传播的扬长避短策略，包括建立科学的分众评估体系、提升营销者和传播者的社会责任感、充分利用好新媒体时代实效传播的 AAII 优势、富媒体等技术优势，让分众传播真正成为一种实现营销效果、社会效果双赢的有效手段。

另外，本章也探讨到，内容包装是实现良好营销效果的必要保障。毕竟社会早已过了"酒香不怕巷子深"的时代，对内容进行合理的包装，才能使得内容精准达到受众，这也是完成分众传播的保障。在这部分内容中，着重探讨了利用标签进行内容包装的概念，比如用户生产内容形式的标签和专业生产内容形式的标签。另外，社交媒体平台建立在用户关系上的标签形式和带有"广场效应"的话题标签形式，都会助力需营销的内容被更好地分享出去。

而分享是在新媒体视域下实现内容营销效果最优化、内容传播覆盖面最大化的重要手段。通过讨论 AISAS 理论、数据运用、社群营销、用户参与机制、AARRR 的用户运营框架，来理解分享的意义和策略。

对于新媒体时代来说，传播的效果必须依靠一定规模的粉丝数量来实现，虽然内容的传播不仅仅要覆盖粉丝，但粉丝却是实现良好营销效应的中坚力量。因此，培养粉丝、扩大粉丝规模，也就是大家俗称的"涨粉"，是新媒体内容从业者不能回避的话题。在第四节的内容中归纳了一些涨粉的策略，比如根据粉丝需求做好内容定位、持续产出优质内容、账户之间的粉丝互推、建立新媒体矩阵等；同时，也不能只图短期的涨粉需求，而对内容发布者的长期生命力造成危害，比如市场上一些以利益为诱导的硬性营销，甚至不实营销，对用户社交关系造成严重骚扰，虽然有可能在短期内涨粉，但长远看来，粉丝的忠诚度、内容生产者的生命力都是很弱的，任何花哨的手段都不如优质的内容和服务有意义。

最后，本章将目光投向算法推荐上，因为对于解决"新媒体时代内容如何传播才能实现好的营销效果"这个问题，答案一定不可能绕开算法和推荐系统。推荐系统就像是新媒体平台中最智慧的"生物"，可以用极为精确的方式帮助内容找到目标受众，提升内容的达到率，完成分众传播。也可以利用它的推荐机制，让受众发现满意甚至惊喜的内容，从而提升受众自愿分享的概率，也让内容的发布者可以获得更大规模的忠诚粉丝。因此，对于新媒体内容从业者来说，对推荐系统的认知，可以让自己清楚如何去包装内容，好让内容更好地适应平台、实现传播效果。可以说，对推荐系统的了解，一定程度上可以看作是对目前新媒体生态中内容营销底层逻辑的了解，是新媒体从业者必须要完成的功课。

课后思考与练习

请梳理本章的各个小节主题之间的内在联系，即"分众""分享""涨粉""内容包装""推荐系统"等主题，用一定的逻辑关联性将其全部串联起来，以阐述它们对于实现新媒体内容营销的作用。

第六章　新媒体营销之变现策略

对于任何一个不仅仅将新媒体内容创作视作兴趣的人来说，如何利用内容产生效益，就是必须思考的问题。在竞争愈发激烈的新媒体内容市场上，可以分得的蛋糕越来越小。所谓的风口、红利在哪里？成为新媒体营销者们最想探明的问题。作为专业的新媒体内容从业者，在掌握优质的新媒体内容生产原理的基础上，还应该掌握新媒体营销变现策略。在经济社会，变现能力是考察新媒体运营能力的一个重要指标。因此，活学活用新媒体营销变现策略就显得尤为重要。本章将主要讨论几种新媒体内容的变现逻辑。第一，在流量为王的时代，依托流量变现是新媒体内容市场无法规避的核心逻辑。流量从何而来？"粉丝"就成为一个至关重要的核心概念。对粉丝规模化、策略化的培养和维护，我们可以称之为粉丝运营，这也成为新媒体内容营销能够长期打通变现通路的一种常用策略。第二，越专业化的内容越能体现出市场竞争优势，依托MCN的变现升级渠道，似乎逐渐成为商业化的内容生产者赢得流量的保障；而通过广告进行流量变现，更是老生常谈。第三，近年来兴起的内容付费、自营电商等变现途径，也将在本章一窥究竟。总之，不以盈利为目的的市场化内容生产者少之又少。接下来我们对如何将内容转化为财富的手段、路径作如下探讨。

第一节　粉丝运营与MCN运营

一家生意兴旺的店讲究的是"回头客"的规模。忠诚的顾客总是会让我们拥有稳定而长期的资金进账，对于新媒体内容产品来说，粉丝就是实现稳定变现路径的回头客。培养一批忠诚的粉丝，对于内容的变现而言是最有效的保障。粉丝作为目标受众，其喜好和需求也将成为内容生产和营销的关注焦点，影响内容的走向。

2017年开始，国内的MCN机构数量呈现井喷式增长，现已逐渐形成成熟的业态。粉丝运营与MCN运营是新媒体营销变现策略中比较重要的两个环节，需要优先理解这两个核心概念，为后续掌握各种变现策略作铺垫。

一、粉丝运营

（一）粉丝运营的含义与发展历程

新媒体内容领域里的粉丝运营是指通过专业化运营策略，增强粉丝对新媒体内容账号的关注度、黏性、忠诚度，并将其转化为传播力和消费力。

在艺恩与兰渡文化2019年6月发布的《粉圈新洞察与粉丝运营进阶全攻略》中指出，粉丝文化随大众媒介的变迁而演进，而粉丝运营又基于粉丝文化的演变而发展。总体来说，粉丝文化不断推动粉丝运营由粗放到精细、由自发到专业发展。[①]

[①] 艺恩&兰渡文化. 粉圈新洞察与粉丝运营进阶全攻略[EB/OL]. 2020-06-01. http://www.endata.com.cn/Market/report.html.

目前看来，新媒体内容账号的粉丝运营可以大致分为三个阶段，即积累阶段（吸粉）—激活阶段（养粉）—维护阶段（固粉）。新媒体从业人员应基于这三个阶段进行专业化运作，才能有的放矢，最大程度、最大效率地发挥粉丝效益。

（二）常见粉丝运营策略

基于对粉丝运营的吸粉—养粉—固粉三个阶段的掌握，可以针对每个阶段提出相应的粉丝运营策略。

1."吸粉"：充分调研，尊重粉丝

在新媒体时代，光"内容为王"远远不够，更要做到"粉丝为王"。实际上，以粉丝为导向的理念我们并不陌生，它和前面章节所提到的分众理论中以目标受众为导向的理念大致相似。随着新媒体市场竞争的激烈化，粉丝对内容选择的权利也不断增大，但值得注意的是，"粉丝为王"并不是说内容生产者要完全屈服于粉丝的喜好，完全失去自我意识。我们会发现，完全地趋附市场热点需求创作，往往会显得急功近利、粗制滥造，甚至雷同较多。比如一部清宫剧火了，所有人都一窝蜂地创作相同的内容，导致"辫子戏"霸占屏幕，受众审美疲劳。吸粉策略的核心，是要求内容生产者充分调研，从创意、生产到营销的各个环节尊重粉丝的意见，分析粉丝画像，清楚受众喜好，不断升级内容，从而达到沉淀粉丝的目的。用户基于对内容和内容生产者的长期认同，才会从"路人"转化为"粉丝"，为内容和粉丝之间创造黏性。吸粉过程是一个动态演化过程，既是对内容账号生产能力、魅力的认同，还包括粉丝自我对群体身份的认同，实现规模化、社群化的粉丝运营。内容账号中的 IP 打造也是这一阶段的重点。一个好的 IP 形象会成为吸引粉丝的核心驱动力，优质 IP 所带来的"偶像"光环，会让该账号所生产的内容更容易被粉丝接受和喜爱，优质的"偶像"往往是粉丝用以参照自身价值的"镜中我"，追逐偶像，使粉丝无需自己成名也能获得心理满足。[1]

2."养粉"：激活粉丝参与感、归属感

在"养粉"阶段，新媒体运营者需要注意在形成粉丝初步积累之后，进一步激活他们的参与感与归属感。

以网络直播中主播们的"PK"（一对一的比赛）模式为例，其本质就是增强粉丝参与度的一种活动。粉丝想要支持自己喜欢的主播，"帮助喜欢的主播在 PK 中取得胜利"，就需要通过刷礼物（付费）的方式，与主播共同努力取得胜利。一场 PK 下来，抖音、快手的主播甚至可以得到高达千万元的打赏，要知道，这种共同参与竞争的付费活动，不仅会增加粉丝"脱粉"的沉没成本，这种共同努力的感觉还会有助于粉丝个体对于该粉丝群体的连接感、归属感和身份认同感的强化，共同完成特定目标的胜任感还会强化粉丝参与此类活动的内在动机。当然直播打赏这种变现手段，在行为规范以及价值引导性上出现了很多漏洞，需要被进一步监管。总而言之，不断设计活动鼓励粉丝共同参与，是一种粉丝的激活机制。

让粉丝参与成为内容的一部分，是现在内容账号很流行的粉丝"激活"手段。以微信

---

[1] 陶东风. 粉丝文化读本[M]. 北京：北京大学出版社，2009：210-221.

公众号"包先生 MrBags"为例，该账号以分析讲解各种奢侈品包的流行趋势为核心，其账号主理人自称包先生，文章平均阅读量"10 万+"，俨然是该内容领域的意见领袖。但包先生的经营策略并非一家独大的自说自话，而是时常召集粉丝参与投稿，粉丝的投稿内容会汇集成一篇独立的推送（如图 6-1 所示），这如同报刊时代所刊登的"读者来信"一样，受众能够参与到内容生产的环节中，无疑是激发其互动热情、提升账号吸引力的一大法宝。

可以看到的是，包先生的"养粉策略"实现了非常优异的变现效果，包先生和品牌合作推出的各种联名限量包款，都取得了瞩目的成绩（如图 6-2 所示），粉丝热情消费的当然不仅仅是一个皮包，还包括"包先生 MrBags"这个 IP 背后的符号价值，"包先生 MrBags"粉丝运营的成功使得其所营销的产品实现品牌溢价，这就是业界所希望的流量的转化率——即将粉丝的热情充分调动之后，可以将其转化为购买力，这是实现内容变现的有效途径。

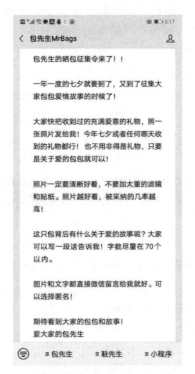 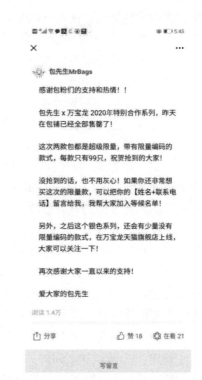

图 6-1　微信公众号"包先生 MrBags"　　　图 6-2　"包先生 MrBags"在其微信公众号
　　　　 向粉丝发布内容征集令　　　　　　　　　　 宣布其与万宝龙合作款包售罄的消息

同时，一些内容生产者，会为自己的粉丝群体取一个专属昵称，这也是大家并不陌生的归属感的打造方式。这种"养粉"的方式，让笔者不禁想起中国内地粉丝经济兴起的现象级案例：湖南卫视 2004 年举办的第一届《超级女声》。该节目开启了内地选秀综艺的全新模式，比较创新性地将比赛的最终结果决定权交到了普罗大众的手中，鼓动观众通过手机短信为自己所支持的"超女"投票以赢得比赛。每个热门"超女"粉丝团体都有专属的昵称——比如"玉米"（"超女"李宇春的粉丝昵称）、"盒饭"（"超女"何洁的粉丝昵称），这些"套路"，都为我们示范了如何最大力度地增强粉丝的参与感与归属感，粉丝之间大多本是陌生人，但专属的群体名称却可以让他们的连接由弱变强。而当年超级女声粉丝为各自偶像的投票热情，也让国人第一次真正见识到了粉丝经济的力量以及粉丝运营的重要意义。可以说，自"超女现象"开始，现在的任何综艺选秀节目，都几乎不会错过粉丝投票这一老套但是却不可或缺的环节。而如今，在社交媒体技术的支撑之下，新媒体运营者可以通过建立社群等方式塑造粉丝"群体认同"共识，粉丝们共享一套独有的概念、符号、意义与价值，获得身份归属感和一种"风格"。[①]粉丝为社群注入新鲜血液，也被社群所影响，参与感由此而生。

3. "固粉"：持续开发核心 IP，增强粉丝黏性

目前，我国新媒体平台的粉丝忠诚度两极分化较为严重，并且随着内容账号之间同质化的增强，粉丝流动性较大，粉丝黏性成为关键。因此，新媒体从业者需要对内容账号的 IP 价值进行持续开发与提升，这是增强粉丝黏性的有效"固粉"方式。IP，是一个互联网时代衍生出来的宽泛概念，读者可以把它简单理解为知识产权，但目前为止它没有一个公认的固定概念。业界对 IP 的判断，可以以它是否拥有跨媒介、跨平台的吸引力，是否可以获得足够的流量和商业价值为出发点，新媒体内容从业者对 IP 的理解和运用，可以借鉴好莱坞电影的 IP 开发与运营机制的思路，通过在创意、制作、发行、营销、衍生品开发的全产业链中贯彻 IP 思维，利用跨界改编与系列化、扩窗发行、特许经营以及联合推广等策略持续开发核心 IP[②]，使得粉丝在不同渠道、不同媒体、不同消费场域都可以消费到内容产品的核心 IP，以此进一步提升粉丝黏性。例如，三星堆博物馆除了藏品展出之外，还开展了一系列跨圈层、跨渠道、跨场景的营销推广，包括二次元网络视频制作、盲盒产品推出、与各类品牌联名的线上线下活动开展等，这样多元化的内容消费是进一步提升粉丝关注度、新鲜感、品牌覆盖率的有效措施，对于品牌与粉丝来说，可谓是一种双赢的策略。在新媒体时代，各路内容 IP 层出不穷、竞争激烈，为了不被浪潮吞没，抓住更多用户的注意力，同时让用户对你持续产生关注和兴趣，就需要持续开发核心 IP 进行"固粉"，IP 的跨平台、跨媒介运营，是构建 IP "固粉"能力、打通变现通路的一种途径。但值得注意的是，对 IP 变现价值的开发不能以消耗 IP 的核心吸引力为代价。比如一些粉丝规模庞大、变现能力稳定的头部网络主播，也曾经因为在直播中出现对所推销商品信息不熟悉、对商品质量把关不严，而一度出现口碑"翻车"的情况，也对其直播"带货"的实力产生了负面影响。其实对于 IP 与忠诚粉丝之间的关系，我们似乎可以用"水能载舟，亦能覆舟"来形容。当 IP 累积、激活了一定规模的粉丝时，粉丝带来的流量效应可以为你带来内容变现的捷径，这个时候，作为意见领袖的 IP，可以一呼百应；但一旦吸引受众进行内容消费的核心价值受损或者是消失，就如同断了根基，变现能力也会大受打击。因此，"粉丝为王"的前提依然是"内容为王"，千万不可以内容质量打折扣为代价去获得利润，这无疑是一种丢了西瓜捡芝麻的行为。套用一个互联网上的段子来形容就是——当粉丝喜欢你的时候，你说什么，就是什么；当粉丝不喜欢你的时候，你说你是什么？

目前，内容市场对优质 IP 依然是一种求贤若渴的状态。比如流量排名前 100 名的网

[①] B.Lee Cooper. Understanding Fandom: An Introduction to the Study of Media Fan Culture[J]. Popular Music and Society, 2015(38): 1.

[②] 彭侃. 好莱坞电影的 IP 开发与运营机制[J]. 当代电影，2015(9): 13-17.

络小说 IP，在影视剧市场基本处于哄抢的状态，知名度较高的一部小说 IP 可以卖到千万元以上的价格。这对于优秀的内容生产者来说无疑是一种鼓舞——持续的优质内容产出，可以让你成为金字招牌，成为孵化 IP 实现变现的有利保障。《盗墓笔记》的作者南派三叔，专门开设了一家以孵化 IP 的"南派投资公司"，优质 IP 的创造与孵化，对于后续的变现来说，是一本万利的买卖，因此，会让整个内容市场趋之若鹜。

对于一些"网红"出身的内容从业者来说，摆脱"网红"这一单一身份的束缚，转型成为更为全面的艺人，并不断通过粉圈运营的手段，比如集中火力放大、优化某一特质，形成口碑，也是对自己 IP 价值进行深度挖掘、拓展、优化的表现。例如，短视频初代网红 papi 酱以及直播带货的薇娅都是通过参与综艺录制等偶像化运营策略，试图"去网红化"，逐步进入娱乐圈，打破了自媒体平台限制的"破圈"，被视作网红的 IP 升级路径，其商业变现的价值也因此可能得到提升。

关于"去网红化"的积极尝试，Papi 酱不仅拍摄电影，参加多档热门综艺节目，其"婚姻观""怀孕"等话题也频频登上热搜排行榜，具有很高的讨论度，其"去网红化"的路径如图 6-3 所示。值得一提的是，这些话题都和 Papi 酱的 IP 特质挂钩——即一个新时代的独立女性形象，这是 Papi 酱最大的吸引力，是需要其集中火力去打造的商业价值。因此，当 Papi 酱传出生子并且子随父姓的新闻时，部分网友竟然勃然大怒地称：Papi 酱的独立女性的"人设"造假。我们暂且不评论这件事情中舆论的是非对错，但可以非常清楚地看到，这些 IP 的核心特质已经变成了一种商品，无论是营销者还是消费者，都非常清楚其商业价值。因此，当消费 IP 的受众认为其设定有误或者造假时，就会产生出一种购买到假冒伪劣产品的义愤感，所以还是那句"水能载舟，亦能覆舟"，优质 IP 的变现能力是可观的，但操作不当，都有可能反噬掉内容生产者本身，尤其是对于网红这种非虚拟性质的 IP 来说，要想持续保有 IP 的吸引力为其变现服务，是一件并不轻松的事情。

图 6-3　Papi 酱的发展历程

图片来源：方正证券《MCN 专题深度：新渠道·新生态·新未来——抖音·快手·B 站系列研究》。

优质 IP 的可持续变现之路漫漫而长远，其中一个有效的方式就是团体作战、抱团取暖、发展壮大。因此，Papi 酱在 2016 年收获短视频内容上的极大成功之后，迅速将目光转向资本市场，成立了国内首批短视频 MCN 机构，开启了覆盖面更广、专业度更强、更具备规模化、产业化经营业态的 IP 孵化之路，除了"Papi 酱"这一金字招牌以外，还孵化有一批颇具人气的网红 IP，如"爆胎草莓粥""itsRae"等。团队作战的方式对于市场占有率和变现率的提升来说，都有积极意义。虽然近几年来，Papitube 在 MCN 机构排名中名次不算靠前，但对于 MCN 的涉足，却似乎成了目前内容生产行业的必然趋势。

二、MCN 运营

（一）MCN 的由来与运营模式

MCN 是一种多频道网络的产品形态，最早源于美国视频网站 YouTube 的一种运营模式。MCN 通过孵化、签约等途径，将 PGC 内容联合起来，利用自身管理、推广、资本等方面的优势，保障内容生产者专注于内容生产，并完成商业变现的机构。

MCN 机构的运营模式可以简单概括为红人发掘—红人孵化/签约—商业变现，原则上，MCN 机构应为旗下签约的新媒体内容创作者提供内容制作、版权管理、宣发推广、用户拓展、内容运营、粉丝管理、商业变现等专业化服务和管理。[1]因此，可以将 MCN 机构理解为内容生产者、平台和广告商之间的"中介"。

目前，国内 MCN 机构商业变现方式主要来自 C 端（消费者个人用户）和 B 端（企业用户商家）。C 端变现方式主要包括衍生品销售、红人电商、直播打赏、内容电商以及知识付费，B 端变现方式则主要有商业合作、流量分成、平台补贴、广告营销以及 IP 授权。目前，头部 MCN 机构主要凭借内容电商变现，部分 MCN 机构目前仍以广告营销变现为主，但内容电商的潜力持续释放，在变现方式中所占比重较高。[2]

（二）MCN 本土化进程

MCN 机构在中国经历了萌芽期（2012—2013 年）、发展期（2015—2016 年）、爆发期（2017—2018 年），2019 年至今则处于进化期。以视频内容生产为例，中国的短视频行业起步于 2012 年，2015 年起在资本的孵化下从单一账号到多账号内容矩阵，随着 2017 年起各大平台推出"内容补贴"战略，大批直播公会等红人机构转型为 MCN 机构，使得该行业在 2017 年、2018 年两年间井喷式增长。在今天流量红利之后，不断有大公司诞生，也有新公司出现[3]。2019 年中国 MCN 机构数量突破 2 万家，相较 2018 年增长了 4 倍，同时超 6 成头部 MCN 机构收入过亿元。[4]虽然受到新冠肺炎疫情等因素的影响，2020 年以后，MCN 的增长速度有所放缓，但仍有数据指出，MCN 在 2020 年的市场规模达到 342 亿元。[5]

1. 国内知名 MCN 机构介绍

在国内 MCN 行业迅猛发展的同时，也出现了许多有代表性的 MCN 机构，按照不同模式主要分为垂直领域联盟式、头部 IP 驱动式以及内容货架转型式。

（1）垂直领域联盟式 MCN 机构：青藤文化

垂直领域联盟式，顾名思义就是深耕具体某一领域，抢先占据市场，以此来获取更大的商业价值。垂直领域联盟式 MCN 机构通常通过对具体领域的深耕，更加清晰地展示用户画像，帮助签约账号进行发展规划。其中，因为美妆、生活、美食、母婴区准入门槛比

---

[1] 美拍&易观. 2017 年中国短视频 MCN 行业发展白皮书[EB/OL]. 2020-06-01. https://www.analysys.cn/article/analysis/detail/1001185.
[2] Topklout. 2019 中国 MCN 行业白皮书[EB/OL]. 2020-06-01. http://www.topklout.com/#/home.
[3] 同[2]。
[4] Topklout.2020 中国 MCN 行业白皮书[EB/OL]. 2020-06-18. http://www.topklout.com/#/home.
[5] 2021 年第一季度中国在线直播行业研究报告[R]. 艾媒咨询. 北京：2021.05.19.

较低，因此也是前期垂直领域联盟式 MCN 机构的主要战场。

根据青藤文化官网发布的数据，青藤·MCN 专注于"90 后"家庭粉丝群体与"Z 世代"年轻群体的内容需求，在以美妆、母婴、美食、萌宠、二次元为代表的垂直领域内，结合产品经理思维，创造深受粉丝群体喜爱的圈层文化，并引领生活与时尚的潮流。2019 年，青藤·MCN 累计签约、孵化达人 100 余位，全网覆盖粉丝超 8000 万名。旗下母婴类红人主要包括时尚辣妈董完了（微博同名，微博粉丝 407 万名）、科学育儿（微博：DrG 科学育儿，微博粉丝数 344 万名）、专注育儿辅食的视频博主熊叔厨房（微博同名，微博粉丝数 180 万名）等。[①]由此可见青藤文化已经在母婴领域形成了较强的市场竞争力，这种运营策略也成为新媒体营销变现的基础。

同样属于垂直领域联盟式的知名 MCN 机构还有主攻美妆领域的快美妆。这一类型的 MCN 机构主要有三个特点。首先，此类型的 MCN 机构会先深耕某一领域，批量性签约或孵化该领域的红人，形成一定的规模，提前占据市场，再从签约红人中择优选取，培养其成为头部账号；其次，此类型 MCN 机构的盈利模式以广告+自营电商为主；最后，垂直领域联盟式 MCN 机构更注重平台属性，会根据不同的平台特点投放不同的内容，以此提高用户转化。

（2）头部 IP 驱动式 MCN 机构：Papitube

头部 IP 驱动式 MCN 机构，顾名思义，就是以高人气、高流量 IP 为中心打造内容矩阵，为矩阵内部非头部账号吸引流量和关注，增强整体的商业价值。通俗来讲，就是头部 IP 辅助养成矩阵，以大带小，来给矩阵中处于成长阶段的账号带来更多的流量支持，以及吸引更多的用户注意力。但因为内容行业发展日新月异，观众的兴趣点也是在不断变化的，即使是头部 IP 也有被替代、过气的风险，因此头部 IP 驱动式 MCN 机构会以现有的头部 IP 去带动、孵化新的头部 IP。

例如前面所提到的初代"网红"的 Papi 酱，在 2016 年 4 月创立了自己的 MCN 机构 Papitube 后，旗下签约新媒体网络红人超 150 人。不同于青藤文化、快美妆在具体领域深耕的主要模式，Papitube 旗下签约的红人风格多样，发展多元化，涉及搞笑、美妆、生活等多个领域。

正如 Papitube 的 CEO 霍泥芳在采访中谈到，随着 Papitube 生态逐步走向成熟，Papi 酱个人所占公司整体营收比重逐步下降，因此，即使 Papi 酱本身遭遇到负面的舆论冲击，对其 MCN 整体变现能力的威胁也不大。2020 年，通过前期的内容沉淀，Papitube 旗下两位短视频创作者玲爷、无敌灏克在抖音平台粉丝突破千万名，成长为 Papitube 新一代的头部 IP。

Papitube、洋葱视频（网络知名账号办公室小野所属 MCN 机构）为代表的头部 IP 驱动式主要有以下三个特点。第一，运营重点在挖掘和孵化头部 IP 的潜力股。第二，以内容巩固 IP 矩阵，比如 Papi 酱的学校系列、家庭系列和办公室系列视频中，可以看到旗下签约博主客串角色。第三，对于此类 MCN 机构来说，变现能力和孵化能力不是最棘手的问题，但孵化新头部 IP 效率仍有待提高。

（3）内容货架转型式 MCN 机构：魔力 TV

内容货架转型式 MCN 机构，顾名思义，就是内容社区平台转型进入 MCN 产业，这

[①] 数据查询时间为 2020 年 6 月 7 日。

些机构本身有做内容的丰富资源，因此被归类为"内容货架转型式"。

新片场，作为魔力 TV 背后的公司，最早是做新媒体影视内容出品发行平台。2016 年，新片场联手 V 电影共同创立了内容货架转型式 MCN 机构——魔力 TV，通过前期的影视相关的积累，很快进入行业之中。

内容货架转型式 MCN 机构同样有一些特点。第一，这类 MCN 机构本质上基于前期的积累，在商业模式上实现转型。第二，有相对稳定成熟的新媒体矩阵，可以多平台、多渠道同时发力。第三，内容货架转型式 MCN 机构生产的内容风格趋同，长远来看不利于发展。

新媒体的特点决定靠单一 IP 单打独斗之路不可行，孤军奋战很难长久地获得用户的喜爱。因此，无论是何种运营模式的 MCN，其根本目的都是将内容生产者聚合起来，通过科学的策划、包装，延长他们的网络生命力，打通变现通路。

除了上述三种以运营模式分类的 MCN 机构，还可以从变现途径对 MCN 机构进行分类，包括营销类 MCN，电商业态 MCN，经纪业态 MCN，社群、社群/知识付费业态 MCN，IP/版权授权业态 MCN 等。营销类 MCN 机构一般拥有网络红人、新媒体 IP 或分发平台资源，多数以微博营销起家，在短视频兴起后成功跨界。具有代表性的营销类 MCN 机构包括蜂群文化、大禹网络。电商业态 MCN，主要以短视频、直播为媒介，通过孵化网红，实现电商变现。例如，美 ONE、微念科技。经纪业态 MCN，一般通过批量式签约优质内容创作者，利用自身资源优势，帮助签约者解决前端商务问题。例如，Papitube、无忧传媒。社群/知识付费业态 MCN 主要依赖粉丝沉淀，通过图书出版、付费课程、付费社群、内容电视、影视节目等方面进行变现。例如，米未传媒（曾推出《奇葩说》《乐队的夏天》《饭局的诱惑》等热门网络综艺）等。IP/版权授权业态 MCN，一般前期研发或签约知名 IP，通过 IP 授权、周边研发、线下展览等方式变现。例如，十二栋文化、震惊文化等。[①]

2. 国内 MCN 行业发展趋势

MCN 行业高速发展，未来发展趋势也是行业和学界的聚焦点。根据《2020 中国 MCN 行业白皮书》预测，MCN 行业发展将重点聚焦以下五个方面。

第一，MCN 机构将基于自身核心能力与行业基因构筑"网红经济商业体"。例如，对于营销服务公司而言，内容创意能力、媒介资源等就是其核心基础能力，而营销策划能力就是行业基因。第二，MCN "新晋"角色呈多元化发展，未来将会有更多实体企业、传统媒体等转型进入 MCN 行业，MCN 机构将快速增长，实现外部"破圈"。虽然传统媒体在 MCN 行业业务上驾轻就熟，但因为起步较晚，将面临较为严峻的市场挑战。第三，资本加剧影响未来 MCN 行业发展格局。资本注入为 MCN 机构发展注入新鲜血液，加速其发展进程。同时，头部机构开始将尾部 MCN、小型工作室及内容账号"收入囊中"，市场将进行整合。第四，单一以签约、经纪为主要模式的 MCN 将被淘汰，MCN 机构自身必须具备核心内容的生产开发能力。第五，红人培养愈加规范，逐渐趋于"标准化"。高校或开设相关专业，提升网络红人思想政治水平和基本技能；MCN 管理培训机制日趋完善，可以

---

① 方正证券. MCN 专题深度：新渠道·新生态·新未来——抖音·快手·B 站系列研究[EB/OL]. 2020-02-05. https://www.foundersc.com/.

批量"生产"红人；相关培训机构产业式发展，红人专业技能全方面培养。①

MCN 行业发展日新月异，本章试提出 MCN 行业发展趋势，虽不能涵盖全部，也旨在提供思考与认识的方向。

①未来国内 MCN 行业会更加专业化，同时兼具全球视角。不仅是因为国家政策日益严格，MCN 行业需要"被规范"，更是因为随着产业环境的不断升级，竞争日益激烈，需要 MCN 机构在生产、服务过程中更加专业，如为内容生产者提供专业的孵化和变现流程等。面对海外市场，国内 MCN 行业需要拥有全球视角，不仅要考虑如何把本土优质内容"推出去"，更要把海外优质内容"引进来"，形成全球性内容生产矩阵。

②MCN机构协助内容生产者完成去同质化。新媒体内容本质上是一种以受众为核心的商业产品，因此，就不可避免地根据市场规律"批量化生产"，具有相似性高和易复制性的特点。根据《2019 中国 MCN 行业发展研究白皮书》的统计数据可以看出，现阶段账号同质化严重，账号定位、IP 人设、粉丝画像，甚至选题内容、文案内容等方面都存在相似性。②为了避免内容生产者因为"同质化"被用户抛弃，MCN 机构必须反哺内容生产者，提供专业化的建议和协助完成去同质化。

③5G 时代，MCN 助力内容生产者内容升级和平台升级。随着 5G 时代的来临，新的内容平台会出现。为了适应市场变化，新媒体内容也需要相应升级，以适应新变化、新机遇、新挑战。下一阶段，MCN 机构需要实现核心内容的变现能力，而传统以签约模式、达人经济为主的 MCN 机构可能会被市场淘汰。③

（三）国内 MCN 行业现存问题

1. 霸王条款"吸血"内容创作者

一些不规范的 MCN 机构会选择大量签约发展初期、有小体量粉丝的内容创作者，声称会给予内容创作者许多福利，诸如平台流量等行业资源、帮助内容创作者提升内容水准、对接商业合作，承诺帮助内容创作者进行商业变现，但实则"吸血"内容创作者，除商业合作中分成外并不能提供什么实质性的帮助，以此来养活自己的机构。因为新媒体内容创作者整体年龄偏小、阅历不足、缺乏法律意识，往往会落入"霸王合同"的陷阱之中。

2020 年 5 月 20 日、25 日，B 站 2019 百大 UP 主"翔翔大作战"（B 站粉丝突破 600 万名④）发布视频称自己与震惊文化存在合同纠纷，翔翔大作战的抖音、微博账号被冻结。翔翔大作战（以下简称"小翔哥"）在视频中说，签约以来公司对他没有任何实际性的帮助，对账号的未来没有任何一点规划。小翔哥在视频中展示了自己提交给法院的部分证据，在聊天记录中可以看见公司除了提供一些意义不明的"复制粘贴"内容外，没有任何实质性的内容帮助。2018 年，小翔哥向公司表示不知道拍什么，公司回复向网友征集；小翔哥向公司请求广告策划帮助，公司反倒索要稿费；公司多次要求小翔哥免费为旗下 IP 宣传推

---

① 方正证券. MCN 专题深度：新渠道·新生态·新未来——抖音·快手·B 站系列研究[EB/OL]. 2020-02-05. https://www.foundersc.com/.
② Topklout. 2019 中国 MCN 行业白皮书[EB/OL]. 2020-06-01. http://www.topklout.com/#/home.
③ Topklout. 2020 中国 MCN 行业白皮书[EB/OL]. 2020-06-18. http://www.topklout.com/#/home.
④ 数据查询时间 2020 年 6 月 8 日。

广；做运营的人不知道平台规则反而需要小翔哥指导——例如标题中出现"震惊"会被推荐系统辨别为标题党，不能使用，但公司提供的标题却出现这种错误；多次提供重复的视频素材等。

小翔哥与震惊文化的纠纷并不是个案，林晨同学（B 站粉丝 60 万名[①]）也早在 2020 年 4 月 13 日曝光了自己的经历，虽然只是签署了一份没有底薪没有社保的合作合约，但却因为疫情期间，林晨同学不愿意拍摄疫情相关商务内容，被公司警告"严重违约"并索赔 300 万元。

因此，内容创作者在与 MCN 机构签订合同的时候，一定要仔细看合同的权利和义务，涉及切实利益和账号发展问题时不能草率。

2. 一些 MCN 机构对内容创作者和平台流量依赖性太强

"霸王合约"同时也暴露了一些不规范的中小型 MCN 机构营收模式单一、不完善的弱点。而太依赖平台流量，会缩小内容账号的投放平台可选择范围，不利于账号和 MCN 机构长期、全面发展。如果对内容创作者和平台过于依赖，一旦出现内容创作者离开或平台政策改变，MCN 机构会面临很大的风险和挑战。MCN 机构与内容创作者、视频发布平台从来不是对立的，而应该是互利共生的，唯有如此，MCN 机构才能在内外部高压之下，健康可持续性发展。

3. MCN 机构对中尾部内容创作者缺少关注

MCN 机构专注于对头部内容创作者的竞争，而对腰部、尾部有潜力的内容创作者存在忽视。互联网时代的长尾效应不容小视，应多给予行业腰部、尾部内容创作者足够的关注，加大孵化力度，形成内容矩阵，进而稳定并扩大市场规模。

第二节　新媒体时代的广告模式

用内容赚取受众注意力，再将受众的注意力变卖给广告商，这是传媒产生以来变现的最普遍的常识。在新媒体时代内容的变现路径中，广告变现依然是非常主流的做法。二八定律在新媒体内容的广告变现中依然奏效——头部内容生产者几乎占据了 80% 的广告收益，自身的影响力可以支撑其独当一面地对接品牌的广告需求，分走市场上最大块的肥肉，而剩下的 20% 广告收益，则成为广告中介所觊觎的对象，无数实力稍弱的内容生产者，由于资产实力、品牌辨识度等相对较弱，只有力图在余下的这 20% 广告收益中分一杯羹。

而在受众注意力越来越昂贵的今天，建立在新媒体内容基础上的广告模式，则必须体现出其区别于以往的表现特征和创意，才能够获得受众青睐，实现变现的可能性。本节内容，将探讨两种新媒体时代比较受欢迎的广告模式，即互动广告与原生广告，以期窥见其变现价值。

一、两种常见的新媒体广告模式

（一）互动型广告

广义上的互动型广告，可以包括一切存在互动关系的广告，不管你是在大街上搭台子

[①] 数据查询时间 2020 年 6 月 8 日。

吆喝"走过路过不要错过",还是利用互联网直播带货都囊括其中。狭义上的互动型广告则是指利用 H5 等互联网技术,使用户参与到广告创意中来,形成互动关系的广告活动。

不管是广义上还是狭义上的互动型广告,都需要达到一个终极目的,即新媒体内容生产者可以与用户实时交流互动。在这里主要探讨的互动型广告模式,是指依托于媒介平台、编程技术,给用户真实的体验感的广告类型,我们将以依托 H5 与直播技术的广告为例来进行解析。

1. H5 广告

H5 是 Html5 的缩写,Html 的英文全称为 hyper text mark-up language(超文本标记语言),5 是指第五代更新,可以理解为一种网页编辑语言。以 H5 为依托的营销就是利用 Html5 技术制作的数字内容,通过营造场景、游戏互动等形式对受众进行的营销活动。H5 广告于 2014 年萌芽并迅猛发展,因为 H5 生动的感官体验,同时也是互动型新媒体广告的一种。

以 Burberry 在 2014 发布的 H5 广告 *London in Shanghai* 为例,首先用户需要用微信"摇一摇"进入 H5,开启从伦敦到上海的奇妙视听旅程。然后在 H5 界面的引导下,受众轻轻"擦一擦"屏幕,就可以拂开画面上伦敦的雾霭,如油画般的伦敦景色逐渐浮现在眼前,"点一点"波光潋滟的泰晤士河后,河面荡起涟漪,最后"点一点"屏幕上的白色圆点,最终抵达上海站,用户完成了这趟线上的旅程。

整个 H5 设计非常符合 Burberry 英伦文艺的品牌风格,虽然场景是虚拟的,但用户通过"摇一摇""擦一擦""点一点"等简单操作,参与到了内容中去,完成了互动式的广告体验。Burberry 的 H5 在微信等平台获得了不错的传播效果,互动型数字营销拉近了高端品牌和用户的距离,尤其是激活了潜在的年轻用户群体。

大众点评在推广其 19.9 元看《复仇者联盟 2》的活动时,推出了 H5 广告《这个陌生来电你敢接吗?》,扫描微信二维码进入 H5 界面,用户会"接到"一个未知号码来电,点击接通后会遭受"复联"英雄狂风骤雨般的猛烈攻击,而攻击是通过英雄们的对话和手机屏幕逐渐破碎的场景来展现的。大众点评调动用户的感官,通过"接电话"这种互动模式,将用户拉入真实的"复联"英雄来电场景,完成对电影视听体验的营销。在此基础上邀请用户购买 19.9 元的电影票,来电影院观看 IMAX 大屏幕电影《复仇者联盟 2》,从用户心理的角度,就显得更加顺理成章了。

总之,互动型的广告以激发受众参与感、好奇心等方式,使得营销变成了一场充满趣味的游戏。弱化营销痕迹,强化了消费者在消费过程中的主动权,使被动接受的营销,变成主动参与的内容消费,一定程度上消解了受众对传统广告的抵触情绪,从而能够实现更好的变现效果。

2. 直播广告

直播广告,顾名思义就是在新媒体平台以直播的形式展示商品,主播通过知识分享、产品介绍、亲身试货等方式进行"带货",互动性较强。

2016 年被称为"全民直播元年",直播平台发展壮大、各细分领域主播人数不断攀升,直播与电商、餐饮、金融、教育等多领域跨界合作,获得了极好的经济收益。直播作为近年来新型互动型广告,也可以被看作一种全新的信息传递媒介。直播拉近了"售货员"(主播）与"顾客"（用户）的距离，直播的形式，使得用户觉得主播与商品更加真实可信，整个广告活动更有参与感，用户更容易"被种草"，触发购买行为。2020年4月6日晚，央视主持人朱广权参与网络直播带货，为湖北带货超4000万元。朱广权作为"央视段子手"，主持风格比较亲切朴实，许多金句在互联网上广为流传，在"央视主播"的品牌效应与符合网络受众喜好的"互联网金句制造机"的双重身份作用下，再加上传统强势媒体"亲自下场"吆喝的新鲜感驱动下，朱广权的产品"背书"效果非常可观，许多商品上架便"秒空"。

2020年上半年开始，各大知名企业CEO纷纷"出征"网络直播间，化身网络主播。这些CEO个人身份的影响力转化为"带货"的号召力，从罗永浩到丁磊再到雷军，都分别于网络直播间交出了9000多万元（罗永浩）、400多万元（丁磊）、2亿元（雷军）的"带货"答卷，罗永浩的直播首秀甚至创下了观看量近5000万人次、带货额为1.68亿元的战绩，甚至有媒体戏称：不会带货的UP主（网络上对于内容提供者的一种称呼）不是好CEO。当众人还在为"总裁带货"的惊人实力啧啧称奇时，网络却展现出了其热度稍纵即逝的惯例和特性——罗永浩的第二场直播的观看量和销售额都缩水超过70%，罗永浩参与网络直播"带货"的第100天，他的观看量和销售额相比首秀下降了96.4%和97%。"总裁带货"战绩的抛物线式的下降让人们更为清醒地认识到，直播变现看起来是一场属于互联网经济时代的全民狂欢，但参与的门槛却不是众人想象的那么低，在这个看似人人都可以生产内容和营销的新媒体时代，受众的注意力稀缺而公平。也就是说，不管在现实世界中你处于什么样的社会地位，拥有什么样的身份背景，是普通人还是"霸道总裁"，如果你不能够准确捕捉到受众需求，持续地供给内容消费价值与其他商业价值，那么，市场会毫不留情地将你淘汰出局，取消你的变现资格。

因此，无论是直播还是H5形式的互动型广告，都必须在用户体验方面狠下功夫。同时，最为重要的是，直播营销的背后，其实也与用户的趋利心理息息相关。毕竟，普通人在消费时一般不会和自己的钱包过不去，再诱人的主播如果不能够提供实惠，也不会具有持续的吸引力。因此，可以观察到，无论是直播间，还是H5广告界面的新媒体运营人员都会设置优惠券、现金红包或者礼物赠送给用户，提高用户购买意愿。尤其是直播广告，往往设置限时的直播间专属优惠，并及时解答粉丝的疑惑顾虑，转化率就会相对较高。

（二）原生广告

1. 原生广告定义

另一种以内容生产为原始驱动力的广告变现方式，被称为原生广告。它泛指采用专业的技术手段进行视觉整合，将广告产品符号化，融进文字、图片、音乐短视频等新媒体内容产品中的营销手段。简言之，广告成为新媒体内容的一部分。品牌植入的方式也是多种多样，如采取将产品植入新媒体内容的故事情节之中的策略，使产品本身成为推动故事发展的关键要素，也就是所谓的融入用户体验，可以给用户留下更深刻的印象，达到更好的营销效果。

美国互动广告署将原生广告理解为形式上融入新媒体环境，内容上为用户提供价值。[①]本

---

① 喻国明. 镶嵌、创意、内容：移动互联广告的三个关键词——以原生广告的操作路线为例[J]. 新闻与写作，2014(3)：48-52.

节提及的原生广告，是将广告与内容无缝"缝合"在一起，以适应新媒体内容发布环境。

不同于干扰式广告，有经验的内容创作者往往会采用高超的策略技巧，将产品和图文、视频内容无缝融合在一起，尽可能不打扰用户体验，达到潜移默化的宣传效果。即使最后用户恍然大悟发现是广告，也往往感慨内容创作者的巧思，一定程度上降低了用户对广告的反感与抵触心理。因此，原生广告对内容创意的要求极高，内容生产者本身的粉丝号召力和影响力，也成为原生广告获得成功的捷径。因此，参与原生广告的创作，也成为目前内容从业者变现的一种可靠途径。

原生广告，要遵循"内容第一，广告第二"的原则，不要让营销的成分盖过内容本身，营销要融入内容本身。"GQ 实验室"就是让读者"喜欢上看广告"的高手。智族 GQ 出版人唐杰在 2019 年新榜大会表示，GQ 实验室 2018 年营收超 2 亿元，合作 200 个品牌。GQ 实验室的内容以条漫为主，每一期的主题几乎都与当代年轻人的生活相契合，将当代年轻人的心思刻画得入木三分，有"脑洞大""吐槽稳、准、狠"的特点。同时条漫本身是图文形式呈现内容，内容密度优于短视频与文字，这不仅降低了用户的阅读门槛，也方便形成易于辨识的 IP 风格。公众号 GQ 实验室于 2019 年 3 月 21 日与蔻驰（Coach）合作的推文《如何一眼识破高段位戏精的表演套路？》，扫描二维码，即可查看内容。

推文以现代人"戏精"的特点切入，以幽默诙谐的口吻，展现了都市男女因为职场规则、社交礼仪等，显现出的口是心非的模样，并对这些微表情微动作下的潜台词进行了有趣的解释。在受众们"放松警惕"沉浸在内容本身时，不动声色插入了一个与全文基调一样"买衣服"场景，随后自然地引入介绍 Coach Men 新系列的环节。

这篇文章也获得了"10 万+"阅读量的用户认可，虽然对于善于内容营销的 GQ 实验室来说习以为常，但对于一篇"广告软文"来说，这篇文章的表现十分"能打"。在评论区的留言风格也是有别于一般广告，受众对内容营销手段显示出相当积极的态度，"所以今天的甲方很难搞吗？这么晚才发呢。（网友：Phi）""我现在都划过正文直接看广告（网友：sugar）""居然被猝不及防的广告植入了哈哈哈~给男票买 coach（网友：Seven）""该死这就买！我买！（网友：梅梅梅花鹿）"。①由此可见优秀的原生广告不仅不会让受众产生厌恶情绪，反而会更好地展示产品、提升用户对品牌的好感度，同时也避免因为发布低质量广告而造成新媒体账号粉丝流失的情况。好的内容做保证，即使是广告也可以起到吸粉、固粉的效果，实现品牌方与内容方的双赢。

当你惊讶地发现朋友圈里出现了一则偶像明星发送的内容时，不要误会他神不知鬼不觉地成了你的微信好友，这应该只是一则融入朋友圈信息发布模式的原生广告而已。原生广告最关键的特点之一就是"融入用户体验"，也因为这一特性，原生广告对用户体验有了显著提升。原生广告的内容营销策略主要通过控制感、专注以及乐趣三个维度来影响用户体验。所谓控制感，是指用户可以对浏览和导航、互动节奏、接入内容进行控制；专注意味着用户不分心、不被侵扰；而乐趣，顾名思义就是用户在体验内容时获得喜悦与满足感。②因此，原生广告可以说是互联网时代借助优质内容进行营销的经典路径，也更容易激发受众的自主分享欲。在社交媒体时代，受众自发的分享与再次传播，对于实现病毒式

---

① 数据来源：GQ 实验室微信公众号，查询时间 2020 年 8 月 18 日。
② 康瑾. 原生广告的概念、属性与问题[J]. 现代传播(中国传媒大学学报)，2015，37(3)：112-118.

的营销效果，能够起到至关重要的作用。

2. 自媒体原生广告内容生产流程

新媒体的内容从业者的原生广告生产商业流程如图 6-4 所示。先是内容生产方会和广告主/品牌方就广告意向进行沟通，包括品牌形象、广告重点、预期效果等；在沟通清晰之后，内容方会根据自己的风格进行创作，以期将自身风格、内容与广告想要突出的重点进行有机融合；在内容完成之后，会进行内容的分发、多平台的发布工作，该工作一般可以由 MCN 专业机构完成，然后内容方与广告方会根据最终的效果进行结案。

广告意向沟通 ➡ 内容创作 ➡ 多平台发布 ➡ 结案

图 6-4　自媒体原生广告的基本生产流程

二、新媒体广告模式现存问题

以新媒体内容为基准的广告市场，充满着诱惑与机遇，但由于行业发展尚不成熟，还存在着一些需要规避的问题。

①内容创作者在新媒体内容中过度营销或不认真筛选品牌，会极大程度影响用户的体验，降低用户对内容创作者的喜爱度和信任度，导致用户流失。因此，在谈新媒体的内容营销时，我们一定要注意，先内容，后营销法则，也就是说，不贴合内容的营销，宁愿不做。只有这样，才不会影响受众对内容发布者的忠诚度，才是不损耗内容消费体验的营销。

②一些头部新媒体账号存在"流量泡沫"，虽然有较高的观看量，但是产品购买率低，用户转换率低，达不到产品商预期。而产品商前期可能花费不菲的广告费进行投放，会因为利益与投放账号产生纠纷，长期看来不利于新媒体广告模式发展。

要解决新媒体广告模式的现存问题，需要从法律法规的健全、市场监管力度、技术提升、新媒体内容从业者素质提升等多方面着手。总而言之，无论是互动型广告还是原生广告，或是其他类型的新媒体广告，都要更加注重个性化、趣味性等特点吸引用户、引发共鸣，才能有助于形成消费转化和二次传播。

第三节　内容付费模式

2016 年被称为内容付费元年，分答 App 的出现推动互联网内容付费发展进程，分答上线 42 天，用户量超过 1000 万个，生产了 50 万条问答内容；更重要的是，超过 100 万个用户为内容买单，交易金额超过 1800 万元，在资本市场，其实现了 A 轮融资 2500 万美元，估值超 1 亿美元的骄人战绩。但可惜的是，由于种种原因，分答很快遭遇滑铁卢一般的运营危机，被监管叫停，一度使得付费问答陷入冷冻期，也让人们对内容付费的前景产生了质疑和担忧。但随着在线付费技术的逐渐成熟，加之用户对优质内容的需求日益增长，对优质内容的付费需求并未被阻断，一些具备需求同时还具备付费能力的受众，在部分内容市场"领头羊"的带领下，逐渐养成了内容付费的习惯。目前的内容付费在资本市场，依然前景可期。在以内容获取低门槛为主要特征的新媒体市场，内容付费并不可能向用户强制性征收费用，而是通过刺激痛点、痒点等方式，催化用户的购买意愿。内容付费并不易做，毕竟付费内容等同于内容最直接的变现，但它仍是许多内容生产和营销者们最跃跃欲试的一大领域。

一、常见内容付费类型

目前，知识付费是我国内容付费市场最初始的驱动力，其他常见的内容付费类型还包括社群付费、阅读付费、视频付费、音乐付费等。知识付费是随着2016年分答App的上线而进入大众视野，用户可以付费向明星、网红、专家提问，还可以低价转售自己买到的知识内容。随着互联网的高速发展，每个人都处在信息过载的困境，免费的才是最贵的，在知识泛滥的互联网中自己甄别需要花费大量的时间和精力。因此，专业领域的知识分享者将他们的认知盈余传播出来，用户可以根据需要在平台购买，依托互联网技术随时随地"碎片化学习"。

以逻辑思维为例，罗振宇是打造"知识型网红"的高手，薛兆丰就是一个成功的案例，其"得到"课程"薛兆丰的经济学课"已有近50万人购买学习。[1]自2016年起，趁着内容红利的浪潮，有几万粉丝基础的内容博主就借助微信公众号"荔枝微课"等平台开启自己的写作培训。

知识付费的付费模式多样，用户可以选择单次订购（分答），也可以直接订阅专栏（喜马拉雅FM、得到、知乎Live），购买平台会员或者直接对内容进行打赏（微信公众号、新浪微博）。

接下来我们将对新媒体市场上几种比较典型的内容付费领域稍作介绍。

（一）社群付费

社群，在新媒体语境下可以理解为基于一个需求点或兴趣点，形成社交关系链，以此聚集社会成员形成群体。社群付费，就是社群运营者提供服务，同时向社群成员收取相应费用的一种新媒体内容营销模式。通过收费，社群运营者可以筛选出愿意为信息、内容付费的用户，将这些用户整合起来。而在这些用户眼中，比起生命短暂、活跃度低的免费社群，付费社群有更大的价值和意义，付费就像是一道门槛，更能够强化用户所需要的标签意义。因此，社群收费模式的前提和存活下去的核心点，一定是为用户提供真正区别于其他群体的、高质量的内容。以知识型的付费社群为例，高品质的付费社群需要做到在知识沉淀的同时，帮助用户将所学知识变现。例如市面上一些写作付费社群，在宣传中大同小异，一般会说自己的社群不仅可以帮助用户学习写作干货技巧、帮助用户解决写作中遇到的实际困难，同时还会将优秀学员作品推荐给公众号进行发布，帮助用户圆梦的同时，赚取稿费，实现写作变现的目标。

2016年2月，腾讯QQ推出付费入群的新功能，逐渐发展出社群营收模式。[2]在社群付费模式中，最典型的案例就是罗振宇的逻辑思维。最初，逻辑思维的主要阵地是在微信公众号、喜马拉雅、优酷等平台上的，目前主要阵地转移到了同名App上，在App进行内容发布及课程售卖。逻辑思维本质是将知识付费与社群付费结合，它有着清晰的内容定

---

[1] 数据统计截至2020年6月13日。
[2] 戴卫星. 内容付费：泛娱乐IP时代的内容新生态[M]. 北京：人民邮电出版社，2018：207.

位，即帮助用户利用碎片时间广泛涉猎各领域的知识，开拓学员眼界，锻炼用户思维。逻辑思维 App 上的每一小节课程时间一般都控制在 10 分钟左右，"听书"板块一本书一般控制在 20～30 分钟，旨在"将书本中最精华的部分拆解出来提供给用户""短时间高质量"的内容输出理念是很符合互联网思维的。

（二）阅读付费

阅读付费，最早出现在网络小说领域，网站签约作者开放文章部分内容免费阅读，上架后的内容则需要读者先购买才能阅读到内容。新媒体内容的阅读付费可以分为阅前付费，即先购买再阅读；以及阅后付费，即微信公众号、简书等平台的打赏功能，金额不限，可以由用户或内容生产者自己设定。

最早试水阅读付费模式的新媒体平台是新浪微博，2011 年时推出了"微号"。2013 年，豆瓣推出付费专栏。2014 年，微信公众号开通打赏功能。到了 2016 年，知乎也上线了"知乎 Live"实时问答产品。在 2020 年 1 月 15 日，微信公众号也正式进行"付费阅读"测试，相比于其他平台，微信公众号的阅读付费似乎来得有些迟，但仍有巨大的发展空间。

阅读付费模式，对于新媒体内容创作者来说，无疑是增加收入的好事。但想要用户对内容付费，除了要保证往期免费内容的高质量，拥有一批忠实内容用户之外，同时还要承担因为阅读付费导致的流量流失。比如需要付费才能阅读，会导致文章打开率下降，平均阅读量走低，即使拥有不错的粉丝基数，也会影响广告等其他方式的收入。目前来看，可以依靠阅读付费模式稳定营收的，主要还是垂直领域的头部新媒体账号。

（三）视频付费与音乐付费

互联网的高速发展推动了视频付费模式不断走向成熟。在新媒体新兴领域，用户对视频内容创作者的视频付费主要体现为直播打赏，以 B 站为例，用户可以用投币、充电、直播打赏、通过 UP 主（B 站视频博主）专属链接购买产品等方式对视频进行付费。但是这种视频付费属于"看后付费"，与视频网站的 VIP"看前付费"模式不相同。

国内音乐付费的概念在早年就被提出。随着短视频的发展，逐渐进入高速发展期，受众音乐版权意识提高了。音乐付费模式，让网络音乐人也可以通过获得音乐付费模式，从音乐平台、短视频平台、商用个人或组织那里获得收入。

二、内容付费模式发展前景

2019—2020 年，新媒体营销变现的"宠儿"转变为电商直播，内容付费模式似乎"冷"下来了，但市场潜力仍然巨大。纵观全局，内容付费模式的运营重点已经从初期的"吸引用户"，逐渐过渡到关键期的"沉淀用户"。

宏观来看，内容付费模式已进入新阶段。因为内容付费模式准入门槛较低、同质化严重、可替代性强，所以平台需要履行好"把关人"的职责，做好监管和筛选工作。在新媒体圈子里一直存在一种戏谑的说法，那些所谓的大牛新媒体运营导师，如果自己能运营起一个百万名粉丝的账号，也不会在这里开班授课，早就去运营变现了。这种说法并非空穴来风，但普通用户分辨起来有些困难，因此，需要平台起到把关作用，加大内容生产者资格审核和内容审查力度。

目前，国内的内容付费还存在很多"正版网课几百块，盗版网盘资源满天飞"的情况，作为付费内容传播媒介，平台也要不断提升技术、完善功能，来保护内容创作者的版权，也是保护消费者的权益，使平台、内容创作者都可以可持续性发展。

由于内容付费模式准入门槛变低，市场鱼龙混杂，新媒体运营者要以优质内容为核心，遵循"高品质+差异化+个性化"的内容策略，为用户提供更有质量也更有针对性的内容，争取在竞争中脱颖而出。而优质内容的关键，往往在于新媒体内容生产者。因此，无论是拥有相关人才输出的高校还是企业，都需要努力提升新媒体内容生产者的专业素养、业务能力。这一部分内容，在第八章会详细介绍。

总而言之，我国的内容付费模式还处于成长阶段。有业内人士对我国的内容付费前景表示乐观，认为我国的内容付费规模可达百亿元，并会在一定时间内呈现出增长的趋势，对于内容付费这一诱人的变现模式，未来可期。

第四节　自营电商模式

一、何为自营电商模式

自营电商模式，顾名思义就是新媒体内容生产者自己经营电商平台，并在平台上售卖产品。在采取自营电商模式营销变现时，新媒体内容从业者需要平衡媒体场景和消费场景。一般来说，选择自营电商模式变现的新媒体内容生产者，都是在某一垂直领域具有一定的影响力，所售卖的产品也一般会选择与新媒体账号定位相关的，以此实现流量变现。例如，美妆类内容生产者（美妆博主）自营电商会选择美妆护肤类产品，美食类内容生产者（美食博主）自营电商会选择美食、厨具等美食相关产品。

近年来，各细分领域的头部新媒体内容生产者，不再局限于为其他品牌电商导流赚取佣金，而是亲自下场进入电商平台售卖产品。新媒体内容生产者通过内容打造个人品牌 IP，内容越优质，粉丝黏性和转化率越高。

自 2016 年起，微信公众号、微博、抖音、快手、小红书等社交平台与大众的日常生活联系日益紧密，新媒体内容生产开始尝试通过软文广告、直播等方式对自营电商店铺进行宣传、引流。同时，技术的进步也让自营电商变现模式的发展之路更加畅通。例如，微信公众号可以从文章中直接跳转进入小程序下单购买产品，而抖音、小红书等平台也有独立的电商系统，可以在 App 内部完成购买操作，方便快捷。微信公众号、抖音等平台同样也可以通过复制链接直接"穿越"到淘宝进行下单购买。因此，可以说，社交平台功能的不断完善，为自营电商模式变现带来便利。

自营电商模式作为新媒体营销的主要变现策略之一，给了新媒体内容生产者更多的机会。自营电商变现模式的使用前提是以优质内容打造个人品牌。无论是李子柒这种新媒体内容生产者中的"顶尖流量"，还是抖音上几万、十几万粉丝的穿搭博主，都同样可以开通自己的电商店铺，卖视频同款产品进行变现。随着直播行业的不断发展，在头部电商带货 KOL 助力下，"直播+自营电商"的变现模式发展也愈发火热。自营电商与直播相互融合，直播成为自营电商的重要销售手段，而电商产品售卖也是直播的主要内容之一。

二、成功案例分析

虽其账号久未更新，但一度被视作"古风美食类"或是"文化出海类"网红鼻祖的李子柒，其内容生产、传播模式以及商业化、品牌化模式依然成为互联网时代的"江湖传说"，值得被研究和探讨。在"鼎盛"时期，李子柒在抖音、哔哩哔哩、新浪微博三大主要阵地的粉丝数分别高达 4278 万、572.5 万、2479 万。①更是于 2020 年 4 月 29 日在 Youtube 粉丝量突破 1000 万。有如此庞大的粉丝体量作支撑，李子柒征战自营电商变现领域也有了强大的动力。在网络红人利用自营电商模式变现的实践中，李子柒无疑是一个成功的案例。2018 年 8 月 17 日，李子柒天猫旗舰店正式上线。目前天猫旗舰店粉丝数量达 453.5 万，其中螺蛳粉成为当之无愧的镇店之宝，单月销量突破 150 万件。②在 2020 年 5 月 14 日起，连续 4 天，李子柒与《人民日报》联名的螺蛳粉在线上发售，每天限量 10 万包，产品一经上线，即被秒空下架。能与《人民日报》合作，并拥有如此惊人的"带货"能力，足以见李子柒的商业变现能力与价值。

新媒体内容生产者通过自营电商模式变现，在近年来越来越得到用户的认可与接受，模式趋于成熟，用户有为自己喜欢的新媒体内容生产者付费的意愿。在李子柒自营电商变现模式中，值得新媒体从业者借鉴的优点之一，就是视频中匠心独运的消费逻辑。

李子柒的 IP 打造无疑是成功的，但好的内容并不与成功的商业运营画等号。想要实现稳定的商业变现，需要视频生产、平台传播与电商运营通力协作。

李子柒将人与自然和谐相处的理念融入视频内容，巧妙利用传统文化使受众产生共情，推动视频在平台传播，并从粉丝角度出发，进行自营电商选品、定价、营销。在成熟的生产流程之下，李子柒的商业价值得到了极佳的体现。喜人的成绩背后是李子柒短视频中暗藏着消费逻辑，李子柒电商平台的产品本身真的优势显著吗？未必如此，那么受众对李子柒自营电商产品的消费，其实可以理解成受众基于田园生活符号的 IP 品牌消费。

目前，李子柒的短视频主要分为：东方非遗传承、"朝花柒拾"以及自营电商美食三个大类。在东方非遗传承系列中，可以看出，相比于其他的网络红人，李子柒的变现是十分"克制"的。除去自营电商变现，在她的视频中鲜见广告营销。李子柒的内容选题关注西部乡村，这是与国家政策发展方向相契合的。同时，乡村生活的田园牧歌，也是现代都市人的心灵休憩地，契合受众需求。在快节奏的时代背景下，用户依然可以看到李子柒的单个视频中"小麦的一生""蒜苗的一生"这些时间跨度很长的故事。李子柒视频之下的中国乡村，利用全新的话语重构了一副田园生活图景，打破了国人乃至外国网友对农村的固有印象。当然，后期制作同样功不可没。准确的定位、极佳的选题、精美的后期，合力打造出李子柒优质而独特的视频内容。

李子柒通过乡村美景、民俗风情、诗意美人来构建诗意田园生活的符号，打造个人 IP。③受众对李子柒本人及生活充满了向往，也为用户 IP 品牌消费做了铺垫。李子柒通过内容选择及传播策略，将个人 IP 营造成为消费品牌，以此将 IP 的能量充分激发出来。

---

① 数据统计截至 2020 年 5 月 23 日 21 点。
② 同①。
③ 石磊，黄强. 李子柒古风美食短视频的消费逻辑[J]. 新闻论坛，2020(2)：7-11.

李子柒的个人 IP 与"美食""美人""古风"这些关键词紧紧绑定，而且不同于以往大家对"网红"相对较为负面的印象，李子柒的 IP 形象与刻板印象中网红的"拜物""拜金"等污名化词汇相去甚远，而是呈现出一个与奶奶相依为命、为了陪伴奶奶回到农村、懂事孝顺而且十分能干的女孩形象。在视频里，她收小麦、养蚕、做木工、酿桃花酒，被粉丝夸赞"好像没有李子柒不会做的"。李子柒以优质的个人形象为自己的品牌代言，她本人的 IP 价值，就是受众在电商平台下单的最核心驱动力。

这种建立在个人形象辨识度上的标签，强化了 IP 印象，使这些标签之下的目标受众不由自主卷入李子柒的新媒体内容中，进而由单纯"围观"到产生认同进而产生消费行为。

网红短视频及产品中，潜移默化地在向消费者传导新消费理念，即消费者购买的不仅仅是产品本身，也是一种价值认同，这种价值认同可以是自我认同也可以是群体认同。自我认同理解起来并不困难，消费者虽然不能同李子柒一样过上如诗如画的田园生活，但却可以通过购买李子柒家的产品，以此为媒介，在心理上拉近自己与向往的乡村生活的距离。而消费者在购买李子柒家热门单品如螺蛳粉后，在微信朋友圈、小红书、知乎等社交平台分享"测评"，就会得到一定的关注和"同好"之间展开讨论，以此获得群体认同。

同样，在一些主打精致生活的美妆、穿搭博主的短视频和直播中，服饰或化妆品都被符号化，消费者在直播间购买某一色号的口红或某件服饰，并非仅仅追求使用价值，更是购买其被建立在 KOL 形象与营销话术所赋予的"精致""美好"符号意义，及其带来的投射性的心理满足，再通过网络群体的共同参与，赢得社会认同，从而进一步扩大该 IP 的圈层规模和影响力。

新媒体内容红人自营电商变现模式发展迅猛，随之而来也暴露了许多问题，诸如消费者缺少心理桥梁、品控不到位、恶性竞争等。

部分消费者的初次购买可能是基于前期对内容与 IP 形象的喜爱，但消费者也在不断成长，消费更理性，关注点回归到产品本身和相应服务上面。如何为消费者在新媒体内容和购买行为之间搭建心理桥梁，持续不断提高自营电商品牌影响和经济效益，是值得新媒体运营人思考的。

对于自营电商的营销模式来说，消费者的信任感和购物满意度是十分重要的。产品质量不过关，不仅会打破前期通过内容与 IP 形象构建起来的信任感，使顾客获得极差的购物体验，更会通过人际传播形成不良口碑，导致品牌"崩盘"。依靠内容吸引粉丝，再依靠产品和服务留住粉丝，这是内容为核心的自营电商的生存之道。在内容电商的商业逻辑中，内容只能在初始阶段赚吆喝，优质的内容并不能保证"躺赢"，内容背后的产品质量、定价、服务、物流环节等，才真正决定这类电商的生死。所以，对于很多立志要做自营电商的内容从业者来说，还得成为（或者找到）一个懂商业运营逻辑的生意人。

另外，为了争取更大的市场，获得更多消费者的关注，品牌之间也会存在"恶性竞争"现象，这对自营电商的生态环境造成恶劣的影响，不利于品牌持续发展。

常见的新媒体变现策略，除了前面介绍新媒体广告模式、内容付费模式、自营电商模式以外，还包括平台补贴、粉丝打赏、参加线下活动等其他方式的变现策略。平台补贴，顾名思义就是平台出资奖励优秀内容，腾讯微视等视频平台会根据单挑视频的有效播放量，折算成金额补贴给内容创作者。粉丝打赏，无论是抖音、快手等短视频平台，还是微信公众号、微博等社交平台，都开设了粉丝打赏功能，但对于大部分内容生产者来说，这一部分收入并非主要来源。参加线下活动，包括线下商演、广告代言、出演影视剧作品、参与综艺节目的录制，对于内容创作能力强的从业者，可能还有参与影视剧剧本创作的机会。随着新媒体平台、技术的不断发展升级，变现途径也会日益丰富。

本 章 总 结

新媒体内容作为一种商品，必须要考虑的一个重要问题就是如何变现。在新媒体营销变现策略领域，有两个重要的概念，分别是"粉丝运营"与"MCN 运营"。在新媒体领域，粉丝就是消费新媒体内容产品的重要客户，培养一批忠诚的粉丝，是新媒体内容变现最有效的保障。在粉丝运营环节，本章从"吸粉、养粉、固粉"三个环节介绍了粉丝运营的主要策略。"吸粉"环节，要做到充分调研，尊重粉丝；"养粉"环节，则是增强粉丝参与感、归属感；"固粉"环节，需持续开发核心 IP，增强粉丝黏性。而国内 MCN 行业经过几年的发展，已逐渐形成成熟的业态。作为内容创作者与平台之间的桥梁，MCN 机构的运营模式可以简单概括为"红人发掘—红人孵化/签约—商业变现"。原则上，MCN 机构应为旗下签约的新媒体内容创作者提供内容制作、版权管理、宣发推广、用户拓展、内容运营、粉丝管理、商业变现等专业化服务和管理，协助新媒体内容创作者实现商业变现。同时，本章详细介绍了国内 MCN 机构发展的三种主要模式，即以青藤文化为代表的垂直领域联盟式，以 Papitube 为代表的头部 IP 驱动式，以及新片场（魔力 TV）为代表的内容货架转型式。明晰了粉丝运营与 MCN 运营这两个重要概念，为掌握各种变现策略做铺垫。

本章介绍了几种当下主流的新媒体内容营销变现策略，如新媒体时代的广告模式、内容付费模式、自营电商模式等。其中，新媒体时代的广告模式主要有互动型广告模式与原生广告模式。本章还通过具体案例分析了互动型广告和原生广告的生产、变现原理；内容付费模式主要介绍了社群付费、阅读付费、视频付费与音乐付费。随着内容市场的日益成熟、线上付费手段的日趋完善、互联网群体的不断发展和壮大，内容付费这一最直接的变现手段，前景乐观。在以内容为驱动的自营电商模式的介绍中，需要强调的是，好的内容、好的 IP，与变现能力并不能画等号，受众花钱购买的，实际上依然是产品、服务，如果这方面的体验糟糕，那么复购率就会下降。内容，在这个时候，只能充当一个中介角色，即影响到电商最初的受关注度，也就是获客的成本，但复购率才是电商持续生存的重要因素，而内容对复购率的影响甚微，影响复购率的是商业模式，比如产品质量、客服质量、物流服务质量等。

总的来说，无论是哪一种变现模式，都不应该以损害用户的内容消费体验和内容 IP 的原始吸引力为代价，因为内容营销的变现，本质上还是取决于人们对 IP、对于内容本身的喜爱和信任，优质的内容才是实现可持续变现的基石和能源。

当然，新媒体营销变现策略并不局限于上述几种，其他变现模式还有平台补助、网络红人参与线下活动、粉丝打赏等，随着新媒体行业的发展，还会萌生出新的变现模式。但无论是哪种变现模式，新媒体内容从业者需要记住，新媒体内容营销最核心的是"人"（粉丝、用户），无论是什么变现渠道，关注点需要回归到对"人"（粉丝、用户）本身的关注，才能可持续性地发展下去。

课后思考与练习

1. 你还了解哪些新媒体营销中的变现策略，尝试总结它的变现模式和特点，并举例说明这种变现策略的优势和劣势。

2. 你或者你身边的人是否曾经体验过内容付费？请通过调研回答：内容付费意愿主要受到哪些因素的影响。

第七章　新媒体内容行业的专业"玩家"

如果要为这本书选择最为核心的受众，那一定是想要成为、或即将成为、或已经成为新媒体内容行业的专业人员。虽然新媒体内容市场时常呈现出一种"人人都是生产者、处处可闻吆喝声"的景象。但事实上，就如同任何其他行业一样，新媒体的内容生产和营销一样有自己的专业门槛。尤其在市场已经日趋成熟的今天，专业和非专业人士在生产力、生产方式、生产规模等方面的差距已经愈加明显。而本书在前面的内容中已经强调过，市场选择的天秤已经在不断地向专业内容倾斜，专业的、规模化的、产业化的内容生产与营销竞争也进入了一个白热化的阶段。众声喧哗的自媒体大环境非常复杂且多变，因此，内容行业的专业"玩家"们应该如何守住市场、突出优势、体现差异，是我们需要重点探讨的问题。本章力图在对相关的概念、特点，以及专业内容市场的现状、趋势和机遇有了充分的理解和掌握之后，来明晰专业"玩家"们到底是一种什么样的存在，他们的差异化竞争优势到底在哪等问题，再进一步探讨新媒体内容从业人员的职业规范是什么，以及如何更好地遵守在专业市场上的游戏规则，让内容市场在规范化的前提下，实现进一步繁荣。

第一节　专业生产内容的概念及特点

一、专业生产内容的概念

专业生产内容，又称 PGC，在新媒体领域可以理解为以专业技术或职业身份生产的新媒体内容。

提到专业生产内容，就不得不提到另外一个与之对应的重要概念，即用户生产内容，又称 UGC，可以理解为不具备专业技术、非职业化的普通个人用户生产的新媒体内容。UGC 的快速发展，意味着受众不再只是被动接受信息，甚至可以作为生产者参与到内容生产过程中。人们早已不陌生的概念是：用户不仅仅是接受者，还是生产者和传播者，UGC 也呈现出繁荣景象。

与 UGC 相比，PGC 有生产流程更完善、内容质量更高、变现能力更强、更注重版权问题等优势。不过，UGC 与 PGC 有时候是相辅相成的——视频弹幕的出现让诸如 B 站等平台的内容生态进入了一个新的消费时代；央视新闻主播也会使用网络热词，让互联网上的网友互动登上"大雅之堂"；超过 90%的抖音用户表示，他们在抖音评论区主要看网友抖机灵和搞笑评论，在抖音 App，"看评论"为仅次于"刷推荐""点赞"的高频行为。[①]

[①] 企鹅智酷. 抖音&快手用户研究报告[EB/OL]. 2020-06-09. http://www.199it.com/archives/709052.html.

二、专业生产内容的特点

PGC 具有内容精品化、部分垂直领域用户付费意愿较强、渠道多元化等特点。

（一）内容精品化

PGC 最主要的特点之一就是内容精品化，对于 PGC 来说，内容精品化除了制作精良外，风格统一、定位清晰、标签突出也是其同其他产品形成差异化竞争优势的保障。如提及李子柒就会想到她"古风、美食、美人"的标签，提及大胃王密子君就会联系到大胃王、美食、探店等元素。而一般的 UGC 如果缺乏商业化的运营思维，定位往往比较模糊，有可能今天发美食，明天发穿搭，完全凭自己的兴趣和喜好而定。PGC 因为主要是公司、团队运作，有一定的资金支持，在拍摄、制作上也比较精良，给用户极好的视听体验。同时，作为专业化生产，推送频率也比较稳定，而 UGC 的生产者可能会因为缺乏职业驱动力，显得比较随机，从而影响消费体验。

（二）新兴领域用户付费意愿较强

根据《2021 年中国泛知识付费行业报告》：流量红利下，泛知识付费市场规模逐年攀升，"研究生考试""家庭教育""金融财会""短视频直播""设计创作"等领域热度持续走高。用户在选择学习平台时，讲师个人能力一向被赋予很高考虑权重，仅次于平台的课程内容素材。头部创作者依赖优质内容升级自身产品形态，全环节用户精细化运营。[1]由此可见，PGC 在细分领域更具有权威性，更容易获得用户的信赖，对于垂直领域粉丝忠诚度的培养、转化率的提升等方面，都是强于 UGC 的。

（三）渠道多元化

渠道多元化也是 PGC 的一大优势，是指 PGC 的多渠道分发能力。依托于专业机构的 PGC，对渠道拥有更优质的筛选、合作的能力，更能实现多渠道的内容分发。同时，与 UGC 一样，PGC 对用户的二次传播依赖很大，"病毒式"传播往往反映了真实的用户反馈。但与自由散漫的 UGC 不同的是，目前的专业化内容生产，一般都会依托规模化、多元化的新媒体矩阵，对用户实现更全方位的覆盖。以李子柒为例，用户可以在抖音、微博、B 站等平台消费李子柒最新发布的视频内容，增强内容实现"病毒式"传播的可能性。同时其背后的 MCN 还在为其拓宽海外传播渠道贡献力量。

三、专业内容生产机制

研究专业内容生产机制，可以从专业内容生产者、专业内容消费者、专业内容生产方式三个关键方面着手研究。

（一）专业内容生产者

专业内容生产者，可以是机构运营下协作的专业团队，也可以是具备新媒体专业素养的个人。在第六章介绍过，个人生产者也可以签约 MCN 机构，实现 UGC 向 PGC 转化。在互联网方兴未艾的阶段，"野蛮生长"的 UGC 也曾经大行其道，但通过研究以 Youtube

---

[1] 巨量算数. 2021 年泛知识付费行业报告[EB/OL]. 2021-12-07. https://trendinsight.oceanengine.com/arithmetic-report/detail/517.

为代表的海外内容平台的发展规律发现，一旦内容市场发展到较为成熟的阶段后，纯粹草根的内容生产者一定会被边缘化，他们面临的结局一般有两种：其一，被淘汰出局；其二，比较优秀的、有发展潜质的个人账号会被专业组织收编改造。内容平台从机器的算法、平台规则的制定等方面，就会偏向于具备专业规模的生产和营销者。可以残酷断言，在目前的新媒体内容市场业态之下，业余的、草根的内容，在种种主观和客观条件的制约甚至碾压之下，大多只能实现昙花一现的繁荣。

（二）专业内容的消费者

受新媒体互动机制的影响，新媒体内容的受众亦既是消费者，又可以在一定程度上参与生产，例如他们在留言、弹幕、私信中的反馈意见会受到大部分专业内容生产者的采纳。美食博主"爱做饭的芋头 SAMA"在视频中表示，自己的标志性口头禅"搅和搅和""拜拜"，都是看了大家留言反馈很不错，才一直保留下来的，成了个人特色。同样，受众对 PGC 的喜好直观体现在"转发、评论、点赞、关注、打赏"等方面，直接或间接影响专业内容生产者的流量和收入。

（三）专业内容生产方式

技术的不断革新，专业内容生产与传播方式也会随之升级。现有技术下的新媒体专业内容生产，呈现出"众创、众产、众搜、众态"的主要特征。众创，顾名思义，是指新媒体专业内容生产不仅由新媒体从业者主导，还要将受众参与囊括到专业内容的生产和传播环节。众创内容生产是传媒领域的社会化大生产，在创意、创作思路方面集思广益，将受众的互动和参与价值发挥到最大。例如依据受众的反馈决定选题策划就是一种最简单的众创方式。总而言之，众创最显著的特征是形式的分散和逻辑的统一。众产，与众创不同，是指新媒体平台吸引专业内容生产主体入驻并发布内容，平台内容并非全部"自产自销"，而是借力其他内容生产主体，展示更多元的内容来增强平台用户黏性。众搜，是一种内容生成方式，关键之处在于新技术和资本。众搜既可以是新媒体为受众推荐可能感兴趣或关注的内容，例如知乎、今日头条，根据大数据分析受众关注点，进行内容推送。众搜同样可以是受众主动在新媒体平台搜索内容，可以是最近在追的热门综艺，也可以是网红美食，而受众的搜索痕迹有可能成为平台的大数据"养分"，使得平台的内容分发系统更精准地识别目标受众，为受众带来更优质的内容推荐服务。众态，是指新媒体表现出与其他媒体的不同表象、不同层面、不同方式的媒体形态。新媒体不仅内容形式呈现多样化特征，同时在一个媒体终端，用户可以体验不同媒体的服务，跨媒介、跨文本的内容消费方式已逐渐成为新媒体内容消费的常态，众态展现了新媒体内容的层级和深度特征。[①]

第二节 专业内容市场发展趋势

互联网新技术为 PGC 提供了良好的生态环境，资本注入让 PGC 呈爆发性成长的同时，专业内容生产团队之间也存在着激烈的流量抢夺，优胜劣汰，头部 PGC 制作更加精良，分发和变现渠道增多，在这种大环境下，专业化的内容市场有如下的发展趋势。

---

① 王太星. 论融合发展时代的新媒体内容生产[J]. 出版发行研究，2019(12)：47-50.

一、Vlog 类生活分享型 PGC 市场需求短期内将持续增加

在《中国新媒体发展报告 No.11（2020）》中提及，中国新媒体的发展十大趋势之一就是直播和短视频仍处于黄金发展赛道。①相比有些过饱和的搞笑类、时尚美妆类 PGC，Vlog 等生活分享型 PGC 型发展值得瞩目。

而随着 5G 技术的日益成熟，视频类内容在网速和流量消耗上的痛点将进一步被解决，被内容市场看好，这其中 Vlog 或将成为"领头羊"。根据《中国新媒体发展报告 No.11（2020）》：2019 年 Vlog 用户规模预计达 2.49 亿，Vlog 有望成短视频社交爆发风口。相对于图文内容，视频内容在设备要求、拍摄、后期技术等方面门槛更高，进一步扩大了专业内容的生存空间。②

二、业余的专业化之路

根据企鹅酷智发布的《抖音＆快手用户研究报告》，39.1% 的快手用户和 25.7% 的抖音用户认为平台同质化内容过多，③背后的一个主要原因就是两个平台很开放，给普通用户生产内容的机会，因此，大量"跟风创作"的 UGC 涌入，造成用户审美疲劳。

直播与短视频赛道的竞争已进入新的赛段，需要创新型专业人才参与，纯粹的 UGC 在这样的生态下很难生存，UGC 向 PGC 转型将是大势所趋。内容竞争愈发激烈，用户期待越来越高，只有专业化的优质内容才能获得更多的流量。用户自发生产数量庞大的 UGC 会不断向 PGC 转型，这种转型产生一种"业余专业化（PUGC）"，这也是未来的一大趋势。

但是，UGC 向 PGC 转型，并不意味放弃自己的优势，一味"同化"，而是既保持其在 UGC 阶段最原始的吸引力，又要在内容的质量和水准上达到市场的要求，满足用户的期待。

三、新技术增强 PGC 表现力

5G、人工智能、大数据、云计算、物联网等技术的出现和应用，为 PGC 赋能，对新媒体内容的生产、传播、消费方式都产生了影响。PGC 内容生产者可以利用新兴技术，升级用户的内容消费体验。例如，2019 年国庆期间，人民日报官方微博发布微电影《70 年，我是主角》H5，用户仅需上传一张单人正脸照，并选择性别，就可以通过"AI 换脸"技术，"穿越"到电影中去体验，并获得 5 张海报和 1 个视频。H5 仅上线一周，便取得了千万次浏览、百万次访问的成绩。H5 可以获得如此强大的表现力，进而提高参与度，归功于京东云与 AI 这些新兴技术的支持。

因此，专业玩家想要继续领跑市场，对技术的发展保持敏锐，内容创意专业人才与技术专业人才的强强联合是发展的必然趋势。

---

① 唐绪军，黄楚新，吴信训. 中国新媒体发展报告 No.11(2020)[EB/OL]. 2020-07-01. https://www.pishu.com.cn/skwx_ps/bookDetail?SiteID=14&ID=11637615.
② 同①.
③ 企鹅智酷. 抖音&快手用户研究报告[EB/OL]. 2020-06-09. http://www.199it.com/archives/709052.html.

第三节　新媒体背景下内容从业者的机遇

一、利用粉丝基础，抓住视频类风口

新媒体内容视频化是大势所趋，市场需求视频制作人才。近两年来一些传统文字博主也将自己的内容转化为视频，在视频平台进行投放，并对外招聘视频制作人才加入内容创作团队。

既然视频类内容风头正劲，避开风口视而不见显然不是聪明的做法。在瞬息万变的新媒体内容市场，对市场需求和机遇有敏锐的洞察力和参与力，才是长期立足的根本。对于专业"玩家"而言，参与新游戏的最大优势，在于自己所积累的粉丝基础，以及区别于草根玩家的团队执行能力，这都为其迅速迈进内容视频化竞争的门槛提供了保障。以内容生产专业选手、"深度剖析"内容起家的博主"半佛仙人"为例，在2019年年底将文字内容做成视频的形式，投放在B站等视频平台，而在此之前，微信公众号、知乎等文字为主的平台才是他的主战场。自2019年12月24日，半佛仙人在B站发出了首期内容视频，不到一年的时间，他的B站粉丝数量已经突破400万，每个单期视频播放都突破百万次，成为B站"知识区"最炙手可热的博主，这个粉丝数甚至超越了他微信公众号和知乎粉丝的总和。足以可见视频形式对内容展示的助力，内容视频化成为趋势。

除了头部账号，一些中腰部新媒体从业者的内容也在呈现视频化趋势。比如穿搭博主陈一丁，从2019年开始她也在从传统的微信公众号、知乎转战到B站，并将之前发过的内容制作成视频。以陈一丁2020年7月17日在微信公众号"一只马丁靴"发布的内容《赵丽颖气质3进阶：如何从可爱到精致再到清冷？》为例，目前，微信公众号推文阅读量为9.5万次，而8月8日才在B站发布的同内容视频播放量为10.2万次。[①]同样产出一次内容，视频化不仅可以增强内容的表现力，扩大内容传播平台，同时也可以为内容生产者获得更多收益。截至2022年2月，"陈一丁Dingslook"B站粉丝数量达到113.9万，知乎粉丝数量达到88.4万，抖音粉丝数量达到46.4万，小红书粉丝数量达到136.4万，[②]一跃成为穿搭领域头部博主，陈一丁借势视频风口，搭建全平台新媒体矩阵，达到一次产出，多次收益。

二、平台对优质内容保护问题重视度提升

内容创业有时被从业者称为"高危行业"，其中的原因之一就是自己辛苦原创的内容被别人轻易抄袭，自己的内容没有大火反而抄袭者赚得盆满钵满，形成"劣币驱逐良币"的现象。不过，随着相关法律法规的不断完善，市场的不断规范，平台、用户对优质内容的持续渴求，"伪原创""洗稿"等不端行为正在受到越来越多的打击和约束，平台也在努力为原创的优质内容拓宽生存空间。

---

① 数据查询时间2020年8月21日。
② 数据查询时间2022年2月20日。

例如，2020年抖音启动"原创者联盟计划"，为优质内容生产者进行版权保护和维权追诉。比起之前原创作者投诉、维权困难的情况，"原创者联盟计划"让维权手段更便捷、快速，而且费用由平台承担，消除了原创者的后顾之忧。对于新媒体内容从业者来说，市场准入门槛低，版权维护困难，一直是影响其长期生存的痛点，一个相关规章制度越来越完善、版权意识越来越被重视、保护原创的技术手段日趋完善的环境，无疑为优秀的从业人员带来了无限的希望。

三、用户偏好多样化

根据《2021年抖音数据报告》，2021年知识内容播放量激增，清华大学《生活中的经济学》观看破百万；传统文化类直播颇受关注，网友打赏助力国粹传承，在抖音逛博物馆成为一种时尚；乡村旅游类视频成为流量"新贵"，相关视频获赞24亿次……①

受众的偏好多样化、市场需求的进一步细分，对从业人员而言是个利好消息，意味着更多的机会与市场空隙。虽然现在各领域都存在"不可撼动"的头部账号，但只要是具备内容生产能力和创新能力，深耕垂直领域，找到"大领域"缝隙中的"小领域"，深度分解用户需求，寻找市场中的可能性，哪怕只是找到区别于竞争对手的一丁点特色，做出成绩的概率也将大大增加。

以上我们根据新媒体内容市场的现状与趋势，为职业玩家们摸索出了一定的生存机遇。但随着市场的发展成熟，这些机遇会不断变化，需要我们从实践中保持对行业和市场的敬畏之心，对变化发展的新媒体内容生态保持敏锐的洞察能力，才能抓住"黑天鹅"，赢得长久的立足能力。总而言之，专业内容生产力量是内容市场稳定向前发展的重要保障，只有不断提升专业内容生产者的生存空间和竞争优势，才能够让新媒体内容市场向规范化、专业化、市场化、成熟化不断迈进。

第四节 新媒体背景下内容生产从业人员的职业素养

新媒体时代背景下，内容生产和营销过程中无论是内容本身还是营销的方式上都发生了很大改变。要应对行业日新月异的发展，从业人员必须具备与行业需求对应的相关职业素养。不仅如此，在当下，每一个新媒体内容的从业人员都身兼数职，兼有内容生产者、信息传播者、社会守望者等身份。因此，更需要提升新媒体内容生产从业人员的职业素养。

本节将从技术层面、理念层面与社会层面对新媒体背景下内容生产从业人员的职业素养提出要求。②并详细阐述要具备这些职业素养的原因，论述新媒体内容生产从业人员职业素养缺失对社会、个人造成的不良影响，同时提出解决问题的建议。

一、新媒体内容生产从业人员需具备的职业素养

（一）技术层面：搭建复合型的专业技能框架

新媒体内容从业者，要不断更新升级自己的内容生产技术，搭建复合型的专业技能框

---

① 巨量算数. 2021抖音数据报告[EB/OL]. 2022-02-20. 2021抖音数据报告–算数报告–巨量算数 https://trendinsight.oceanengine.com/arithmetic-report/detail/584.
② 张大鹏. 从新媒体逻辑看新闻从业者职业素养[J]. 传媒，2017(11)：64-65.

架，才能更好地提高内容生产质量。新媒体内容产业从业人员技术层面需要具备的职业素养主要包括：挖掘与分析数据的能力、调查研究能力、多形态内容制作能力、把控不同内容分发渠道等。[①]

1. 挖掘与分析数据的能力

挖掘与分析数据的能力，帮助新媒体从业者通过数据，了解用户的真实需求，使新媒体从业者真正从用户需求出发，更新新媒体的内容与形式。在新媒体时代，用户参与新媒体内容的生产、传播以及消费都会产生数据记录，数据组合在一起形成大数据。[②]用户信息大数据对新媒体从业者来说既是丰富的资源也是极大的挑战，需要新媒体从业者掌握挖掘与分析数据的能力，寻找有价值的数据信息。常见的新媒体数据分析工具有新榜、清博大数据、西瓜数据等。在这些平台，新媒体从业者可以看到每日、每周、每月乃至每年不同平台不同类型账号的真实排行榜，定位热门账号和热点内容，为自己的工作服务。

全球复杂网络权威巴拉巴西的研究证实，93%的人类行为是可以预测的，而对于需要精准"狙击"用户需求的新媒体内容营销，大数据能够给出的预测能力，无疑是一种让人热血澎湃的新武器。当 Netflix（美国著名流媒体内容平台）通过搜集自己网站用户的大数据，包括收藏、推荐、回放、暂停等，提炼出相对精准的用户画像之后，花了比一般美剧贵两倍的天价，买下了电视剧《纸牌屋》的版权——这次"赌博"的结局并不是秘密，《纸牌屋》火遍全球，创下了 Netflix 的收视之最。

提前知道一个人的口味，才能替他烹饪出最受欢迎的佳肴，这个道理很简单，但终于在今天有了更容易实现的手段。作为新媒体内容行业的从业者，有什么理由拒绝大数据呢？而对大数据的有效使用能力需要人力、物力、财力、技术等各方面的支持。目前来看并非是一件人人都可以轻松掌控的事情，这也成为专业内容从业者占得先机的一个选项。

2. 调查研究的能力

调查研究的能力，即要求新媒体从业者熟练掌握信息技术，可以通过观察、甄别、调研、采访等方法对互联网的海量信息进行筛选整合。即使是在"浅阅读""碎片化阅读"的当下，读者依旧期待有深度的报道。例如公众号"GQ 报道"人物专访长文细节丰富，深入人物内心，多篇文章阅读量突破"10 万+"，主创团队的调查研究能力可见一斑。从号称碎片化万岁、深度报道已死，到如今对深度好文的创作力需求旺盛的新媒体时代，专业的内容从业者与其他人的区别，或许可以从一篇充分调研、体现专业调研能力、写作能力、有思想、有辨识度的深度好文开始。

3. 多形态内容制作能力

当前新媒体环境下对从业人员的要求是复合型的，不同于以往的媒体从业者分工泾渭分明，跑采访的不用管后期，出镜的不用扛摄像机，如今的内容从业者是被要求实现全能，采访、写稿、拍摄、出镜、后期制作等多种技能全面发展，同时在一两个领域做到精深。虽然在专业团队中依然会存在分工，随着用人需求、市场竞争的不断升级，"功夫"越少的人，实际上是在提升团队的用人成本，终不会成为新媒体内容人才市场的最优选择。

[①] 张大鹏. 从新媒体逻辑看新闻从业者职业素养[J]. 传媒，2017(11)：64-65.
[②] 同①.

4. 把控不同内容分发渠道特点

掌握不同的内容分发渠道的特点与需求，要求新媒体从业者根据新媒体平台不同，以不同的思维模式构建自己内容创意和营销的法则。例如，在新媒体繁荣发展的当下，新媒体内容分发渠道也不断增加，除了老牌平台新浪微博、今日头条、微信公众号，还有近几年快速发展的抖音、快手、B 站，以及腾讯微视、微信视频号等新生力量。每个平台的用户规模、特征、管理条款、规则等都不同，多渠道的内容覆盖需求，对内容的分发能力提出了较高的要求。"流量"是新媒体内容从业者的兵家必争对象。熟悉不同内容发布平台的流量规则、用户偏好，才能为前期努力制作的优质内容赢得更多的关注与点赞，进而转化为经济效益。

（二）理念层面：掌握新媒体生产规律

在不断升级自身内容生产技术的同时，新媒体内容生产从业人员也需要进行理念的升级换代。从业者需要掌握的新媒体市场规律，不仅包括新媒体内容生产规律，还应该包括新媒体传播规律，包括舆论规律与消费规律。[①] 虽然内容从业者的主要任务看似是完成新媒体内容的制作，但是在前期创意策划、中期的生产、后期的营销过程中，需要对整个市场规律有着整体的把控能力。只有对规律做到了若指掌，比如一篇推送到底应该在什么时间段发布，才能够赢得最好的效果，针对某个热点的讨论方式在哪些方面已经饱和等，这才算是一个成熟的从业者，才能将"好钢用在刀刃上"。对新媒体生产规律的掌握，我们主要从以下几点展开。

1. 新媒体内容特性

新媒体内容是一种大众文化创意产品。因此，需要从业者们深度挖掘、剖析并有效利用大众文化消费特征、文化创意特征、数字创意特征、用户参与特征等。

（1）大众文化消费特征

大众文化，作为一种与市场经济发展相适应的现代工业社会产物，具有现代性、商业性、世俗性、标准化、时效性、娱乐性等特点。市场经济法则作为"看不见的手"，对大众文化影响很大，同时也是大众文化的存在方式，并且在一定程度上，市场给予了大众文化发展和创新的动力。[②] 正如当代美国文化社会学家丹尼尔·贝尔所说："市场是社会结构和文化互相交汇的地方。整个文化的变革，特别是新生活方式的出现之所以成为可能，不但因为人的感觉方式发生了变化，而且因为社会结构本身也有所改变。"[③]

随着经济与社会的不断发展，人们对大众文化消费的需求和能力都在不断攀升，不同于实物消费的使用价值，大众文化消费更多的是满足精神需求。新媒体内容消费就是大众文化消费的一种，具有大众娱乐性、流行符号化、多元化、互动性、趣味性等特点。受众基于娱乐、审美、放松身心、社会认可等目的进行大众文化消费，因此，在新媒体内容生产和营销时要以受众需求为出发点，以市场导向为准则，在合理范围内，满足大众的心理预期。

---

① 张大鹏. 从新媒体逻辑看新闻从业者职业素养[J]. 传媒, 2017(11): 64-65.
② 邹广文. 当代中国大众文化及其生成背景[J]. 清华大学学报（哲学社会科学版），2001（2）: 46-53+67.
③ 丹尼尔·贝尔. 资本主义文化矛盾[M]. 严蓓雯，译. 北京：生活·读书·新知 三联书店，1989.136.

此外，大众对一些负面内容会好奇、关注。因为新媒体平台平等、开放等特性，准入门槛较低，对新媒体内容从业者的受教育程度和年龄没有限制，这一实际情况也为网络文化健康发展、社会稳定埋下了隐忧。如果不正确引导，很可能会出现严重的社会问题。例如，未成年人的人生观、价值观还在构建中，但作为新媒体内容从业者，受网络驳杂信息、多种文化的冲击，以及突然而来的关注和流量，可能会导致他们的政治观念发生偏移，输出或接受一些错误的观点与内容。例如一些新媒体机构在追逐利益的时候放弃了坚守原则和底线，为了制造话题、赢得点击率，打道德与法制的"擦边球"，为社会带来了极其负面的影响。

每一个新媒体内容从业者在遵循大众文化消费规律的同时，也要讲道德、知荣辱，因为他们的身份不仅仅是内容的生产者，更是内容的"把关人"，要时刻牢记自己的职责，为新媒体内容生态绿色健康发展作出自己的贡献。

（2）文化创意特征

新媒体内容生产，是文化创意产业中具有时代特点的内容生产模式。可以理解为消费符号、创造意义的过程，需要遵循专业内容创意规律。文化创意的核心就在于"创造性""创意"，新媒体内容生产自然也不例外，需要围绕这一核心展开。

想要做好新媒体内容创意，就需要掌握专业内容创意特征，如叙事逻辑规律与思维方式规律等。例如，新媒体内容往往是"微叙事"，"微""碎片化"是新媒体内容的一个典型特点。例如新浪微博、抖音在开通"长微博""长视频"等功能前，都是以150字以内的一条图文内容、15秒以内的短视频为主。再以抖音为例，即使现在为了满足不同内容生产者、内容消费者需求开通长视频功能，也控制在1~5分钟。需要注意的是，即使是微叙事、碎片化也不等于可以放松对质量的要求。以视频内容为例，即使是3~5分钟的微视频，也需要注意视频节奏、故事逻辑、视听效果等，才能被定义为优质发布者，获得推荐流量。

文化创意的关键是人才，这类创意性人才往往具有创新精神、知识储备量大、想象力丰富、善于逆向思维等特征。

（3）数字创意特征

新媒体的发展，绕不开的话题就是新兴技术。新兴的数字技术改变了新媒体内容的生产逻辑、营销逻辑、消费逻辑，改变了新媒体内容创意与营销的生态环境。

2016年12月，《"十三五"国家战略性新兴产业发展规划》首次将数字创意产业纳入国家战略性新兴产业发展规划，数字创意产业成为与新一代信息技术、生物、高端制造、绿色低碳产业并列的五大新支柱。[①]新媒体内容作为数字创意产业中的一环，应借力新兴技术，创新生产、传播方式、营销方式，努力实现经济效益与社会效益的双赢。

（4）用户参与特征

新媒体文化作为大众文化的一种，区别于少数人发声的精英文化，不再是少数人的"话语垄断"。网民从以往的被动接受的局面中解放出来，在消费新媒体内容的同时，也是新媒体内容的生产者和传播者。正如俗话所说，"讲老百姓自己的故事""人人都是自媒体"。无论是微信公众号、知乎等以图文内容为主的平台，还是B站、抖音等以视频内容为

---

① 陈刚，宋玉玉. 数字创意产业发展研究[J]. 贵州社会科学，2019（2）：82-88.

主的平台，每天都有大量的网民上传图文、音频、视频内容，在平等互动交流的新媒体平台，展现自己的智慧与创造力，同时也会造就"热点"。因此，对于新媒体内容从业者来说，了解用户内容生产规律，不仅可以激发自己的创作灵感，同时可以把控受众的关注点、兴趣点，把握热点风向标。

2. 新媒体传播规律

除了内容生产，新媒体内容营销的另一个重要环节是内容的有效传播。因此，掌握新媒体环境下内容的传播规律，是从业者的一门十分重要的功课。遵循新媒体传播规律就要求新媒体内容从业者以用户和市场为导向，以技术为驱动，以平台为基础。[1]

也就是说，内容从业者需要具备用户思维和市场化思维。我们在所有内容中所强调的"专业"是指以此为职业，并非仅仅是兴趣的新媒体内容生产与营销。因此，无论是在新媒体内容生产环节还是传播环节，新媒体从业者都要明白用户和市场的重要性。因为与传统媒体相比，新媒体更加注重依托于社交媒体网络的人际传播，这就要求新媒体内容从业者了解市场动向、用户喜好与需求，将对用户有价值的内容以高新技术为支撑，通过用户偏好的渠道、平台，高效、准确地传递给用户。因此，前面讨论的随时学习和合理利用新兴技术，把控不同平台渠道的传播特点也尤为重要。而内容的平台化也是平台的内容化，是新媒体市场发展的一大特征，这一部分内容我们在第一章中已经有所强调。简而言之，内容必须依附平台生态而生存，而平台自身的内容生产能力也在不断被重视，二者相互作用才能支撑内容的有效传播。

3. 新媒体舆论规律

所谓"水可载舟，亦可覆舟"。舆论对于新媒体内容从业者来说，就是这样一把"双刃剑"：一方面，如果良好地掌握舆论规律，会为内容创意和营销提供助力点；另一方面，如果不懂运用，或是过度利用舆论，也有可能遭受舆论的反噬。就比如依靠贩卖情绪进行舆论造势的某位新媒体内容营销高手，曾经也是在内容行业一骑绝尘、风生水起，但就因为其过度煽动情绪，甚至有违社会公序良俗，导致内容下架、口碑"翻车"，得不偿失。新媒体舆论规律主要分为新媒体舆论生成规律、新媒体舆论发展与演变规律、新媒体舆论引导规律论以及新媒体舆论影响规律。新媒体内容从业者可以从以下四个方面提升自身的新媒体舆论敏感性。第一，从舆论产生的议题特征、平台特征、群体特征来探讨新媒体舆论生成规律；第二，在舆论传播实践中总结新媒体舆论发展与演变规律；第三，通过把握舆论主体的特点、分析引导对象的诉求以及利用新媒体技术增强新媒体舆论引导规律；第四，系统分析过往舆论事件对国家、社会、组织、个人的影响，总结舆论影响规律。[2]

新媒体舆论规律主要有舆论主体复杂化、舆论客体碎片化、舆论自身自由化三种表现，[3]这也导致了舆论爆发点的不确定性、不可控性和舆论观点的不可控性等问题。[4]舆论事件一旦爆发往往会很难控制并造成不良的社会影响。例如，2018年5月11日，"二更食堂"公众号发布《托你们的福，那个杀害空姐的司机，正躺在家里数钱》的文章，文章为了追

---

[1] 郭全中. 传统媒体的新媒体转型：误区、问题与可能的路径[J]. 新闻记者，2012（7）：14-19.
[2] 王军峰. 新媒体时代舆论敏感性与舆论规律再认识[J]. 传媒，2019（18）：84-87.
[3] 金学东. 新媒体舆论导向的形成规律与引导策略[J]. 人民论坛，2017（7）：124-125.
[4] 王军峰. 新媒体时代舆论敏感性与舆论规律再认识[J]. 传媒，2019（18）：84-87.

逐"10万+"（网名对于高阅读量文章的化称），称"凶手在家数钱"并夸大"被害空姐遇害惨状"吸引流量，文章用词低俗、色情、露骨，对遇害空姐极其不尊重。这类的舆论误导造成恶劣的社会影响，同时"二更食堂"也因为发文不当引发舆论反噬，创始人丁丰发文道歉并宣布永久关闭"二更食堂"所有平台账号。因此，从业者们需要掌握新媒体舆论规律，提升自身对舆论的预测力、判断力以及引导力，不可以为了获取关注和流量而恶意煽动，这将对自身和社会都带来不可估量的恶劣影响。

4. 新媒体消费规律

新媒体时代，用户对内容的消费场景、消费方式、消费内容特点等都发生了改变，新媒体的盈利变现离不开用户消费。因此，需要高度关注用户的消费习惯，总结消费规律。新媒体从业者要对用户关注的热点和趋势高度敏感，生产和传播契合受众消费规律的内容产品。

（三）社会层面：重视新媒体内容从业者的社会责任

媒介伦理问题贯穿着媒介发展过程，不单单是新媒体时代才有的。新媒体伦理属于媒介伦理的一个方面，由于新媒体内容行业的参与门槛降低、把关人的相对缺失、相关法律法规的制定与执行力度较弱等多种原因，使得新媒体时代的媒介伦理尤为复杂，这也对新媒体内容的从业者们提出了更高的专业要求。对于任何行业来说，伦理道德都是发展的根基，相对于法律规章而言，职业伦理素养更像是一种内在的约束力，能帮助从业者们从思想上、道德上规范自己的行为，降低对社会的负面影响，自觉主动地维护社会秩序和正确的价值导向。在鱼龙混杂、竞争激烈的新媒体内容市场，过度的逐利是造成市场乱象的一大原因。因此，除了法律法规的外在约束外，从业者们对伦理道德的重视，对于净化市场环境、助力市场的长足发展来说，显得尤为重要。总的来说，新媒体内容行业伦理问题主要成因可归纳为如下。

1. 时效与把关的矛盾

新媒体时代内容发布的时效性至关重要。为了争夺优先发布的优势，很多新媒体内容从业者省略了必要的把关环节，即核对内容相关信息的甄别与核实环节。对于一个面向大众进行发布的内容来说，把关与核实环节至关重要，需要核实的内容包括文章内容导向是否正确、内容本身是否真实、细节是否存在错误等方面。过分追求"先人一步"，对于新媒体舆论规律掌握不牢的从业者，会在预判上出现失误，一旦发布有隐性错误导向性内容，会引发很严重的舆论问题。

以 2019 年"成都七中实验学校食堂事件"为例，大量新媒体账号未经核实，就发布了"成都七中实验学校食堂使用发霉、变质食材，导致学生长期腹泻，更有学生出现激素超标、咳血、肾衰竭等情况，并已有家长跳楼"等不实内容，引发民众愤怒情绪和广泛讨论。很多新媒体平台跟风转发，其实也是利用民众对食品安全问题的关注，利用热点社会事件，为自己的平台吸引流量。

根据人民网官方微信公众号 2019 年 3 月 17 人发布的调查结果，被各大平台广为转发的所谓的食材霉变假照是彭某等三人在食材上抹姜黄粉、撒红曲米伪造的。

有些新媒体虽然设有把关环节，但一是由于信息获得渠道众多、信息获取门槛降低；

二是为了提高发布效率,及时地蹭上热点,把关流程呈现出"水池式"的特征,即就一篇内容放进一个"把关水池"多人同时审阅。例如一篇微信公众号文章,可以通过预览功能发在多人群,但这种把关方式缺乏层级划分,容易出现由于把关分工不明、责任不清而导致的疏漏问题。非层级化的把关机制,还有可能存在"沉默的螺旋"的问题,大家职责不明的情况下,如果一个人发现了问题却无人响应,他也因此不再发声,问题因此被"漏"掉,未经修改就发布出去。[1]但一直以来,我们对大众媒体的把关需求是"水渠式"把关,流程是线性、单向的,像一条水渠,中间有一道一道的拦水坝(把关环节),层层把关大大提高了把关的安全性,出现问题也更好界定责任。进入新媒体时代,以往"水渠式""科层式"的把关模式因为层级冗杂、效率低下等原因被诟病,但更讲效率的内容把关模式,却在把关严格度上显示出了弱势。如何进一步规范把关环节、提升内容的把关质量,成为新媒体内容行业的一项重要工作。在外力规范的同时,新媒体的内容从业者也要进一步树立把关意识,无论在创意、生产还是营销的任何环节,都不要放松对把关的高要求,更不要为了抢夺注意力,而刻意牺牲掉把关的必要性。明知是不恰当的内容,但依然将它发布出去,短期看来,受众注意力提升,但长此以往,传播者的品牌信誉度会受到严重的损毁,失去人心,将使自己无法在市场上生存下去,实在是一种杀鸡取卵的行为。

2. 技术异化的冲突

所谓技术异化,是指技术发展给人类社会物质与精神上的危害。新媒体技术异化更多的是对人类的精神造成消极影响。反对者认为,所谓的技术异化是一种将技术妖魔化的说法,将本属于人类的责任推卸到机器的身上。技术是无所谓好与不好的,关键在使用技术的人,也就是新媒体从业者是否能在道德规范内使用。而所谓内容生产和传播技术带来的可怕后果,只不过是每一次新的技术出现之后,传统技术捍卫者的恐惧与抵抗罢了。就如同口头传播时代,以亚里士多德等古希腊学者对于文字技术的轻视与诋毁;报刊时代对电视所创造的电子媒介上瘾、脱离社会的"沙发土豆""罐头人"的批判;以及互联网时代,人们对新媒体技术下的内容消费的种种消极观念一样,总是有人在抵抗,但却终究无法抵抗技术的发展,因为它是建立在人类的本质需求上应运而生的。因此,所谓技术异化不过是对人类无法有效驾驭技术的一种担忧。而作为新媒体的内容从业者,可以将这种担忧内化成一种对技术依赖的警惕性,明白技术是为人们服务的,不能成为技术的奴隶,或者陷入唯技术论的误区。同时,作为专业人员,也要尽可能对普通的内容消费者如何有效地利用技术起到引导和示范作用。

3. 人文关怀与职业成就的冲突

本书前面提到过,对内容从业者专业化的定义,是指将内容的创作和传播作为一项本职工作来完成,应具备职业素养与专业精神。但是如果过度追求职业效果,而忽视作为人的基本伦理道德,缺乏基本的社会责任与人文关怀,反而会为从业者和整个社会都带来负面影响。2018年2月10日下午,中国香港特别行政区大埔发生双层巴士翻车事故,至少造成19死、60伤。而当救援人员在车祸现场为架起巴士清场时,有记者却要求救援人员多等几分钟再清理,因为正在直播现场。直播技术的发展本是为了给受众提供更加真实可

---

[1] 高金国. 新媒体:"水池式"把关?[J]. 青年记者,2019(21):93.

感的现场体验，如果内容从业者只注重内容呈现，甚至为了画面效果阻碍关乎生死的救援，无疑是对人性的颠覆，是对基本伦理道德的极大漠视。①不能把人看作"素材"，看作是和技术一样没有生命的存在，否则新媒体从业者自己的精神也将异化。就如同因为拍摄《饥饿的苏丹》而获得普利策奖，但却由于未能在拍摄饥饿儿童时及时施救、最终不堪舆论压力、自杀身亡的摄影师凯文·卡特一样，痴迷于职业成就，而忽略对人对生命的基本尊重，对于任何时代的媒体或者内容从业者来说，都终将沦为悲剧。

真相与道德的平衡，同样是新媒体内容从业者需要时刻树立的精神与伦理标杆。尤其是对于新闻导向的内容而言，真相曾经被视为第一生产力，但在注意力经济愈发稀缺的新媒体内容市场上，真相有时候成了一种"人血馒头"，对真相的无情利用，变成了一种过度营销的竞争手段。新媒体内容从业者不能打着"还原真相"的旗帜，将真相变为商品，而枉顾伦理道德。拍摄慰安妇受害者题材电影《二十二》的导演郭柯曾经在采访中提到，当这些当年的受害者们叙述自己的不幸遭遇时，偶尔会情绪失控，他的团队在这时候反而会选择关掉摄影机。记录被害人的痛苦、还原残酷的真相无疑会给电影带来更悲壮的情感冲突与更高的话题讨论度，但将这些老人的伤疤无情撕开展示给众人观看，无疑是一种残忍的做法，而此时的郭柯选择了回避这些真相，这种对真相的克制正是这个时代所需要的真正的职业素养，即在完成本职工作的同时，仍不忘时刻保持以人为本、道德先行。

在技术飞速发展、市场竞争激烈的新媒体时代，内容从业者时刻保持精神上、思想上的正确性，实际上也是抵御技术异化的必要前提。正如被称为"媒介伦理之父"的克利福德·G.克里斯琴斯（Clifford G. Christians）教授所说：媒体要倡导真实、人的尊严和非暴力等媒介伦理。②"唯有真正重视人、关注人，把人放在第一位，坚持以人为本的价值立场，才能有效避免技术异化问题的进一步加剧，降低媒介暴力行为发生的频率。"③

二、新媒体内容从业者职业素养提升建议

新媒体内容从业者的职业素养，包括上述技术、理念和社会层面的诸多能力，换句话说就是从思想政治方面、理论方面、职业技能、道德与法制等多方面提升自己的修养。都说新媒体时代是一个"英雄不问出处"的时代，因为创造性人才是新媒体内容生产的第一生产力，也是最关键的所在。同时，相对于传统媒体时代，新媒体市场在学历背景等方面的准入门槛较低，也导致了很多新媒体的内容从业者，并非科班出身，并未在职业素养和伦理道德方面接受过系统的教育，他们的职业素养和伦理道德观念只能依靠在实践中自行积累。例如面对舆论事件可能经验不足的新媒体内容从业者会缺少预判能力、会过度追求专业任务的完成而忽略人文关怀和社会责任感等。因此，从相关教育机构、新媒体内容组织内部到整个社会都应该加强对相关知识的宣传和普及，都要重视对新媒体内容行业职业素养的探讨和强调。总的来说，新媒体内容从业者可以从以下两个方面来提升自己的职业素养。

---

① 张欢欢. 新媒体时代媒介传播面临的伦理困境[J]. 青年记者，2018（23）：16-17.
② 宁丽丽. 新媒体时代的媒介伦理倡导与道德干预：对克利福德·G.克里斯琴斯的访谈[J]. 国际新闻界，2017，39（10）：45-54.
③ 张欢欢. 新媒体时代媒介传播面临的伦理困境[J]. 青年记者，2018（23）：16-17.

第一，重塑新媒体内容从业者职业认知。对自我职业身份的认知提升，是一种从"小我"到"大我"的转变。在新媒体时代，一些从业者在追逐经济利益时迷失自我，陷入只顾眼前利益、枉顾社会责任的"小我"的困境。所谓"大我"，就是将自我身份的认知与家国情怀、民族情结、社会责任紧密相连。从"小我"到"大我"的转变，最重要的核心支撑是新媒体内容从业者时刻清晰地把握自己对社会、国家，甚至整个人类文明所肩负的责任与良知。责任和良知是保障新媒体从业者实现工作价值的基本观念，也是追求"大我"的基础和关键环节，这就是激发从业人员的责任认知。新媒体内容从业人员对工作的社会认知、道德认知、使命认知、目标认知是否清晰，直接决定了他们的格局和胸怀，同时也决定了其工作是否产生积极文化推动作用和社会意义。只有强化新媒体内容从业人员的责任认知，才能使其积极投入更有意义的工作中，实现自身价值、职业价值、社会价值的平衡。

第二，提升从业者综合素养。新媒体内容工作扎根于我们所生存的社会文化背景中，同时又具备影响社会文化走向的作用。因此，重塑新媒体内容从业者的职业身份认知，是需要新媒体内容从业者明白，自己并不仅仅只是"10万+爆款内容"的缔造者，更是肩负着社会责任的传播者。在这样的认知前提下，再不断提升自己的综合素养。这里的综合素养范围广泛，不仅是指专业知识，同时包括前面所提到的对价值观、伦理道德的正确把控能力。

对于不断发展变化的新媒体内容市场而言，要想长久立足于此，从业者不仅要掌握新兴技术，同时也要平衡好新媒体内容与技术的关系，以实现可持续发展。同时，也要提高整个行业的自律性，在行业内部形成良好风气，规范好业务需求与社会道德之间的冲突；坚持"守望者意识"，守望社会公德，守望媒体良心，重视行业形象的塑造和维护；提升每一个从业者的法律素养，厘清法律界限，在实践过程中避免侵权、违法行为的发生，维护好自己和受众的权益。

本 章 总 结

本章的核心其实是在探讨新媒体内容的从业者到底是谁，应该怎么做的问题。新媒体从业人员作为专业内容生产者，首先需要厘清新媒体背景下 PGC 的概念与特点。同时讨论了它和 UGC 的区别。

PGC 的市场优势在于先期的粉丝积累、雄厚的资本力量等，而目前专业内容市场则呈现出以生活分享类 Vlog 为代表的垂直领域需求扩大、业余"玩家"被专业机构不断收编、新技术赋能等特征。而新媒体内容市场的专业"玩家"，需要把握发展趋势，充分凸显自己的优势和特色，才能够赢得受众、赢得市场。除此之外，本章还指出，属于专业内容从业者的时代已经到来，竞争越来越激烈的新媒体内容市场，已经站在优胜劣汰的角度，为专业而优质的内容铺平了道路、搭建好了舞台，包括许多平台的内容分发规则、针对优质内容的保护政策、用户对专业化优质内容的需求扩大等，都给产业化、高效率化、高质量化的内容提供了机会，颠覆了我们以往对于"人人都能做内容"这一概念的认知。在如今的新媒体内容市场，作为普通人的确可以参与游戏，但想要赢得游戏却不是那么简单，在资本力量、技术力量、平台力量等多重力量的支撑下，专业"玩家"和业余"玩家"的差距将会越来越大。

本章还强调了在如今的市场环境下，加强内容从业者职业素养的重要性，分别从技术、理念、社会三个层面详细讲解了新媒体内容从业人员需具备的职业素养。在技术层面，从业者需要具备的职业素养主要包括：挖掘与分析数据的能力、调查研究能力、多形态内容制作能力、把控不同内容分发渠道等；在理念层面，从业者需要掌握新媒体内容规律，包括新媒体内容特性、新媒体传播规律、新媒体舆论规律与新媒体消费规律；在社会层面，从业者需要重视新媒体的社会责任，注重新媒体伦理。基于前面的讨论，本章提出了新媒体从业人员提升职业素养的建议，分别是重塑新媒体从业者职业认知、提升业务能力。

总而言之，新媒体内容从业者需要对自己的专业身份有着清晰的认知，包括自己的专业优势、劣势、市场机遇、挑战与困境等，只有在清晰构建起自己区别于"业余玩家"的身份认知的基础上，才能够保证自己能够长久立足于不断变化的新媒体内容市场。这就要求新媒体从业者需要具备这个行业所需要的专业素养，包括对渠道、内容、平台、终端、受众的清楚认知，对不同专业技能的熟练掌握，对从创意策划、到内容生产、到分发、到营销和变现的整个流程的规律都了然于胸，同时需要坚守法律法规和职业道德，不忽视自己所肩负的社会责任，时刻坚守新媒体人的良心。

课后思考与练习

1. 请结合伦理道德的角度和法律的角度，寻找一个新媒体内容营销实践中的引发"舆论反噬"的负面案例，并对其成因、影响、对策进行分析。

2. 结合当下媒体融合背景，结合案例，谈谈像京剧等中华传统文化在互联网时代的发展机遇。

第八章 斩棘前行的新媒体内容创意与营销

在本章中，我们将辩证地归纳新媒体内容创意与营销所面临的困境与对策、挑战与出路，其中对问题的探讨占了较大篇幅，但目的不是为了批判，而是借助直面问题来深度剖析行业生存环境，希望能够激发读者对于解决问题、进一步优化行业生态的意识和动力，最后描绘出一幅虽然需要从业者不断披荆斩棘、但却始终保持向前、拥有蓬勃生命力的新媒体内容创意与营销的行业图景。

第一节 信息过载与内容休克

我们在前面的章节，曾经提及过关于如今内容市场信息过载导致内容难以被注意的问题，这可以说是内容从业者们在当今的市场环境下面对的最主要、最显著的问题之一，因为这意味着更激烈的竞争、更昂贵的注意力、更难讨好的受众、更稍纵即逝的热度等。总而言之，要在新媒体众声喧哗、内容井喷的环境下做出既叫好又叫座的内容，比以往的任何时代都显得困难。因此本章将更系统、全面地探讨信息过载与内容休克这两个概念，并给出应对的策略。

一、信息过载的理论概述

（一）信息过载的概念

现在请你打开手机的使用时间统计，看看每天打开了几次？使用了多长时间？

早上 7 点，刚离开家出小区门，发现忘记带钱包了。在返回等电梯的间隙，开始拿出手机浏览微信朋友圈。在刚刚看到成都"租房中介跑路事件"，又联想到刚刚毕业，作为"蓉漂"一族的自己，是否也会面临各种租房风险？这种忧虑让你在电梯上升的过程中都在手机上不停浏览内容，查找关于租房、维权等关键信息，其间你还将你的忧虑编辑成"吐槽"的内容，发到关系密切的朋友组成的微信群和朋友圈里，引起朋友们的热烈讨论。大家顺势分享了一些最新的娱乐八卦和新闻信息，通过朋友分享的链接，你迅速浏览了多个内容，整个世界似乎从多个角度，眼花缭乱地呈现在你面前。到家后，你继续沉浸在世界的纷繁精彩中，差点忘了自己要干什么（是要去拿钱包），其实时间才刚刚到 7 点 20 分，距离你决定返回家中拿钱包也仅仅过去了 20 分钟，但你的思维却仿佛已经从南极跑到了北极——你是否也有这种经历？

以上情况可能并不陌生。面对大量信息，人们经常会失去控制。以前需要付费的图片、音频和视频现在免费，并以"震惊！""真相竟是×××某"等标题随时随地在引诱你打开内容,而你一旦打开这"潘多拉的魔盒",就面临着掉入无穷无尽的信息海洋中难以自拔的局面。手机、iPad、电脑等大大小小的屏幕围绕着生活,争夺所有者的有限注意力。

信息过载亦称作信息超载。从传播者、渠道和受众这三个传播流程中的关键因素来看,传播者在浩瀚的信息流中,生存空间在不断受到挤压,感受到"过载"的压力;传播渠道中不计其数、错综复杂、不断增加的信息流不可避免地导致"超载";从信息接收者的角度看,受众在将信息和数据转化为自己的知识的过程中也存在瓶颈,无法有效吸收,导致"超载"。简言之,信息过载意指接受太多信息,反而影响正常的理解与决策。总而言之,信息过载是指在一个社会化的过程中,信息超出了人们能够有效地接受、能够有效地处理的量,可能会导致信息在传播和接收的过程中发生"故障"。

打开手机,淘宝、京东、公众号、微博、抖音等诸多软件占据了人们的生活,每一个软件都是一条信息流。人们在订阅几个 App 的时候,每日一条推送的体验是很愉快的,但是,当有十几个、几十个 App 在为我们服务的时候,就可能陷入了信息过载。

过载让人产生不愉快的感受,比如微信公众号里面,"红点密集"(微信未读信息会标注红点)让人产生焦虑和失控感——"狡猾"的内容方,总是用鲜艳夺目的色彩来标注还未打开的内容,刺激你的神经,微小的红点似乎也成了触目惊心的大字报——"愣着干什么,别干其他事了,赶紧来点开我啊!"贪多是人性的弱点,虽然微信早就有右划退订的功能,但用户还是很容易被人性的弱点所蒙蔽。

(二)信息过载产生的原因

基于有关研究的发现,我们将信息过载的原因总结如下。

①信息资源的充分开发和总量扩张。媒体的繁荣带来了信息大爆炸,以互联网为代表的信息系统为社会提供源源不断的信息。

②新信息科技的发展。信息的生产、传输、加工、处理和存储的方式和方法之所以发生了根本性的变化,都是得益于信息技术,特别是互联网技术的快速发展和广泛应用。随着社交媒体的诞生,受众从信息的被动接受者变为信息的主动创作者,这些变化形成了信息的密集化、多样化和高速化,促使人们生活的信息环境变得越来越密集。[①]

③缺乏处理信息的能力。每个人都有处理一定量信息的能力,但是如果信息量超出了个人的承受范围,那么信息处理的能力就会降低,从而导致信息过载现象的发生。伍尔曼(Wurman)认为,现代人在收集信息的时候,不仅很少深思哪些信息应该阅读,哪些不应该阅读,而且会花费大量的记忆空间来吸收无用的信息。

(三)信息过载的表现

作为受众来说,大脑认知世界的基本策略是过滤、筛选,即通过"做减法"来获取知识。在印刷时代,人们通过专业的"把关人"(通常是记者和编辑或者广告运营人员)将知识进行简化,呈现在期刊、图书等媒介上供人获取。但是进入互联网时代,情形改变了,电脑储存信息既海量又廉价,受众大脑认知策略变为对信息的链接,专业把关人的角色弱化了,人们通过"做加法"来获取信息,信息的形状就像一张无穷扩大的蜘蛛网。

因此,在内容的消费市场,消费者随时处于一种信息接收超负荷的状态,有价值的不

---

① 蔺丰奇,刘益. 信息过载问题研究述评[J]. 情报理论与实践,2007(5):710-714.

再是信息，而是注意力。同时，伴随着消费升级，消费者选择有限商品的时代过去了，传统的营销模式将产品信息强推到消费者面前的行为开始失效，很多时候，不痛不痒的产品信息只会被他们当成噪音过滤掉。在互联网时代，信息超载的主要表现有如下。

①受传者对信息反映的速度远远低于信息传播的速度。

②大量无用、冗余的数据信息严重干扰了受众对相关有用信息选择的准确性。[1]

③媒介提供的信息量大大高于受众所能消费、承受或需要的信息量，生存空间变小，且信息的价值密度降低。

二、信息过载的负面影响

信息网络化趋势如日方升，信息过载已成为信息社会的普遍现象。相关研究表明，对信息资源特征的误解和对信息处理的不当态度会导致信息污染和信息超载，严重的还会影响人们的工作、生活、生理、心理和人际关系。学会有效地解决信息超载已成为一个重要的问题。

信息超载给人们的生活、工作和学习带来了很大的影响，其主要影响如下。

①各种琐碎的信息纷至沓来，虚假与虚妄充斥其间，难辨真善美。大量的信息通过轻触鼠标就可以即时呈现出来，但当人们睁大双眼寻找它时，却一头雾水。你急需了解的信息，有可能被覆盖、取消、降序。公众注意力被大量冗余的信息消耗，真正值得关注的、对社会发展有益的信息却很有可能无法登上"热搜"。

②浪费的时间越来越多。菲利普·科特勒认为，在信息过载、注意力稀缺的时代，营销者必须为用户创造意外和惊喜。但是现实是，垃圾邮件和垃圾信息会淹没大量有用的信息，会导致人们不得不花很多时间来选择对自己有用的信息。[2]你沉迷在信息海洋中的时间越来越多，不少焦虑的声音认为，对手机的使用甚至有可能驱逐你与真实世界的有效探索与互动（当然这是一个有争议的、值得探讨的问题，尤其是当我们中的一些人已经准备好拥抱完全虚拟的"元宇宙"时代时，所谓真实与虚拟的概念和伦理都变得更加辩证、复杂与耐人寻味）。

③内容休克。内容休克可以被视作信息过载之下的一个副作用。当内容营销处于黄金时代，撰写出色、独特内容可以轻松地在搜索中获得良好的排名，并至少获得中等程度的社交传播力。

然而，有学者断言，内容营销的黄金时代已经过去，从内容稀缺，到内容饱和，再到内容过剩，我国内容市场生态环境的变化对内容营销产生着显著的影响。随着信息技术的不断发展，这种影响还会持续发生。如今的新媒体内容营销者，不仅要面对消费者的选择和需求、面对规模庞大的竞争对手，还要熟悉平台规则、算法规则等，才能够避免内容休克。

（一）内容休克的定义

营销专家马克·舍费尔创造了"内容休克"一词来描述这一现象："有限的内容消费

---

[1] 王洋. 智能推荐系统在直播场景中的应用[EB/OL]. 2020-4-10. https://www.bilibili.com/video/av90507035?t=1453.
[2] 蔺丰奇，刘益. 网络化信息环境中信息过载问题研究综述[J]. 情报资料工作，2007(3)：36-41，48.

和爆炸的可用内容,这种激烈的碰撞在市场营销界产生了一种现象……内容供应正在呈几何倍数增长,而内容需求却一直毫无起色。在这种情况下,必须加倍努力才能保住在消费者脑海中所占有的现有'份额'。"①

也就是说,你的内容很有可能在呈几何倍数增长的内容供应市场上无法脱颖而出,它不会彻底消失,但是它会堕入深不见底的信息海洋中,到达受众的机会变得非常渺茫,从而进入一种并非死亡,但却休克的状态。

(二)判断内容休克风险的方法

马克·舍费尔提出了一种虽然不是百分之百准确,但是却最容易操作的方式来检测市场上某种内容的饱和程度,从而判断内容休克风险的方法,这个方法每个人都能轻易操作,那就是——搜索。如果以谷歌搜索结果作为内容饱和的参照指数的话,有如下结果。

如果反馈的搜索结果不超过1万条,就一定要全力以赴冲刺到搜索结果的前面!一旦发现内容密度很低,你的机会就来了!

如果搜索结果在1万到10万条之间,那么你可能会面临一些阻力……

如果搜索结果在10万到100万条之间,这个阻力就比较大了,只通过创作内容来参加竞争几乎没有胜算……

如果搜索结果超过100万条,那么这个细分市场就已经完全饱和了。除非你的内容可以通过大量投入变成产品,否则内容休克可能会让你所有的努力付之东流……②

马克·舍费尔在书中提到的这种测试内容饱和度的方法,可以作为内容或创意方向的一种具有参考意义的风向标。但这个方法相对粗糙,并非严格的科学标准。作为内容营销从业者,即使你搜索出相应的反馈结果数量庞大,你要做的也不仅仅是沮丧地关掉搜索页面而已,你也可以从庞大的数量中窥探出受众关注点、话题热度、同类内容不同阅读量的差异因素等,从而寻找规律和市场缝隙。

(三)唤醒内容休克策略

作为一名营销专家,马克·舍费尔自己也经历了数字时代内容环境的变化。他观察发现数字时代的内容增长速度远远超过了消费者消费的速度。如何处理这类内容的产出与消费之间的不平等?

马克·舍费尔基于对这一现象的观察,提出了"内容冲击"时代的六种内容营销策略,帮助品牌"点燃"内容。他提出了"BADSS"策略来帮助品牌引爆内容营销。

BADASS 分别是指:品牌开发(brand development),受众和意见领袖(audience and Influencer),渠道(distribution),广告促销和权威(advertisin/authority),以及内容的可分享性(share ability embedded into each piece of content)和在内容中为受众创造社会认同与释放社交信号(social proof and social signals)。其中,他特别强调内容营销的价值在于分享。有关研究数据显示,70%的消费者是因为朋友在社交媒体上的分享而决定购买一件商品,足见可分享内容的重要性。他说,内容营销看似事关内容,但真正的价值来自分享:

---

① 马克·舍费尔. 热点:引爆内容营销的6个密码[M]. 曲秋晨,译. 北京:中国人民大学出版社,2017.
② 同①.

即使你的内容足够好，如果受众不愿意分享它，你的内容又有什么价值呢？①

如何生产可分享的内容？马克·舍费尔对品牌、公司和组织的建议是：专注于建立信任，而不是流量，因为信任是推动内容共享和流动的动力。他认为，品牌工作的核心是与真正喜欢品牌并能激活品牌故事的人建立信任关系。

他把这部分愿意分享品牌内容的受众称为 Alpha（头部或核心）受众，通常这部分受众只占品牌受众的 2%，但他们才是真正能给品牌带来价值的那部分人。

品牌的铁粉和意见领袖往往充当了这样的角色。

"伴随信息过载的加剧，互联网内容消费正在发生很大变化，以前的内容是流量价值，未来的内容是认知价值"。在 2019 年知乎营销资源北京推介会上，知乎 CEO 周源说了上述这句话。品牌想要攻占用户的心智，需要披上观点的外衣。②意见领袖的价值在这个时候得以凸显，意见领袖及其追随者之间所建立起的信任感，是营销者突破受众心理防线、传递价值与观点的最佳助力。

而在这个互联网像空气一样无处不在的时代，根据马克·舍费尔的说法，内容营销战略是一个不断变化的过程，业界需要不断有新的研究以新的内容激活机会和新的内容形式，创造可用的机会点，在信息过载的情况下应对内容冲击，这其中，对平台的选择也相当重要。

例如内容营销者需要树立一个垂直化、专业化的"人设"来影响受众，那么知乎应该作为一个优先选项。相比于其他类型的社交平台，知乎平台所营造的精英化的媒介特征使其拥有塑造意见领袖的生态环境。另外，知乎的问答机制、主题鲜明而集中的受众参与机制，都有利于专业化的内容生产者被打造成为某个领域的意见领袖。意见领袖的粉丝是具有忠诚度的，只有忠诚的粉丝才不会背弃你的内容，这是对抗信息过载冲击的关键。

第二节 信息茧房

一、信息茧房的定义

哈佛大学法学院教授凯斯·桑斯坦在其 2006 年出版的《信息乌托邦——众人如何产生知识》③一书中，提出了信息茧房的概念。通过对互联网的调查，桑斯坦指出，在信息传递中，由于公众自身的信息需求并不全面，公众只关注自己选择的事物和使自己愉悦的领域，随着时间的推移，他们便会像蚕一样逐渐桎梏于自我编织的"茧房"之中。这将导致视野偏狭和思想封闭甚至极化，进而会加深偏见，并制造出非理性的极端主义。

"信息茧房"的概念有许多历史渊源。早在 19 世纪，法国思想家托克维尔就发现民主社会天然地容易促进个人主义的形成，并会随着身份平等的扩大而传播。桑斯坦认为，网络信息时代带来了更多的信息和选择，而看似更加民主自由的外表下也蕴含着对民主的破坏。从网络茧房的个人表征中可以发现，网络茧房最初是以"个人日报"的形式表现出来的。

---

① 马克·舍费尔. 热点：引爆内容营销的6个密码[M]. 曲秋晨，译. 北京：中国人民大学出版社，2017.
② 疤大人. 知乎：营销绝不能靠忽悠[EB/OL]. 2020-4-10. https://www.sohu.com/a/300449405_117194.
③ 凯斯·桑斯坦. 信息乌托邦——众人如何产生知识. 毕竞悦，译. 北京：法律山版社. 2008.

桑斯坦指出，在互联网诞生之初，来自麻省理工学院的传媒与科技专家尼古拉斯·尼葛洛庞帝就预言了 The Daily Me（我的日报）——一个完全个人化的报纸的出现。桑斯坦在《网络共和国》一书的开头生动地描述了"个人日报"现象。在互联网时代，随着网络技术的发展和网络信息的迅速增加，人们可以在海量的信息中随意选择自己关注的话题，也可以根据自己的喜好定制报纸和杂志，每个人都拥有为自己量身定制一份个人日报的可能。对于一般公众来说，它是一个真正的机会，也是一个真正的风险，有时会给商业和民主带来不幸的后果。那么信息茧房是否正是这一不乐观预言的印证呢？

对个体而言，当个人长期被禁锢在自己构筑的信息茧房中，随着时间的推移，个人生活呈现出一种定式化、程序化。长期以来在过度的自主选择中，沉浸于对个人日报的满足感，失去了了解不同事物的能力和接触机会，不知不觉间为自己创造了一个信息茧房。桑斯坦解释说，因为他们自身逐渐根深蒂固的先入之见，生活在"信息茧房"中的公众就无法考虑周全。①

二、信息茧房的误读

互联网是信息茧房的罪魁祸首吗？我们来听一些不同的声音。北京师范大学教授喻国明认为，信息茧房一直存在②。即便在互联网出现之前，媒体会根据自身市场定位及角色担当，以某种价值框架来选择性地呈现和反映这个世界；受众也会以自我价值为核心，以一定的能力、意愿、兴趣为半径为自己建立信息渠道。所不同的是，互联网时代开启了个人寻找信息的便利性，同时也开启了信息找寻人的便利性，互联网对信息传播渠道的最大贡献是双向互动。以个人利益为核心的所谓"信息茧房"，实际上是由个人的选择和关注所决定的，算法与数据技术不过是媒介的价值选择机制在数据条件之下的一种"人体的延伸"，并不是形成"信息茧房"的独特成因。

当前的信息总量无疑是惊人的，且是急速更新、海量增长的。脸书每天产生 4PB 的数据，包含 100 亿条消息、3.5 亿张照片和 1 亿小时的视频浏览。根据 SmartInsight 的数据，百度在国内每天要面对约 60 亿次搜索请求。与如此大的信息量相比，个人的信息系统的容纳量就愈发显得渺小、狭窄甚至不够多元。有声音认为，在如此浩瀚的信息海洋里固守一些自己习惯和评价较好的信息菜单和信息渠道，甚至可以解释为在信息过剩时代的某种自我保护，是现代人以个体为基础信息消费的必然结果。

在信息行为领域，个体不再遵循大众传媒时代的信息安排和空间约束，而是以个人的兴趣为核心去为信息制定价值，这将不可避免地导致与传统大众媒体时代相比，个人信息系统的千人千面、各有所好。这是人们信息消费迭代升级和社会发展的外在表现之一。③

---

① 王益成，王萍，王美月，等. 信息运动视角下内容智能分发平台突破"信息茧房"研究[J]. 情报理论与实践. 2018(5)：144-149.
② 喻国明，曲慧. "信息茧房"的误读与算法推送的必要——兼论内容分发中社会伦理困境的解决之道[J]. 新疆师范大学学报（哲学社会科学版），2020，41(1)：127-133.
③ 杨鑫宇. 织就"信息茧房"的人，或许就是你自己[N/OL]中国青年网. 2020-8-12. http://news.youth.cn/jsxwl202008/t20200812-12446733.htm.

三、算法与信息茧房

一方面,互联网时代的海量信息为人们提供了便利,人们可以轻易地获取各种类型的信息,为生产的发展服务;另一方面,信息爆炸也带来了麻烦,漫游在信息的海洋中,面对各种各样眼花缭乱的资讯,人们似乎变得惆怅起来,有时候不知道该去关注什么内容。

个性化信息推荐系统的出现正好解决了这个问题,通过机器引擎和算法推算技术,向用户推荐符合其兴趣爱好的信息资讯,过滤掉大量繁杂和无用的信息。

当下各类智能推荐的信息流,已经成为当代人生活的镜子。算法推荐被广泛应用于今日头条、新浪微博、抖音、快手等信息服务平台,以及淘宝、京东等网络购物平台。算法推送打造属于每个用户的精准化推送模式,它让人们面对海量信息时,筛选感兴趣的内容更加简单、高效,提升用户体验。[①]

可以这样说,如今的平台离不开算法推荐。因为信息推荐可以为其打造一套足以留住受众的内容分发系统;如今的大部分用户也离不开算法推荐,想想你为什么沉溺于抖音或淘宝?这里面其实隐藏着推荐系统对你的兴趣、偏好的准确预测和"投喂"。

然而,目前精准化的信息推送系统还不完善。在实际应用的过程中,与预期效果存在着一定的偏差,个性化推荐与受众需求之间存在矛盾。在为人们提供便利的同时,同类信息出现频次过高、信息接收面变窄等问题也被人们所诟病,大量多元、有用的信息也被过滤掉了,不可避免地导致了"信息茧房"问题。

四、信息茧房的困局

(一)被困住的消费者与内容

在一个媒体和代码无处不在的社会,权利越来越存在于算法之中。利用算法进行精准信息推送的前提是平台能够准确获取用户数据。在网络通信快速发展的今天,个人拥有了触网获取大量信息的可能性,拥有了更大的自主权,个人选择自己喜欢的内容去接触,同时也在网络上留下了大量数据。

目前,字节跳动公司旗下的今日头条、抖音等产品都广泛运用算法推送模式。抖音App在2016年9月上线,是一款可以拍短视频的音乐创意短视频社交软件。2015年1月,字节跳动创始人张一鸣在极客公园创新大会上透露,其算法逻辑是基于用户的动作特征(包括点击、停留、转发、滑动、评论、分享)、环境特征(GPS定位、是否WiFi环境、是否节假日)和社交特征(微博关注关系、历史微博内容等)来进行信息推送;在视频平台上通过捕捉动作特征即对用户在浏览过程中选择点击的信息类型、观看信息的时间长短、是否有评论、点赞、转发等行为的收集,来获取用户的兴趣点信息,通过对环境特征的判断即用户所处的地理位置、使用平台的时间是否处于节假日以及所处网络环境(使用WiFi还是移动数据流量)来判断用户的信息需要类型实现推送。抖音短视频就是一个建立在算法逻辑基础之上的产品。[②]

智能精准推荐是在"去中心化"的基础上进行的。推荐系统识别视频内容,并根据用

[①] 王芳. 法推荐加剧了信息茧房风险?[J]. 国报业, 2020(5), 52.
[②] 张一鸣. 机器学习能带来更有趣的世界吗?[EB/OL]. [2020-4-10]. https://tech.qq.com/a/20150117/028871.htm.

户点赞、评论、转发等使用习惯挖掘用户的兴趣点，将各类短视频分发至各类用户首页。为进一步取悦用户，增加黏度，在下一轮的视频推荐中如法炮制，精准选择推荐类似的视频。但这种"贴心"的推荐也像有抖音网友吐槽说的那样："是看了一个视频点了赞还关注了，又看了一个类似的，同样操作。结果抖音就认为我喜欢这类，给加权了，一直是这类视频，快看吐了。之后我把所有的心点掉，关注取消，还按了不感兴趣，这才算是慢慢恢复过来。"①

抖音这种算法导向内容的模式，长此以往，此类精准分发的推送模式易造成用户接收的短视频内容过于单一化，牺牲了用户多元化获得信息的权利，限制或影响了用户改变兴趣的想法，用户只能局限于相对熟悉的领域，陷入固化的信息空间中，形成了信息茧房。

算法是没有价值观的，低俗的内容也不一定会被过滤掉，同质化的内容也未必会识别出。在抖音短视频平台，经常出现一人发布、千人模仿的现象，粉丝对某些短视频广告内容的喜爱与关注是因为其中的某些特质，被遗忘也同样是因为对这一类特质产生审美疲劳。同时，美妆博主在视频中可能日复一日地输出错误价值观，例如传递奢侈生活的美好性、物质消费的重要性等，受众如果处于这种茧房的包裹之中，很难规避负面影响。

算法推荐还被广泛应用于今日头条、新浪微博、抖音、快手等信息服务平台，以及淘宝、京东等网络购物平台，以打造属于每个用户的精准化推送模式。从新媒体内容营销的角度来看，淘宝和京东推送的商品信息，也都是通过机器和算法推送技术过滤的，机器引擎经常选择广大受众关注的商品信息推送。由于互联网用户在各方面的差异，用户更愿意选择符合自己兴趣爱好和购买需求的内容进行点击浏览。随着用户使用时间的增加，机器引擎对用户的使用习惯及喜欢的内容有更加深入的了解。例如，你经常在淘宝上观看厨具，那它就会为你推荐更多的厨具信息；如果你大部分时间花在看衣服类商品上，那它就会给你"智能"推荐一些同类型衣服类商品信息。这不禁让人担忧——受众是否会陷入购物上瘾的茧房之中？

以拼多多为例，平台会自动根据用户的浏览记录，一味地主动提示和满足所谓的低价需求，用不断地占便宜刺激市场，让消费者被引导觉得自己可能就是"喜欢"低价，每天的购物环境被低价所包围，本还有更多选择的用户被束缚在这个消费层面上不得解脱，久之用户被廉价商品的"消费茧房"束缚。

虽然算法在推广方式上有所创新，但内容难免高度同质化。用户看到的都是与自己浏览过的信息类似的商品信息，或者和兴趣爱好相关的同质化的内容。虽然暂时满足了用户的喜好，但久而久之用户会被自己点赞过的同类商品，或自己喜欢的内容所包围，高度同质化的商品信息将用户束缚在"茧房"中，很难看到推送的不同类型的商品信息，以为自己看到的就是现实世界真实的面貌。

拟态环境是大众媒体对新闻和信息进行选择、加工和报道，重新整理加工以后呈现给人们的环境，与现实中的客观环境不一样。抖音平台通过提供满足用户偏好的信息内容，为用户建立了一个看似理想型的拟态环境。基于用户信息的协同过滤推荐将有共同喜好的人聚集在一起，基于去中心化的精准分发推荐使受众接触到的内容窄化。用户可以把这个

———————————
① 吴邢一夫. 关于抖音，这应该是全网最深度的分析[EB/OL]. 2020-4-10. https://blog.csdn.net/k7Jz78GeJJ/article/details/80155951.

理想型的拟态环境作为一种客观的现实环境，认为自己对现实社会中实际情况都有清楚的认识，而实际上，它建立的拟态环境只是展示了用户想要看到的样子，与客观的现实环境有很多偏差。用户进入抖音所营造的拟态环境中，长此以往，容易使用户将自己圈层固化在自我认可并熟知的领域内，沉浸在个性化算法推荐带来的幸福感中难以自拔，进而成为信息"囚徒"。有限的"拟态环境"使个人的视野变得更加狭窄，束缚了个体的认知和行为。①

有声音认为，有些互联网产品的崛起要归因于"信息茧房"。比如有文章就这样评论抖音："近两年抖音突然崛起，靠算法赢得用户，会使用户深陷'信息茧房'，可是不靠算法的抖音，和市面上的其他短视频 App 有什么不一样？所以抖音不会放弃算法，还是会把一个个用户带进'信息茧房'里面。"②

同样，基于算法的精准推送为营销者们提供了获取潜在消费人群的更多机会，例如可以根据用户的年龄、喜好等信息，将相应的产品投放其中，达到广告的精准投放，实现有效的商业变现，但同时也埋藏了潜在的危机，比如在不成熟的技术条件之下，如果算法判断错误，也会适得其反，导致受众无法吸收内容或感到厌倦。比如你之前浏览了某房地产楼盘在网上推广的短视频，通过大数据分析，算法不断给你推荐房地产营销类的视频，但你可能不只是对房地产短视频有兴趣。③另外，如果受众都成了单向度的信息消费爱好者，那么就意味着其消费的多元化取向被茧房屏蔽掉，内容也很可能失去其潜在的消费者。由此可见，信息茧房的困局不仅仅存在于消费者之中，也同样会使内容的提供不自觉地陷入到茧房陷阱。

（二）网络群体的极化

桑斯坦在《网络共和国》里提道："群体极化是指群体意见中某些既有的偏向，经过商讨以后，群体成员继续沿着偏向的路线前进，最后形成极端的观点。"④由分化而类聚的网络下的聚集群体，一旦生成网络信息茧房，群体成员与外界的交流就会大大减少。群体成员拥有相近似的观点和看法，群体的同质性越显著，极化的可能性就越大。"饭圈"可谓是受信息茧房影响而出现极化现象的典型之一。"饭圈"，一般代指某位公众人物粉丝聚集形成的圈子，作为当下娱乐文化和网络文化中颇具代表性的群体，拥有其独特的文化。

桑斯坦指出，"信息茧房"的产生是人们被个人兴趣引导，习惯性地沉浸于自己的信息舒适区。"饭圈"中的个体，也称为粉丝，在个人兴趣的引领下，会主动地关注和寻找偶像的信息。粉丝长期满足于与偶像相关的信息圈，失去接触其他不同信息圈不同话题的机会，表现出一致维护圈内偶像形象和利益的极端举动。

例如，长期以来，"饭圈"中的"信息茧房"使粉丝只关注自己偏好的信息，只听取自己认同的声音，某种情绪可能会因为在群体的相互煽动中不断发酵，而变得更加激烈或偏激，而情绪上、思想上的"茧房"演变为行动上的偏激，会给个人或社会带来不良影响。

---

① 黎曦子. 抖音的算法推荐模式与发展策略[J]. 闻研究导刊，2020，11(5)：209，211.
② Darcy. 我们真的生活在"信息茧房"中吗？[EB/OL]. 2020-4-10. http://www.woshipm.com/it/2445981.html.
③ 向庭英. 抖音短视频中美妆广告营销策略[J]. 媒论坛，2020，3(9)：23-24.
④ 刘华栋. 社交媒体"信息茧房"的隐忧与对策[J]. 国广播电视学刊，2017(4)：54-57.

有一个很典型的例子，是某艺人的粉丝的豆瓣"养号"事件。要讨论这个事件，首先我们要清楚一个前提，豆瓣有一个用户评分系统，鼓励用户参与对各种影视、音乐、小说等各类文艺作品的评分。由于豆瓣的用户覆盖率很广，因此国内很多互联网用户还是比较习惯参看豆瓣评分来判断一个作品的好坏。比如新上映的电影，在决定购票之前，很多人会习惯参考一下豆瓣评分，再决定是否走进影院，甚至一些影片的主演也非常在意豆瓣上的评分。比如演员林更新就曾经因为不满网友对于自己新的影视作品的豆瓣评分，在其社交媒体上"怒怼"豆瓣网友而引发争议。总而言之，新媒体时代确实带来了一个有趣的现象——即我们明知像豆瓣这类的评分是网友自发兴起，而并非专业影评人在进行打分，可以说不具备任何权威性，但在这个"认知盈余"的时代，业余的并非代表无用，一部电影赢得奥斯卡评委的认可固然是好事，但普通观众的评价与其市场表现息息相关，专业负责"叫好"，业余负责"叫座"，二者缺一不可。互联网甚至使得业余"评委们"的权重越来越大，甚至足以引发演员林更新和王一博粉丝的焦虑，而后者的焦虑则反应在了更极端的行为上。

那么再来看什么叫作"养号"呢？简单来讲，就是为了避免自己的豆瓣账号被一眼就认出是某位明星的粉丝账号（因为这会让自己账号对作品的评分参考价值降低），因此这些"养号"者就会用广撒网的方式对其他各类书、影、音作品进行评分，将自己塑造成一个活跃的、有价值的豆瓣用户。

那么艺人的粉丝为什么要"养号"呢？是因为艺人有新的影视作品即将上映，粉丝需要通过"养号"建立有价值的豆瓣账号，从而实现为艺人的作品刷出高分的目的。

但是可想而知这些抱着"养号"目的的粉丝对于其他作品的打分是极其敷衍的，这让一些真正希望作品能在豆瓣上得到关注和交流的用户非常愤怒，豆瓣上一名叫作"贝塔减"的图书编辑的评论页面就遭到了这些"养号"粉丝的攻击，他愤怒地写下以下文字：

豆瓣读书页面是交流的场所，作为编辑，我希望看到读者的感受和反馈；作为读者，希望看到的是他人的感想和有启发的书评——你们到书的豆瓣页面下面养号，难道不觉得哪怕有那么一点的不合适？

我刻薄一点，你们敢到自家偶像同行的专辑和代表作下面养号吗？！

书至少是作者、译者和编辑心血的结晶，这还不算其他版权签约和印刷流程等所涉及的同事们的付出，你们践踏别人的心血，跑到别人的空间里乱闹一通，不由分说踩在别人的肩膀上，去给自家偶像戴皇冠——未必太没脸没皮了吧！①

上述的粉丝极端行为，给内容市场造成了不良影响。究其原因，粉丝群体之间的话语体系打造的信息茧房肯定是主要原因之一：在该事件中，粉丝之间会在群体内积极讨论如何"养号"的策略，比如有新浪微博上艺人的粉丝提出不要把重心放在小众书籍上，因为"不出名的编辑会盯着自己的书一条一条看评论"，应该去评论知名书籍，因此包括《红楼梦》在内的名著也没能幸免，这就是茧房中群体互相影响，而使得个体行为逐步趋于极化的现象。

---

① 编者注：原文详见 http://www.douban.com/note/785200899/，作者贝减塔：《来自一个编辑的心声：王一博的粉圈，请你们离我的书远点》。

而对于新媒体营销者而言，如果明知"饭圈"行为的偏激性，但却刻意投其所好，比如一些社交媒体上的营销账号，不断制造各种与明星相关的榜单，让粉丝释放追星热情，这种看似定制化、精准化的服务，实则催生了注水和畸形消费的产业链，也加速了信息茧房效应的形成。①如果内容的营销依靠这样的类似手段、通过信息茧房制造极端情绪得以实现，那最终也只会导致糟糕的社会影响，从而被市场、社会唾弃，甚至受到法律制裁，是玩火自焚。

五、突破信息茧房策略

突破信息茧房的过程实质上是提升内容智能分发平台的算法适配机制、平台管理水平、用户信息素养相互融合过程。

（一）持续完善算法适配机制，完善算法的多元化推荐功能

算法推荐是内容智能分发平台的"灵魂"。平台在初期激烈竞争流量市场份额与算法推荐技术密不可分，后期算法推荐的不完善导致信息受众进入信息茧房。要持续优化多元化的算法推荐机制，通过不同算法的互相补充，消除单一的信息内容推荐。比如在电商购物平台上，通过推荐与用户喜好相似的人的媒体消费行为，让用户接触到偏好项中更多元的商品信息。再如在算法设计层面上，用户喜爱类型的短视频与其他短视频之间的推送比例需要按周期进行及时调整，由此给予用户更多接触优质内容的机会，实时更新用户行为大数据变化，实现更精准的内容推荐。

（二）完善平台建设，增加优质信息资源配比

一方面，算法是没有价值观的，平台需要坚持主流价值引导。对照实际，信息供给侧的一些平台也在采取措施，打破信息茧房的惯性。例如，谷歌浏览器推出了"逃离泡沫"插件，该插件可以根据用户的阅读习惯反向推荐内容；在分发层面，通过环境特征的协调，摆脱信息需求的粗粒度分类，通过跨学科指标融合引导算法。

另一方面，向信息用户推荐的低质量信息是内容平台信息流效率低下的原因之一，其中包含"标题党"信息和低俗内容。在这方面，平台可以通过增加高质量信息资源的比例来提高信息质量，如增加高质量内容生产者的数量，从而提高增加优质信息资源配比。

（三）增加人工编辑数量

把关人责任制在当下仍然适用。目前算法推荐技术还不完善，平台对用户需要承担价值引领、信息把关的责任。平台需要扩大人工审核团队规模，形成人工编辑和算法推荐的"人机组合"模式，进一步优化和提高信息分发传播效率。

（四）用户需主动选择不同声音，提高自身的媒介素养

信息茧房现象，给用户带来了很多负面影响，它容易限制用户的个人认知和行为，因此，用户有必要对这一现象进行深入思考，并采取相应措施有效应对。

媒介素养是指正确地、建设性地享受大众传播资源的能力，能够充分利用媒介资源提高自身素质，参与社会进步。用户的媒介素养不够，不能充分利用大众传播资源来服务于

---

① 韩小乔. 走出饭圈茧房健康成长[N]. 安徽日报，2020-07-21(6).

个人的生存发展，反而被单一的信息"牵着鼻子走"，是用户之所以被困在信息茧房中不能自拔的原因之一。

作为"社会人"，如果想要早信息茧房普存的社会生存和发展，就需要拥抱多元化的资讯，要有全局意识，要有广阔的视野，能及时掌握外界的变动及有关各种多元化有用信息，以便及时调整自身，应对各种环境变化，加强个人的主体意识，尽可能避免"信息茧房"效应造成的被动跟风现象。因此，个人不仅需要关注自己喜欢的内容，而且应该有意识主动寻求多元化信息，以突破自我信息屏障。

互联网时代，与过去的信息闭塞时代相比，人们获取信息的范围扩大了，信息获取的手段也更加多样化，人类作为社会的主体，不能被机器技术所控制，相反，应该使机器技术为人类服务。个人主观因素对信息茧房的形成起着重要作用。只有当个人根据自己的兴趣和爱好有选择地访问某些类型的信息时，机器引擎才会根据用户的点击和浏览行为向用户推送相关内容。换句话说，正是用户的"选择性接触"导致了信息茧房现象。从这个角度来看，用户有必要深入思考这一现象，以提升自身的媒体素养。

延伸阅读与思考：闫泽华《内容算法——把内容变成价值的效率系统》[1]

在国内，早在2012年就有人吐槽微博是信息茧房，如今吐槽的对象又变成了机器推荐分发。

然而，过滤你的并不是算法泡泡。

在纸媒时代，当用户从特定的媒体人、特定的媒体刊物处获取信息的时候，其信息获取的方式就不是纸媒版的订阅关系分发吗？各家纸媒有自己的题材偏好和内容风格，不也构成了一个"茧房"吗？当面对报亭中琳琅满目的刊物和邮局的订阅表时，用户的主动选择便构成了他的认知世界。

还记得那本月发行量逾700万册的杂志——《知音》吗？其刊载的内容正是今天饱受诟病的典型标题党样例：《风之谷啊我的妹妹，哥哥的未来献给你》(2007年第7期)、《再大的恨放下吧，唤醒前夫赢得亲情一片天》(2007年第35期)。

在10年前，为什么会有那么多人消费这本杂志，在10年后的今天，就为什么会有同样规模的人在消费着类似内容。从用户需求的角度看，这些内容符合大众用户偏好、可以满足他们打发时间的需求，高阅读量就是用户主动选择的结果。

内容作为一种消费品，每个人都有选择消费途径和消费内容的权利。无论是纸媒还是网媒，只要有足够大的候选集和主动选择权，用户就一定会选择自己更为偏好的信息载体和信息源。从内容匮乏到内容繁荣，从中心化一统到垂直化聚群，用户的选择更贴近自身喜好是不可逆转的趋势。

那些持续表示担心的人，本身就是多源信息的消费着，希望看到更多源信息的渴望胜过了他们看到不感兴趣内容的不悦。而被担心的人，本身就不曾有信息多样性的焦虑，乐得在自己的小圈圈里打转。这就形成了一边有人大声疾呼，一边有人甘之如饴的局面：**担心的人不曾被过滤，被过滤的人不曾担心**。

*综合前面内容，你怎么看待这段内容对于信息茧房的观点？

---

[1] 闫泽华. 内容算法——把内容变成价值的效率系统[M]. 北京：中信出版社，2018.

第三节　内容市场乱象

一、一些典型的乱象

互联网内容市场的蓬勃发展一直以来都是一把"双刃剑",既带来机遇与繁荣,也带来困境与乱象。这些乱象阻碍了市场的正常发展,压榨了合法从业者的生存空间。本节挑选了一些比较典型的、普遍的内容市场乱象进行探讨。

(一) 网络直播乱象

近年来互联网发展的势头很猛,尤其值得关注的是在 2019 年,随着工信部向中国电信、中国移动、中国联通、中国广电发放 5G 商用牌照之后,进而标志着"5G 时代"的正式来临,这将给我国网络直播行业带来巨大的机遇与挑战。

当前,网络直播正处于蓬勃发展的时期,它不仅作为一种学习、交友、愉悦身心、放松神经的方式,而且还利用了多元化、多样化的表现形式呈现内容。直播种类也从最初单一的语音聊天到现在各种形式的直播同时发展:音乐节目直播、电子竞技直播、购物直播、全民直播等不同领域、类型各异的直播不断涌现,直播行业可谓"百花齐放"。人民日报网曾经做过网络直播市场的数据统计,经过数据分析,中国在线直播平台超过 200 家,相关用户达到 2 亿人。

网络直播行业所呈现出的繁荣景象,必然会引领"网红经济"的飞速发展。在巨大利益的诱惑和推动之下,某些应用平台和网络主播在法律法规的边界上打起了"擦边球",更糟糕的情况是置法律法规于不顾,怀着侥幸心理违反法律法规、违反公序良俗,进而导致网络直播行业百态尽显、乱象丛生。

揭开网络直播乱象的外衣,主要有以下原因。

1. 部分网络主播"唯利是图"

从深圳最美"90 后"女孩文芳《当街给残疾乞丐喂饭感动路人》[①]的舆情反转到快手平台的《揭秘大凉山公益作假》的视频[②],再放眼于整个网络直播市场,不难发现公益和慈善成了不良营销者进行商业炒作获利的"画皮",其善举纯粹是为了吸引用户目光,增加粉丝数和观看量,提升企业、产品的曝光率。除此之外,主播之间为争夺粉丝,直播间陆续出现色情低俗、污言秽语、八卦算命等不良内容。2018 年,网红主播陈一发在直播时调侃抗日战士,用戏谑的方式谈论南京大屠杀等历史事件,把极其严肃的历史事件当作哗众取宠的笑料,斗鱼直播平台在得知事情后就马上发出声明,封禁了她的直播间。

对于网络主播来说,投身这个行业一方面是经济利益的吸引。粉丝经济日益增长,只要在直播过程中能够吸引更多人观看,就能够在较短时间内获取意想不到的可观收入。许

---

① 2013 年,中国新闻社以《90 后女孩当街给乞丐喂饭》为题的报道被《人民日报》等多家媒体官网转发,后被证实为自编自导的新闻造假行为。

② 2016 年,以"快手黑叔""快手杰哥"为代表的快手知名账户,互相揭露对方所发布的慈善内容是造假,引发多名快手"慈善"主播的造假行为被曝光。

多主播在利益驱使下,为了吸引用户目光而不择手段,言行举止毫无底线可言,但由于直播的即时性、内容的原始性等特征,也使得把关人角色进一步弱化,内容不可控性进一步加强,很多管制措施都只能做到亡羊补牢,很难做到防患于未然。

2. 网络直播平台监管滞后

网络主播在直播过程中收到的礼物并不是完全归自己所有,网络直播平台要抽取收入的大部分,这就是网络直播平台的主要收益来源。监管水平的不到位,再加上利益的驱使,导致部分网络直播平台对于平台上出现的不良现象反应迟缓。

尤其是近年来,一些纵容色诱打赏的直播平台罔顾法律,公然进行淫秽类的低俗演出,或是肆无忌惮开设赌局,导致整个网络环境乌烟瘴气。每个直播间里都有几千到几万,甚至几十万网民围观,部分心智不成熟的青少年容易被不断输出的错误价值观所误导,盲目地成为低俗、无良主播的拥护者和粉丝,甚至有的青少年被完全洗脑,沉迷于虚幻的网络直播世界,在未经监护人同意的情况下对主播进行天价打赏,给家庭经济造成损失。2018年,个别主播借以网约车为载体,在顾客毫不知情的情况下直播其接单过程,其直播的主体大多数为女性乘客,借以曝光女性乘客隐私、对受众进行性暗示作为其内容吸引力。除了视频直播,音频直播平台同样出现了违规现象。据媒体报道,2020年9月,荔枝 App 平台清查下架了涉嫌诱售低俗色情音视频内容并封禁了涉事主播。据媒体报道,该平台助眠频道上多名主播通过直播间、主页动态及头像等诱导交易"私密福利",直播间中部分"助眠"实为违规内容,存在强烈性暗示内容,疑似有未成年人参与评论和打赏。

某些平台以利益为首,毫无道德意识,无视法律法规,明显严重破坏了网络生态,对社会主义核心价值观的培养和发展产生了负面影响,尤其对青少年身体和心理的健康成长产生恶劣的影响,也对社会的和谐与稳定埋下极大隐患。目前,国家也在加大立法执法力度,查处惩治这种不良平台,改善网络环境。

3. 受众群体素质"参差不齐"

在传统媒体时代,由于技术的限制以及传播门槛较高,绝大多数的观众只能是观众,大家只能等待接收传统媒体传递的信息。现如今的网络直播平台门槛低、易操作,人人都可以发出自己的声音,极大地提升了人们的参与感与自我满足感。由于观看直播几乎属于"零门槛",任何知识水平、道德水平、素质水平的人都能够参与到这场直播狂欢当中来;再加上观看直播的受众以匿名的方式躲在互联网背后,减轻了其道德压力,所以在直播间经常会出现露骨、不雅的留言内容。

(二) 自媒体乱象

自媒体的到来,带来了一场声势浩大的社会变革,人人都是传播者的时代背景下,表达的自由让人兴奋,产生的乱象也是接踵而至。接下来我们将概括出一些自媒体平台较为显著的乱象。体量最大的微信以及微博平台,是违规自媒体账号的重灾区,另外还有百度、今日头条、凤凰、搜狐等平台。这些违规账号会给大众传递不同领域的错误观点、灌输偏执的内容,比如有的自媒体账号传播政治类的有害信息、错误言论,恶意篡改党史国史、诋毁英雄人物、抹黑国家形象。有些是专门制造谣言,肆意传播虚假信息,不仅沦为"标题党"刺激读者眼球,以谣获利、以假吸睛,还扰乱社会秩序规范化进程。还有部分自媒体随处撒播低俗、不雅的色情内容,违反正常的公序良俗,不断挑战道德底线,污染网络环境的同时,也对社会价值观造成了不良影响。

有的平台凭借手中掌握着大量的自媒体账号从而掉进利益旋涡,开始恶意营销、大搞"黑公关"、敲诈勒索,侵蚀正规企业或个人的合法权益,触碰甚至挑战法律底线。还有的直接开始抄袭,利用洗稿圈粉的不良手段,构建出流量繁荣的虚假景象,破坏正常的传播链条,扰乱传播环境良好的秩序,使得知识产权的保护成为自媒体时代一个备受关注的问题。这些自媒体乱象,不仅损害广大人民群众的利益,而且严重践踏法律法规的尊严,破坏了良好的网络舆论生态,打破了既定的平衡。这些典型的自媒体乱象基本可以归纳为以特征。

1. 虚构事实,制造焦虑,煽动情绪

很多人觉得,在眼球经济时代,严谨中立、客观真实的文章往往不温不火,其阅读量转发量不尽如人意,然而引发病毒式传播的"10万+"的某些偏执、虚假、片面的文章却常常热衷于制造矛盾与争议而获取关注。但实际上,在令人为之震惊的阅读量背后,一些内容生产者刻意利用对立标签和群体认同来煽动情绪、制造焦虑,为了追逐可观的流量、巨大的利益而不择手段、虚构事实,传播虚假信息,误导读者,造成恶劣的社会影响。

企鹅号"百科育儿经"发布文章称一两岁男童被父亲从七楼顶抛下后导致身亡,经过搜索发现这篇文章是按照2013年一则旧闻为例而重新虚构的内容。为了流量利益的需求,满足猎奇、刺激的普遍心理,利用情绪为导向进而代替事实。这种依靠"人血馒头"来博取眼球、吸引流量的方式,一度成为自媒体写作乱象中的一种典型操作。

再谈谈另一个例子,2020年3月14日,头条账号"苏州河"发布了一篇《从美国回来确诊,还要自己花钱治病》的短文,此后该文章截图便被疯狂转发,引来一大批网友质疑,随后这个账号更名为"阮星爱电影",摇身一变成了影评号。"开局一张图,内容全靠编"的文章泛滥于微信、微博、头条等各大平台上,部分自媒体以虚构故事从而达到蹭流量的目的。

"标题党"也是一个"不堪入目"的重灾区。2018年12月11日,微信公众号 HUGO(ID:microhugo)发布了一篇标题为《封杀华为的第10天,11个国家网络瘫痪》的文章,随后立刻获得了"10万+"的阅读量,引发了很多微信公众号接连转载这篇文章。此文为什么能够引爆流量与获得大量用户关注?其实有两个主要的原因,第一个原因是当时"华为的高管孟晚舟女士在加拿大被捕"事件受到社会广泛关注和讨论;第二个原因是文章的标题十分耸动、吸睛。其实探究真正的原因后,会发现这11个国家网络瘫痪是由瑞典国际通信设备制造商爱立信的系统而引起的故障。但是,文章的标题为了获得大量关注,将两个各自独立的事件"封杀华为"和"11国网络瘫痪"联系到一起,但其实二者之间并无因果关系、前后联系,许多读者在评论区中表示,之所以会点开文章,是因为标题误导了他们,认为是封杀华为从而导致网络瘫痪,然而点进来看却发现文章的内容与标题完全不是一回事。这种"标题党"式的文章虽然引来了大量的流量和关注,但是却很容易误导读者。①

---

① 向长艳. 自媒体意见表达乱象、原因及治理[J]. 闻爱好者,2017(6):52-57.

不得不说，后真相时代，有时候事实真相似乎对于"吃瓜群众"来说变得不那么重要，重要的是情绪的刺激。但对于急于收割流量的自媒体来说，通过虚构事实、贩卖情绪所获得的关注，注定不会长久，最终必定是耗尽公众期待值、被市场淘汰的劣质产品。

2. 消费名人，引导错误价值观

一直以来，名人明星都是"流量"很好的承载物，自媒体的吸睛法宝。制胜妙招便是借名人八卦肆意炒作，无中生有。名人的花边消息，一度成为自媒体制造话题博人眼球的"富矿"，名人明星成为被消费、被污蔑的对象。

除了演艺界名人，知名企业家王健林也逃不过自媒体恶劣性质的营销，微信公众号"顶尖企业家思维"冒用万达集团董事长王健林的名义虚构了一篇题为《王健林：淘宝不死，中国不富，活了电商，死了实体，日本孙正义坐收渔翁之利》的文章，并在微信朋友圈推广宣传。由于这篇文章涉及知名人物王健林与知名平台淘宝，因此获得了可观的阅读量，但是却严重误导了读者。这篇文章冒用王健林的名义发表不实言论，为获取流量和利益无节操地抹黑、恶意诽谤电商平台，将舆论推向了错误的方向，造成了不良的社会影响。借助名人影响力，虚假炮制并传播的内容，在一定程度上会向社会传达偏颇的观点，引领错误思潮的泛滥。

除了虚假、错误的信息以外，一些自媒体为了夺人目光，利用受众的猎奇心态制造媒介景观，倡导娱乐至上，漠视价值观导向，也为社会造成了不良影响，比如"流浪大师沈巍"就是充分验证自媒体时代的荒诞人设消费与扭曲的价值导向。沈巍未出名以前是个城市拾荒流浪汉，在偌大个上海没有多少人关注他，可是在网红们的精心运作下，沈巍成了网红，被奉为"流浪大师"，一度成了抖音和快手上的"顶级流量"。还有因为说出"打工是不可能打工的，这辈子都不可能打工"而走红网络的周某，被网友戏称为"窃·格瓦拉"，在互联网亚文化的狂欢语境下，甚至一度被奉为对抗主流社会价值观的符号人物一般的存在，被网友追捧。但细究这位"网红"的背景，却让人后背一凉：周某曾四次因盗窃罪被判处有期徒刑，可以说曾经是一个盗窃惯犯。这样的人固然有改过自新的可能，但却万万没必要当作偶像崇拜，甚至在周某 2020 年 4 月出狱之后，有公司看中其互联网流量价值，声明要与其签约，对其进行包装。把一个曾经劣迹斑斑、毫无示范意义的人物推到公众面前，试图将其塑造成为流量中心，这本身就是荒诞的，荒诞背后，是一些新媒体营销者罔顾伦理道德与社会影响，唯"注意力"是图、手段低俗、价值观扭曲的因素在作祟。

3. 洗稿泛滥，剽窃内容，堆砌观点

在激烈竞争的内容市场，想要脱颖而出，每个从业者都面临既要高产，又要优产的高标准。有些人因此妄图走"捷径"，再加上互联网平台把关机制的相对不完善，洗稿就成了一个如今内容市场的"地下手段"。曾经红极一时的自媒体人咪蒙也陷入了洗稿风波，前有微信公众号"Bamboo"发表一篇题为《口红很贵吗？你为什么不能自己买？》的文章，此后一周，咪蒙在自己的公众号上发表了一篇同样主题的作品《口红我自己买，你给我爱情就好》，通过修改同义词、重置语序等操作生成了一篇"新文章"，被指责洗稿。

"洗稿"是什么意思呢？简单来说，就是对其他作者的原创内容经过删减、篡改等不正当操作后，使得原创文面目全非，但其中最具价值性的精华部分还是原样照搬、抄袭得来。比如，公众号 Sir 电影（ID：dushetv）是微信公众平台上关于电影评论的大号，其原创发布的电影评论文章就曾多次被其他公众号进行"洗稿"二次推送。"洗稿"行为可能构成抄袭，也有可能没有达到侵犯著作权的标准，抄袭和侵权的问题还需要具体问题对症分析，也是很多"洗稿者"所钻的法律空子。洗稿现象在微信公众号等自媒体生态空间中泛滥生长，甚嚣尘上，它的背后，反映出自媒体只为从市场中快速分取"流量经济"的一杯甜羹，却将行业的恶性竞争与互耗互害推向了暴风眼，不加以控制将会毁损内容市场的命脉。

闫泽华在其书中对"洗稿者"的"江湖法则"进行了阐述，总结起来，就是通过钻平台漏洞和法律漏洞、"东拉西扯、东拼西凑、指东骂西"的洗稿手段，获取不法利益。最终，随着互联网监管机制不断完善，这些"洗稿者"如同过街老鼠一般难以生存，最终销声匿迹。①

4. 情绪化发声，制造恐慌，传播谣言

微信公众号"法律101"以及"红盾论坛"刊登了一篇《广告史劣迹斑斑的鸿茅药酒获"CCTV国家品牌计划"，打了谁的脸？》署名为程远的文章，其中采用侮辱性语言和未经证实的数据，声称鸿茅药酒是"毒酒"。鸿茅药酒与该自媒体进而发生了一系列争议较大的对峙行为，成为社会关注焦点；瓜子二手车曾起诉自媒体"互联网一些事"发布的内容对其造成名誉侵权；摩拜也起诉自媒体"磐石之心"的文章内容对其名誉权造成的损害。总之，近几年品牌与自媒体之间对簿公堂的事件并不少见。虽然坊间对许多案例中双方之间的是非对错依然存在不同声音，但可以归纳的是：互联网的确拓宽了社会大众发声的渠道。在上述的案例中，许多让大品牌拍案而起、怒不可遏地要声讨的对象，只是一些非主流、非官方，但却依然拥有发声权的"草根"，其发布的内容依然有可能为企业、品牌造成非常负面的影响。

在微信平台上除了社会热点之外，传播频率较高、传播范围较广泛的还有健康养生类内容，也是最容易滋生谣言的重灾区。一些打着"养生""科普"旗号的文章，实质上却在传播毫无理论研究依据的伪科学内容，但却在标题上有着"语不惊人死不休"的架势。例如"再不看就晚了""99%的人都不知道这些食物致癌"等，对于一些媒介素养差、认知水平不足和辨别能力较弱的受众而言，这些内容是最容易引发注意，甚至引起恐慌，会在一定的群体中引发积极分享。

通常情况之下，谣言所具备的特征是"语不惊人死不休"、迅速蔓延、引发恐慌情绪等。除了文字叙述，自媒体为了营造出更加逼真效果，还会使用图片、视频、GIF等多媒体形式使读者深信不疑。其实脱掉有图有真相的虚假外衣，人们会发现所谓的现场图片、视频都是自媒体使用的素材拼接、移花接木的伎俩。在文字叙述时，他们还遵循通俗与深奥穿插的原则，而后将许多原理通俗、简化、歪曲地解释给读者，再加上一些似是而非、玄而又玄的理论，让公众似懂非懂但又深信不疑。他们还有一个绝妙的手段，便是经常攀扯专家名人、权威机构等，但实际上只要大家稍加求证，谣言便会一击即破。

根据《2018—2019网络"黑公关"研究报告》，互联网已悄然替代了饮料、食品、汽车等行业，被大家所公认为网络"黑公关"的重灾区。首先来谈谈黑公关公司，其满足金

---

① 闫泽华. 内容算法——把内容变成价值的效率系统[M]. 北京：中信出版社，2018.

主的需求进而策划相关话题、制造出热门推送而后购买流量，导致许多企业饱受其负面影响。①

举一个例子，茵趣文化通过旗下母婴 KOL——"echo 小茵茵"发布文章《快过年，不要给孩子囤这些"应急神药"，已经被列入儿童用药黑名单！》的侵权文章，将产品的"副作用"描绘的耸人听闻，并且将七星茶夸张地形容为"镇静剂"。还涉及不少知名的儿童保健品，包括保婴丹、益生元葡萄糖等多款备受家长喜爱的儿童常用家庭用药、保健品、食品，文章将这些产品统统列入"黑名单"，不仅对消费者产生极其负面的导向作用，还对衍生七星茶与衍生开奶茶的品牌及产品声誉造成了影响。②

不得不说，自媒体为了一己私利，牟取不正当的利益，对他人名誉恶意诋毁，这场难以驱散的网络雾霾不仅对社会和企业造成了巨大伤害，而且还对社会价值观的树立、正确认知的建立埋下了隐患。

二、造成内容市场乱象的相关因素

（一）参与者众多、素质参差不齐

根据第 46 次《中国互联网络发展状况统计报告》显示，在我国网民之中，初中、高中/中专/技校网民占 40.5%和 21.5%，受过大学专科及以上教育的网民仅占 18.8%。整体结构呈现学历偏低的态势；而在年龄方面，根据第 48 次《中国互联网络发展状况报告》的数据，截至 2021 年 6 月，我国 6~19 岁的网民规模已经达到 1.58 亿人，占比 15.7%；根据 2020 年第一季度的新浪微博数据报告显示，大多数博主的粉丝群体以 18~24 岁为主，占据了博主粉丝年龄分布的 48.30%③。虽然中老年群体网民的增速最快，但可以看出，低学历、低龄段的网络参与者仍是我国互联网生态中的活跃因素。

一定程度上讲，年龄偏低的人群意味着阅历较少、对事物的分辨能力相对较弱，也相对更容易情绪化；尤其是青年少年群体，其价值观、世界观、人生观仍处于构建过程中，尚不完善，在成长的过程中还容易伴有一定的身份焦虑与自我认同感不足的问题，因此更容易陷入错误的认知与情绪之中，造成不恰当的网络参与行为。例如更容易受到情绪煽动而产生极端网络行为；或者为了博取眼球、获得群体关注或认同而生产违反公序良俗甚至法律法规的内容等。而低学历的网络参与者也相对更容易呈现认知能力、媒介素养、法律意识、自我约束力等相对较弱的特征，这些特征对于其互联网参与行为也容易构成消极影响，成为威胁网络内容市场规范的负面因素之一。

（二）缺乏对人文性问题的深度思考

纵览整个世界范围，互联网所构建的新型文化正在不断创新和颠覆原有的文化，文化变革正在进行。互联网文化区别于传统文化的主要特征便是去中心化、去权威性、去组织化。其产生的影响便是沉溺于网络中的新一代对传统等级社会的结构认知逐渐弱化，文化

---

① 董牧孜. 透视自媒体乱象，避开"人人皆为记者"的陷阱[EB/OL]. 2020-4-10. http://epaper.bjnews.com.cn/html/2019-11/30/content_772580.htm.
② 知爱母婴网. 香港衍生起诉母婴自媒体平台传播不实信息获胜[EB/OL]. 2020-07-10. https://www.sohu.com/a/119806168_188773.
③ 数据来源：西瓜数据微博版，查询时间 2020 年 4 月 10 日。

建构中的自我意识和认知被强调,与多元化多样性的观念混杂在互联网之中。

有学者认为,自媒体碎片化阅读也会导致网民缺乏人文素养。基于新传播技术的自媒体所提供的个性以及自由的空间正逐渐改变着人们的传统阅读方式,使人们对肤浅、短暂的内容消费体验感到满意,但缺乏对人性、道德、人生终极问题的叩问,结果是忽略了现实社会中的真实人际关系,加深了人与人之间的疏离感、加大了距离感,从而塑造出一种浅薄、疏离且冷漠的文化形态。

另外有担忧的声音表示,互联网问题重塑了年轻人的价值观和行为,网络文化明显地表现出解构传统道德文化的倾向,呈现出"神马皆浮云"的心态,引发网络狂欢、调侃、戏谑、恶搞等后亚文化的行为特征。例如利用表情包、"造梗"等行为对名人明星的形象恶搞,似乎成为一种互联网常见现象,而此种恶搞的界限在哪,是一个值得探讨的问题——2020年,蔡徐坤曾因"鸡你太美"事件①发布律师警告函;演员周杰对网络上传播甚广的恶搞自己形象的表情包表示不堪其扰,声讨网友对其"不尊重";以陈凯歌电影《无极》为素材的网络恶搞早期"代表作"《一个馒头引发的血案》,也曾让导演陈凯歌拍案而起,表示要与恶搞侵权者胡戈对簿公堂。

而名人对恶搞的"反抗"都受到网友的"群嘲",似乎在互联网世界里,从污名化的外号、各种丑化的表情包,再到知识产权的侵犯,一些实质上的侵权行为都被包庇在了"娱乐至死"的潜规则之下。名人必须大度接受网友对其个人形象无底线的消费,一些人认为,既然名人享受了注意力经济的好处,就应对其自身权益进行一定的让度。但其实,互联网也不是法外之地,其传播内容的合法性、合理性、价值观导向性等都不应该受到冲击而扭曲变异;而更重要的是,"娱乐至死"的价值导向,使得一些对于社会大众毫无价值的内容在粉丝的狂热关注下频上各种热搜,占据版面,消耗公众注意力——例如频繁登上新浪微博热搜的名人婚变、出轨等新闻,使得真正需要被社会关注、正视、解决的重要议题的公众注意力空间不断被压缩和侵占,长此以往会对整个社会造成负面影响。

(三)网络空间的虚拟性

网络传播所具备的自由、开放、把关人、匿名、缺位等特点,给网民提供了更多自由表达的场域,网络空间的虚拟性特征容易让部分网民认为缺乏道德约束从而短暂丧失了理智,变得肆无忌惮,导致网络空间低俗性、暴力性以及情绪性表达屡禁不止。

再结合良莠不齐的网民素质,加以规范性滞后的网络环境,网络的信息场鱼龙混杂的情况也不足为奇。比如,只有在这个虚拟的空间里,为了迎合部分特定群体所发布的低俗性表达,才有"繁衍迅速""屡禁不止"的可能。

虚拟的网络空间为一些"异质文化"提供了行为上的便利,网络就如同一个具有多元性的文化格局、具备多样性的文化思潮以及多变价值观念所共存的"大染缸"。在相对自

---

① "鸡你太美"是"只因你太美"的谐音,来源于艺人蔡徐坤参加选秀节目个人展示时的一段配乐(原作品蔡徐坤参与创作)。网友觉得里面一句歌词"只因你太美"歌手唱词语速过快,听起来就像"鸡你太美"一样,后来网友们便把它作为在社交媒体上放大恶搞、丑化蔡徐坤形象的素材,有网友认为其中"鸡"字可理解为不雅字,是对蔡徐坤形象的"恶俗化"而予以抵制,在经历了蔡徐坤发律师函警告事件后,B站的"UP主"们非但没有收手,反而"加大力度"对蔡徐坤形象进行低俗化塑造和传播,事件热度持续发酵,最后"鸡你太美"成为全网皆知的一个"梗"。

由的空间里，不论是思想观念还是价值选择都相对自主。在虚拟的网络世界，一些激化矛盾、煽动情绪、制造对立、反智的内容包裹在"草根化""民主化"的外衣之下进行传播。例如，网络上所流行的"叫兽""砖家"等别称就是部分网民对知识分子的一种贬低和讽刺，通过夸大某一群体中的个别失范行为，将其个体失范表达为这类群体的普遍性现象，从而导致一种非常消极的刻板印象的社会化生成。这种基于错误认知的"异质化"情绪一旦形成气候，就会影响整个社会的舆论和价值走向，成为需要根治的网络内容传播乱象之一。

网络空间的虚拟性折射并放大了现实空间的道德失范。例如，互联网上的个人主义和利己主义的表达比在现实社会更为肆无忌惮，网民在虚拟空间中群体压力减小，因此更容易从自我利益的角度来反映问题并陈述自己的想法，并且只关注自己感兴趣的话题，以"我"的需求为起点进行表达[1]一些在现实生活中羞于展示的人性瑕疵，可能会在互联网的茧房效应下形成偏激的意见气候，而一些缺乏道德约束力的自媒体，会借助这种偏激表达所带来的情绪刺激与争议性博取关注，进一步对舆论形成错误引导，严重情况下还会导致社会道德的全面退步。

第四节　内容传播的"可持续发展"策略

一、党和政府从内容和技术的层面加强监管

作为内容传播的载体，媒体环境的优化，是实现内容传播"可持续发展"的重要一环，目前看来，对于新媒体内容乱象，媒体治理需把握三个原则，分别为党管媒体原则，媒体社会效益首位原则，资本、技术的工具原则。

（一）党管媒体

习近平总书记指出，党的新闻舆论工作坚持党性原则，最根本的是坚持党对新闻舆论工作的领导。党媒姓党，以及党管媒体，是在国际舆论环境发生重大变革以及媒体格局出现新变化的语境里提出来的，是高瞻远瞩的战略考量，也是治国安邦的治理之策。从国家和本地网络信息监管部门的角度来看，长期以来，他们一直在对涉及传播色情、暴力、言论不当和违法等信息乱象的新媒体进行强有力的监管，每年清理的非法账号数以万计，行业生态得到初步改善。

党管媒体，既是呼应时代媒介环境的需要，也是保护意识形态安全的需要，更是维护国家安全的需要；既是讲好中国故事、传播好中国声音的需要，也是提升社会文化品格的需要。

对于新媒体内容市场来说，自由、民主、多元的参与者是其蓬勃发展的基础，但同样不能缺失了党、政府、法律制度对其底线的把控。这并非是要与互联网的自由民主特质背道而驰，而是通过对底线的坚守，保证新媒体内容市场拥有健康、持续、稳定的生命力。

（二）媒体社会效益首位原则

习近平总书记强调，一部好的作品，应该是把社会效益放在首位，同时也应该是社会

---

[1] 向长艳. 自媒体意见表达乱象、原因及治理[J]. 闻爱好者，2017(6)：52-57.

效益和经济效益相统一的作品。同样，内容要生存，讲究经济效益无可厚非，但在经济效益与社会效益发生冲突时，经济效益让位于社会效益应成为所有新媒体从业者的自觉。因为媒体是社会公器，赋予社会良知，带有意识形态引领功能，带有舆论导向的神圣使命，带有国家意识形态安全的不可小觑的责任。偏离这一点，从业者的本质也就会变得面目全非。

（三）资本、技术的工具原则

当前，媒体格局发生重大变迁，科技的驱动居功至伟。大数据分析技术的运用，实现了对用户喜好的有效分析，对编辑、记者的选题设定和编写，对新闻内容的流程再造也产生巨大影响。另外借助 AI 技术，内容消费用户体验的效果也会变得更加优化。但在看到技术带来积极影响的同时，也不能忽视技术的"破坏性"一面。在 2016 年美国大选中，人工智能的大数据分析、精准推送信息技术造成了假新闻泛滥就是其不可忽视的弊病。在中国，大数据分析和精准锁定用户，并以受众喜好为导向，不断地发送单一内容来满足用户特有需求，无形中窄化了受众的视野，隔离受众与社会的有效信息互动，导致受众与受众的隔阂，造成社会共识难以达成，产生撕裂性影响。

技术的推动离不开雄厚资本的投入，而资本有着牟利的本性，在技术上投入巨资，必然渴望高额回报。当技术在资本手里发生积极作用，技术就会产生正面效能。相反，当技术变成资本无所忌讳的牟利手段，技术的破坏性必然会"张牙舞爪"。辩证看待资本和技术的两面性，扬长避短为我所用而非成为资本、技术的帮佣、奴隶，被其绑架。看清资本、技术的工具属性，在驾驭资本、技术时也就有了清醒认识。给资本、技术定好位，资本、技术的优势才能在媒体转型升级、提升服务受众能力中得到有力彰显。[①]

二、完善新媒体内容治理法律法规

随着《互联网新闻信息服务管理规定》《互联网用户公众账号信息服务管理规定》《网络短视频平台管理规范》《互联网直播服务管理规定》等法规性文件相继出台，我国新媒体内容管理纳入了法治化、规范化、制度化轨道。

针对新媒体中的典型违规现象，一系列详细系统的立法工作，把一些打法律"擦边球"的行为严格清晰地写入法律法规中，明确相关主体的责任与义务，使其有法可依。

2017 年 5 月，某女主播声称躲过保安，直播"夜宿慈禧的床榻"，由此引发广泛热议，随后又进行了道歉。北京警方调查发现，从"夜宿故宫"到"事后道歉"的整个过程都是精心策划出来的，最终以扰乱社会秩序而给予行政拘留处罚。网络空间不是法外之地，任何人在网络空间违法都必须受到相应的制裁，付出相应的代价。

新媒体人的营销行为必须在法律的规定下进行网络营销活动，对于违法违规的新媒体平台或用户要增加违法违规成本，对造成恶劣影响的要果断追究其民事或刑事责任。如此才能以利于市场经济的健康、有序、稳定运行。同时，应该建立一个信息共享黑名单系统，以防止非法的用户换个"马甲"再次出现。

（一）建立行业自治机制

行业协会是指介于政府、企业之间，商品生产者与经营者之间的社会中介组织。我国

---

① 徐辉冠. 美媒三大乱象对媒体治理的启示[J]. 网络传播，2018(1)：91-93.

自媒体领域对于行业协会及其职能的探索已有开展。比如，2016年10月27日，上海成立了全国首家跨界合作的自媒体联盟，91家自媒体代表签署了自律公约。其他省市这几年也纷纷跟进成立自媒体行业协会。①

此外，还需要制定自媒体平台行业自律公约，以加强自媒体人员的自律，塑造行业自律形象。在公约约束下，违规的自媒体人士将被列入黑名单，在信用档案中记录违规行为，承担"一处失信、处处被动"的惩戒效果。

（二）拓展技术路径，重视人工审核把关双管齐下

在技术方面，从产品设计到运营机制中，植入技术路径基因，可以优化算法机制，利用关键词过滤技术，做好内容审核，切断不良信息的传播。新媒体平台设置有效的巡查与信息过滤机制执行标准，可以对自媒体用户的运营等方面进行大数据的搜集，然后进行基本的整理分析和预测。同时，再用人工智能技术进行倾向性分析、语言分析等，借此来发现虚假、低俗等信息的传播。②

在新技术面前，尽管不断在加强系统对有害信息的发现和处置能力，人工审核仍然不可或缺，互联网新媒体运营方要更加重视人工审核的把关人作用，加强平台运营和新媒体从业人员业务知识和价值观培训。一方面，可以参考传统媒体对媒体从业者的选择，建立标准，严格选择符合条件的新媒体内容从业人员，对具有不同标准的从业人员开放不同的权限；另一方面，新媒体平台会定期进行监督和治理，并根据情况的严重性采取相应的措施，例如警告或者禁止。新媒体人也需要提高自身素养，加强日常职业规范学习，培养职业道德自律和职业自觉。

（三）提高网民媒介素养势在必行

对新媒体营销内容中涉嫌造假、售假、不当宣传、诱导分享欺诈、发布不实小道消息、涉黄直播等不法行为，广大网民要自觉发挥主观能动性，及时举报投诉，发挥自身作为社会公民的监督和参与作用。比如，网络主管部门要求各个直播平台运营商在每一个直播房间中设置一个"举报窗口"，适时提醒观看直播的观众注意里面存在的软色情、低俗表演、语言暴力、虚假信息之类的内容，一经发现便可在窗口中进行"举报"，达到一定的举报数量之后，首先反馈给平台运营商进行处理，形成第一道"把关"。③

网民也要了解新媒体管理相关的法律法规、媒介常识等，做到能辨别自媒体传播中的虚假、低俗信息，对这些自媒体乱象坚决说不。同时，要自主利用法律武器维护自己正当合法利益。

本 章 总 结

本章系统地探讨了新媒体环境下内容营销所面临的信息过载、内容休克、信息茧房等困境，以存在的问题为切入点进而提出对策，持续优化营销策略。

---

① 江凌, 徐雨菲, 颜欣雨. 当前自媒体乱象及其治理路径探析[J]. 闻爱好者, 2019(1): 8-13.
② 何旦辉. 自媒体传播乱象及其规制研究[J]. 新闻前哨, 2019(8): 48-50.
③ 隗辉, 严语, 白玉洁. 网络直播泛娱乐化乱象解读与有序治理[J]. 湖北社会科学, 2018(2): 194-198.

随着互联网科技的高速发展、社交媒体的日益繁荣、传播者外延的拓展……进入了人人都有麦克风的时代，受众不再只是信息的接收者更是内容的创造者和传播者，单一而被动的受众被时代赋予了主动创造的能力。这便印证了亨利詹金斯所提出的"参与式文化"的空前繁荣。从电视年代的"文本盗猎"到互联网门户时代的"狩猎"强调了受众的主动性、能动性，再到社交媒体时代的"围猎"，受众自主生产、分享和传播信息，信息源逐渐具有多元化、多样性的特征，加之媒介技术的发展传播更高效，由此引发信息大爆炸。当市场上的内容供给远远超过消费者的需求时，就会出现激烈而残酷的竞争。著名美国营销专家马克·费舍尔发现数字时代的内容增长速度远远超过了消费者消费的速度，他创造了"内容休克"一词来描述这一现象。"内容休克"的产生即品牌之间为了吸引消费者的关注而大量生产内容，最终导致信息过剩，从而导致更多的内容反而无法吸引更多的受众注意。如何处理这类内容的产出与消费之间的不平等？基于对这一现象的观察，他提出了"内容冲击"时代的六种内容营销策略，帮助品牌"点燃"内容。也就是"BADSS"策略来帮助品牌引爆内容营销。这六大策略中，特别强调内容营销的价值在于分享，强调可分享内容的重要性。因此，本章第一节就新媒体营销环境中信息过载、内容休克等困境产生的原因、表现以及影响结合实际进一步剖析并提出对策。

另外在第二节重点讨论了"信息茧房"的形成原因，大数据算法推荐为个性化的信息传播、精准营销提供了技术支撑，进而提供给受众想看、喜欢的信息，一定程度上缩短了受众在海量信息中筛选的时间。但长时间智能推送的信息流会使信息接受面变窄，受众被同类型的信息裹挟而桎梏于信息茧房中，其中探讨了以今日头条和抖音为代表的算法推荐模式引发的商品信息投放给用户不合理的危害。

接着又梳理了"信息茧房"所带来的网络群体的极化、个体认知和行为被束缚等危害，以及由信息茧房产生的饭圈定制信息服务，催生的影响青少年健康成长的畸形消费链条，这些都值得关注。进一步有针对性地从优化算法机制、完善平台建设、智能与人工编辑互补、提升媒介素养四个层面提出突破信息茧房的主要策略。

新媒体的营销方式随着日新月异的媒介技术及内容表现形式不断更新迭代，优质内容是成功新媒体营销的关键要素之一，但营销市场中也有内容乱象的问题出现。所以，本章第三节进一步探讨了内容市场乱象的表现分类，着重分析了网络直播领域以及微信公众号的乱象，其中从传播者、监管平台、受众三个角度剖析直播行业乱象产生的原因，总结了自媒体普遍存在的四种乱象，最后对内容乱象产生的原因进行了梳理。

本章最后一节我们从新媒体大环境下总结了内容传播可持续发展的基本策略与方法。党和政府需主动加强内容和技术层面的监管力度，同时应持续完善新媒体相关的法律法规，净化新媒体市场营销中存在的乱象，使得其可持续地稳定发展。

课后思考与练习

1. 试论人工智能技术（智能传播技术）对传媒内容产品生产的影响，以及传媒组织如何应对？

2. 根据"ZAO" App 里的换脸 AI 技术带来的虚假信息和隐私泄露问题，从信息生产、传播技术、伦理与规制和社会文化的角度谈谈应对视觉信息的真实性和正当性问题。

参考文献

[1] 马丁·李斯特，等. 复旦新闻传播学译库：新媒体批判导论[M]. 2 版. 吴炜华，付晓光，译. 上海：复旦大学出版社，2016：20.

[2] 郭庆光. 传播学教程[M]. 北京：中国人民大学出版社，1999.

[3] 马克·舍费尔. 热点：引爆内容营销的 6 个密码[M]. 曲秋晨，译. 北京：中国人民大学出版社，2017.

[4] 暴风魔镜，国家广告研究院，知萌咨询机构. 中国 VR 用户行为研究报告[EB/OL]. [2020-04-22]. http://www.199it.com/archives/458293.html.

[5] 艾瑞咨询. 2018 年中国互联网流量年度数据报告[EB/OL]. [2020-02-14]. https://www.iresearch.com.cn/report.shtml.

[6] 段小力，张黎强. 都市休闲农业创意营销的策略研究[J]. 中国农学通报，2012（9）：307-311.

[7] 冯兆，倪泰乐. 基于李子柒现象的 MCN 模式下文化输出策略研究[J]. 传媒，2020（4）：94-96.

[8] 艾瑞咨询. 2019 年中国新媒体价值专题报告[EB/OL]. [2020-06-14]. https://www.iimedia.cn/c400/65899.html.

[9] 艾瑞咨询，微梦传媒. 2020 年中国新媒体营销策略白皮书[EB/OL]. [2020-10-14]. http://report.iresearch.cn/report/202007/3617.shtml .

[10] 吴晓波频道. 2020 消费品牌增长洞察报告[EB/OL]. [2020-10-14]. http://finance.people.com.cn/n1/2020/0922/c1004-31871053.html.

[11] 新榜研究院. 2019 内容产业半年度报告[EB/OL]. [2020-02-14]. https://report.newrank.cn/report_search.html?&bindType=report.

[12] 中国互联网络信息中心. 第 46 次中国互联网发展状况统计报告[EB/OL]. [2020-09-29]. http://www.cac.gov.cn/2020-09/29/c_1602939918747816.htm.

[13] 中国互联网络信息中心. 第 45 次中国互联网发展状况统计报告[EB/OL]. [2020-04-28]. http://www.cac.gov.cn/2020-04/27/c_1589535470378587.htm.

[14] 四川大学新媒体联盟. 新媒体内容生态的八大方向[EB/OL]. [2020-09-14]. http://nmu.scu.edu.cn/info/1039/1658.htm.

[15] 施拉姆，波特. 传播学概论[M]. 陈亮，等译. 北京：新华出版社，1984.

[16] 丹尼斯·麦奎尔. 受众研究[M]. 北京：中国人民大学出版社，2006.

[17] 尼古拉斯·尼葛洛庞帝. 数字化生存第 3 版[M]. 海口：海南出版社，1997. 267-269.

[18] 中国互联网络信息中心. 第 46 次中国互联网发展状况统计报告[EB/OL]. [2020-09-29]. http://www.cac.gov.cn/2020-09/29/c_1602939918747816.htm.

[19] 闫泽华. 内容算法：把内容变成价值的效率系统[M]. 北京：中信出版集团，2018. 239-240.

[20] 汤姆·斯丹迪奇. 社交媒体简史：从莎草纸到互联网[M]. 北京：中信出版集团，2019. 3-4.

[21] 克莱·舍基著. 胡泳. 认知盈余——自由时间的力量[M]. 哈丽斯，译. 北京：联合出版公司，2018. 90-91.

[22] 新世相. 我买好了 30 张机票在机场等你：4 小时逃离北上广[EB/OL]. [2020-04-08]. https://mp.weixin.qq.com/s/n4bZH9d9OvDyG-5_dEMmyg.

[23] 梁甜甜，刘洪. 新华网微信编辑是这么起标题的[EB/OL]. [2020-07-07]. https://mp.weixin.qq.com/s/O_PP1wDbLuePK2JdQVA3bw.

[24] 套路编辑部. 阅读量暴跌后，我总结出了 8 个起标题雷区[EB/OL]. [2020-07-13]. https://mp.weixin.qq.com/s/VQLU5fqhxXBJI-Luy85UOw.

[25] 德鲁·埃里克·惠特曼著. 焦晓菊译. 吸金广告，史上最赚钱的文案写作手册[M]. 南京：江苏人民出版社，2014.

[26]　Leo. 情绪刺激：为什么有的广告，你看了就想动？[EB/OL]. [2020-09-10]. https://www.sohu.com/a/193747559_728830.

[27]　何怡然. 从直观到内涵的世代交替——融媒体环境下广告的情绪营销战略[J]. 新媒体研究，2018（20）：57-58.

[28]　朱红羽，张笑. 情绪营销：软饮料瓶体广告如何激发受众共鸣？[J]. 销售与市场（管理版），2018（7）：78-81.

[29]　mofi. 事件营销如何触发群体"情绪共鸣"？[EB/OL]. [2020-09-10]. https://www.adquan.com/post-2-288480.html.

[30]　周兴杰. 网络小说阅读的"代入感"：心理机制、配置系统[J]. 湖南科技大学学报（社会科学版），2019（2）：138-146.

[31]　木兰姐. 日销破亿小仙炖从0做到全网第一的增长策略[EB/OL]. [2020-03-20]. https://zhuanlan.zhihu.com/p/122221732. https://mp.weixin.qq.com/s/TSU2s-oWEuzYyQRVf9W2vQ.

[32]　张诗婷. 对原生广告对话性不足的符号学反思[J]. 编辑之友，2019（10）：61-65.

[33]　克莱·舍基著. 胡泳·哈丽斯译. 认知盈余——自由时间的力量[M]. 北京：联合出版公司，2018：88-89.

[34]　杨小涵. 广告文案的对话策略——以江小白广告文案为例[J]. 新闻研究导刊，2018（15）：230-231.

[35]　罗伯特·麦基，托马斯·格雷斯著. 陶矇译. 故事经济学[M]. 天津：天津人民出版社，2018. 30.

[36]　程金城. 原型的批判与重释[M]. 兰州：甘肃人民美术出版社，2008. 3.

[37]　布莱克·斯奈德著. 王旭峰译. 救猫咪——电影编剧宝典[M]. 杭州：浙江大学出版社，2011. 25-26.

[38]　余苗. 悬念设置在《诗意中国》中的创新应用[J]. 中国广播电视学刊，2019（4）：52-54.

[39]　张洁，李浩. 利用困顿思维创作悬念广告[J]. 新闻爱好者，2009（4）：48-49.

[40]　乔纳·伯杰著. 疯传：让你的产品、思想、行为像病毒一样入侵[M]. 刘生敏，廖建桥，译. 北京：电子工业出版社，2014. 40.

[41]　钱琳. 场景化：移动音乐传播的新途径[J]. 传媒，2020（16）：60-62.

[42]　俞建章，叶舒宪著. 符号：语言与艺术[M]. 上海：上海人民出版社. 1988.

[43]　张纯静. 互联网时代故事型文案的创作策略研究[J]. 写作，2019（4）.

[44]　刘文涛. 从分众传播的角度思考博物馆展览——以南京博物院的展览实践为例[J]. 中国博物馆，2019（4）：79-84.

[45]　汤姆·斯丹蒂奇著. 从莎草纸到互联网：社交媒体简史[M]. 林华，译. 北京：中信出版集团有限股份公司，2019. 129.

[46]　叶子栋. 小米联合B站推72小时超应援直播:特殊时期如何做营销？[EB/OL]. [2020-02-14]. https:// mp.weixin.qq.com/s/sh0uNCoe-rnwmbJPNmtfhA.

[47]　闫泽华. 内容算法——把内容变成价值的效率系统[M]. 北京：中信出版社. 2018. 63.

[48]　克莱·舍基著. 胡泳·哈丽斯译. 认知盈余——自由时间的力量[M]. 北京：联合出版公司，2018.

[49]　郭特利. "分享"的营销力量[J]. 新营销，2013（9）：83.

[50]　项亮. 推荐系统实践[M]. 北京：人民邮电出版社，2012.

[51]　艺恩&兰渡文化. 粉圈新洞察与粉丝运营进阶全攻略[EB/OL]. [2020-06-01]. http://www.endata.com.cn/Market/report.html.

[52]　陶东风. 粉丝文化读本[M]. 北京：北京大学出版社，2009：210-221.

[53]　B.Lee Cooper. Understanding Fandom：An Introduction to the Study of Media Fan Culture[J].

Popular Music and Society, 2015（38）：1.

[54] 彭侃. 好莱坞电影的 IP 开发与运营机制[J]. 当代电影, 2015（9）：13-17.

[55] 美拍 & 易观. 2017年中国短视频MCN行业发展白皮书[EB/OL]. [2020-06-01]. https://www.analysys.cn/article/analysis/detail/1001185.

[56] Topklout. 2019 中国 MCN 行业白皮书[EB/OL]. [2020-06-01]. http://www.topklout.com/#/home.

[57] Topklout. 2020 中国 MCN 行业白皮书[EB/OL]. [2020-06-18]. http://www.topklout.com/#/home.

[58] 方正证券. MCN 专题深度：新渠道·新生态·新未来——抖音·快手 B 站系列研究[EB/OL]. [2020-02-05]. https://www.foundersc.com/.

[59] 喻国明. 镶嵌、创意、内容：移动互联广告的三个关键词——以原生广告的操作路线为例[J]. 新闻与写作, 2014（3）：48-52.

[60] 康瑾. 原生广告的概念、属性与问题[J]. 现代传播（中国传媒大学学报）, 201537（3）：112-118.

[61] 戴卫星. 内容付费：泛娱乐 IP 时代的内容新生态[M]. 成都：人民邮电出版社, 2018：207.

[62] 石磊, 黄强. 李子柒古风美食短视频的消费逻辑[J]. 新闻论坛, 2020（2）：7-11.

[63] 企鹅智酷. 抖音 & 快手用户研究报告[EB/OL]. [2020-06-09]. http://www.199it.com/archives/709052.html.

[64] 巨量算数. 2020 抖音直播数据图谱[EB/OL]. [2020-04-22]. http://www.199it.com/archives/1037843.html.

[65] 艾媒报告. 2020 年中国知识付费行业运行发展及用户行为调研分析报告[EB/OL]. [2020-02-14]. https://www.iimedia.cn/c400/69029.html.

[66] 王太星. 论融合发展时代的新媒体内容生产[J]. 出版发行研究, 2019（12）：47-50.

[67] 唐续军, 黄楚新, 吴信训. 中国新媒体发展报告 No.11（2020）[EB/OL]. [2020-07-01]. https://www.pishu.com.cn/skwx_ps/bookDetail?SiteID=14&ID=11637615.

[68] 艾媒报告. 2019 年中国新媒体营销价值专题报告[EB/OL]. [2020-08-08]. http://www.199it.com/archives/709052.html.

[69] 巨量算数. 2020 年抖音用户画像报告[EB/OL]. [2020-04-22]. http://www.199it.com/archives/1017794.html.

[70] 张大鹏. 从新媒体逻辑看新闻从业者职业素养[J]. 传媒, 2017（11）：64-65.

[71] 邹广文. 当代中国大众文化及其生成背景[J]. 清华大学学报（哲学社会科学版）, 2001（2）：46-53, 67.

[72] 丹尼尔·贝尔. 资本主义文化矛盾[M]. 北京：三联书店, 1989.136.

[73] 陈刚, 宋玉玉. 数字创意产业发展研究[J]. 贵州社会科学, 2019（2）：82-88.

[74] 郭全中. 传统媒体的新媒体转型：误区、问题与可能的路径[J]. 新闻记者, 2012（7）：14-19.

[75] 王军峰. 新媒体时代舆论敏感性与舆论规律再认识[J]. 传媒, 2019（18）：84-87.

[76] 金学东. 新媒体舆论导向的形成规律与引导策略[J]. 人民论坛, 2017（7）：124-125.

[77] 高金国. 新媒体："水池式"把关？[J]. 青年记者, 2019（21）：93.

[78] 张欢欢. 新媒体时代媒介传播面临的伦理困境[J]. 青年记者, 2018（23）：16-17.

[79] 宁丽丽. 新媒体时代的媒介伦理倡导与道德干预：对克利福德·G·克里斯琴斯的访谈[J]. 国际新闻界, 201739（10）：45-54.

[80] 蔺丰奇, 刘益. 信息过载问题研究述评[J]. 情报理论与实践, 2007（5）：710-714.

[81] 王洋. 智能推荐系统在直播场景中的应用[EB/OL]. [2020-4-10]. https://www.bilibili.com/video/av90507035?t=1453.

[82] 蔺丰奇, 刘益. 网络化信息环境中信息过载问题研究综述[J]. 情报资料工作, 2007（3）：36-41, 48.

[83] 疤大人. 知乎：营销绝不能靠忽悠[EB/OL]. [2020-4-10]. https://www.sohu.com/a/300449405_117194.

[84] 王益成, 王萍, 王美月, 等. 信息运动视角下内容智能分发平台突破"信息茧房"策略研究[J]. 情报理论与实践, 2018（5）：144-149.

[85] 喻国明, 曲慧. "信息茧房"的误读与算法推送的必要——兼论内容分发中社会伦理困境的解决之道[J]. 新疆师范大学学报（哲学社会科学版）, 2020, 41（1）：127-133.

[86] 王芳. 算法推荐加剧了信息茧房风险？[J]. 中国报业, 2020（15）：52.

[87] 张一鸣. 机器学习能带来更有趣的世界吗？[EB/OL]. [2020-4-10]. https://tech.qq.com/a/20150117/028871.htm.

[88] 吴邢一夫. 关于抖音, 这应该是全网最深度的分析[EB/OL]. [2020-4-10]. https://blog.csdn.net/k7Jz78GeJJ/article/details/80155951.

[89] 黎曦라. 抖音的算法推荐模式与发展策略[J]. 新闻研究导刊, 2020, 11（5）：209+211.

[90] Darcy. 我们真的生活在"信息茧房"中吗？[EB/OL]. [2020-4-10]. http://www.woshipm.com/it/2445981.html.

[91] 向庭英. 抖音短视频中美妆广告营销策略[J]. 传媒论坛, 2020, 3（9）：23-24.

[92] 刘华栋. 社交媒体"信息茧房"的隐忧与对策［J］. 中国广播电视学刊, 2017（4）：54-57.

[93] 韩小乔. 走出饭圈茧房健康成长[N]. 安徽日报, 2020-07-21（6）.

[94] 闫泽华. 内容算法——把内容变成价值的效率系统[M]. 北京：中信出版社, 2018.

[95] 向长艳. 自媒体意见表达乱象、原因及治理[J]. 新闻爱好者, 2017（6）：52-57.

[96] 董牧孜. 透视自媒体乱象, 避开"人人皆为记者"的陷阱[EB/OL]. [2020-4-10]. http://epaper.bjnews.com.cn/html/2019-11/30/content_772580.htm.

[97] 知爱母婴网. 香港衍生起诉母婴自媒体平台传播不实信息获胜[EB/OL]. [2020-07-10]. https://www.sohu.com/a/119806168_188773.

[98] 徐辉冠. 美媒三大乱象对媒体治理的启示[J]. 网络传播, 2018（1）：91-93.

[99] 江凌, 徐雨菲, 颜欣雨. 当前自媒体乱象及其治理路径探析[J]. 新闻爱好者, 2019（1）：8-13.

[100] 何曰辉. 自媒体传播乱象及其规制研究[J]. 新闻前哨, 2019（8）：48-50.

[101] 隗辉, 严语, 白玉洁. 网络直播泛娱乐化乱象解读与有序治理[J]. 湖北社会科学, 2018（2）：194-198.

[102] 蒋媛媛. 新媒体的"信息茧房"现象及应对措施——以今日头条为例[J]. 新媒体研究, 2018, 4（8）：23-25, 52.

[103] 鲜宁, 张静. 浅析新媒体时代的网络直播乱象[J]. 今传媒, 2017, 25（11）：54-55.

教师服务

感谢您选用清华大学出版社的教材！为了更好地服务教学，我们为授课教师提供本书的教学辅助资源，以及本学科重点教材信息。请您扫码获取。

▶▶ 教辅获取

本书教辅资源，授课教师扫码获取

▶▶ 样书赠送

市场营销类重点教材，教师扫码获取样书

 清华大学出版社

E-mail: tupfuwu@163.com
电话：010-83470332 / 83470142
地址：北京市海淀区双清路学研大厦 B 座 509

网址：https://www.tup.com.cn/
传真：8610-83470107
邮编：100084